立信会计丛书

管理会计(新编)

第三版

主　编／曹惠民

副主编／徐　波　李贻莹　徐蕴华

立信会计 出版社

LIXIN ACCOUNTING PUBLISHING HOUSE

图书在版编目(CIP)数据

管理会计:新编 / 曹惠民主编. —3 版. —上海:
立信会计出版社,2013.8
(立信会计丛书)
ISBN 978 - 7 - 5429 - 4005 - 6

Ⅰ.①管… Ⅱ.①曹… Ⅲ.①管理会计—高等职
业教育—教材 Ⅳ.①F234.3

中国版本图书馆 CIP 数据核字(2013)第 188873 号

责任编辑　　洪梅春
封面设计　　周崇文

管理会计(新编)第三版

出版发行	立信会计出版社			
地　　址	上海市中山西路 2230 号	邮政编码	200235	
电　　话	(021)64411389	传　真	(021)64411325	
网　　址	www.lixinaph.com	电子邮箱	lxaph@sh163.net	
网上书店	www.shlx.net	电　话	(021)64411071	
经　　销	各地新华书店			

印　　刷	常熟市梅李印刷有限公司			
开　　本	850 毫米×1 168 毫米	1/32		
印　　张	13.5	插　页	1	
字　　数	333 千字			
版　　次	2013 年 8 月第 3 版			
印　　次	2018 年 9 月第 6 次			
印　　数	16 501—18 600			
书　　号	ISBN 978-7-5429-4005-6/F			
定　　价	27.00 元			

如有印订差错　请与本社联系调换

第三版前言

本书1999年初版面世，深受广大读者的欢迎；2007年修订改版，累计印数已近15万册。承蒙广大读者和兄弟院校同仁的支持和关心，给我们反馈了许多很好的意见与建议。根据这些意见和建议，结合我们自己在教学过程中的一些经验和体会，在第二版的基础上再次对本书作了修订。本次修订适当调整了各章部分内容，增加或替换了部分习题，并与时俱进，更新了各章例题的资料，使本书内容更为充实、实用。

曹惠民教授对修订工作作了总体策划并审核了修订内容，同时指定由徐蕴华老师全面负责本书各章节的修订工作。第三版增加徐蕴华老师为副主编。

由于编者水平有限，书中不妥之处，望读者予以指正。

为了方便教学，本书配有教学课件，需要的教师，请填妥书后"教学课件索取单"中的表格后索取。

编　　者

于上海立信会计学院

2013年7月

前　　言

管理会计是一门新兴的边缘学科。它是为了适应企业内部管理方面预测、决策、规划、控制以及业绩考核的需要而产生的。它吸收了现代管理科学的理论与方法，是会计学科与管理学科的有机结合。管理会计的产生与发展有助于企业改善经营管理，提高企业经济效益。

本书在内容与编写方法上具有如下特点：

一、尽可能吸收管理会计研究的最新成果，对一些具有探讨性的问题独立编排，便于在教学中根据不同的对象有所取舍，以适应不同层次学员的需要。

二、适当参考了财政部统编教材的基本要求以及全国会计专业技术资格考试"财务管理"考试大纲中有关投资决策、预算、成本控制等内容的要求。因此，在内容的编排以及专业术语的表述方面与全国统考相关课程的口径比较一致。

三、文字力求通俗，例题分析全面，每章附有多种类型的习题，便于授课与自学。

本书共分 12 章。第一、第七、第八章由曹惠民编写；第二、第三章由徐波编写；第四章由徐德镛编写；第五章由曹中编写；第六、第九章由李贻莹编写；第十章由徐蕴华编写；第十一章由杨荣德编写；第十二章由刘敬芳编写。本书由曹惠民任主编，负责大纲的拟定并对初稿进行修改总纂；由徐波、李贻莹任副主编。

本书被列入上海市教委第八期重点课程建设项目，可作为高校财经类专业及管理类专业学生的教材，也可作为在职人员的培训教材，还可作为报考会计师职称人员的参考教材。

本书在编写过程中，得到曹均伟、洪梅春等立信会计出版社同仁的热情支持，特此致谢。

由于编写水平所限，书中不妥之处恳请读者不吝指正。

编　　者

目　　录

第一章　总　　论

第一节　管理会计的产生与发展

管理会计是一门新兴的学科,自问世以来,同其他学科一样也经历了从小到大,从简单到复杂,从低级到高级的发展阶段。

一、西方管理会计的产生与发展

管理会计是由于社会生产力发展到一定程度,社会经济关系发生变革以及在企业生产经营管理需要的推动下产生与发展起来的。同时,还与管理科学的兴起有着密切的联系。因此,管理会计跨越了会计科学的传统领域。这种传统领域的跨越标志着管理会计的特征——向边缘学科渗透。

（一）管理会计产生的必要性

1860 年以前,美国工业生产还是十分落后的,经营方式以家庭手工业和个体商业为主。1860～1890 年间,由于工业生产突飞猛进的发展,产生了工厂生产经营方式,这种方式将若干个生产环节集中在一个场地内,采用机器和专门的工具进行生产,并增加了动力的应用。在这一阶段,个体业主与合伙经营在工厂企业中占较大的比重,生产规模一般较小,但也出现了股份有限公司的组织形式。这种崭新的企业组织形式,不仅有利于资本的筹集和积累,而且为促进社会化大生产和工厂制度化的发展奠定了基础。

从 1890～1930 年,美国整个工业生产领域进行了全面改革,推动了社会化大生产、劳动分工和专业化的发展,导致了企业组织上的联合。这时,企业的公司组织形式占了绝对优势,并出现了垄断公司机构,如托拉斯和控股公司等,将许多联合和协作的生产经营置于大公司的统一管理之下。

第二次世界大战之后,美国开始在国外大量投资,利用国外的自然资源和廉价劳动力扩大生产。同时,由于国际贸易的发展,跨国公司应运而生,使美国从资本输出和出口贸易中获得了巨大的利益。

与此同时,国内外市场竞争激烈,一些企业在竞争中占据优势,迅速发展;另一些企业竞争失败,破产倒闭。在战后经济快速发展的情况下,倒闭企业之多是前所未有的。因此,企业为了避免在竞争中被淘汰,迫切要求会计不仅能事后反映,更重要的是还能对企业未来的经营管理提出多种方案,事先预测其效果,作为企业经营决策的依据,以便取得最佳的经济效益。但是,传统的财务会计满足不了管理上的这种需要。因而,建立一门以预测决策以及规划控制为主要职能的新兴的会计学分支学科就成了当务之急。

(二)管理会计产生的可能性

第二次世界大战中,数学研究有了重大的突破。1945年,兰特公司对各种高水平的系统数学解析方法进行了研究,从而促使以优化为目的的运筹学的问世。运筹学最初是用于军事目的的,在军事作战研究方面获得成功的同时,也为用数学语言描述经济现象提供了可能。战后,为了适应新形势的要求,会计人员运用运筹学对会计资料进行加工,预测未来,参与决策。运筹学主要用现代数学和数理统计的原理和方法,建立许多数量化的管理模式,帮助人们按照最优化的要求,对企业的生产经营活动进行科学的预测、决策、计划、组织和控制,促使企业实现最佳运转,以提高企业的竞争能力。运筹学与会计相结合,形成了预测决策会计,奠定了管理会计的基础。

会计从事后反映发展到规划与控制,需要大量的信息,计算工作量大大增加。尤其是许多数学模型,从理论上说,手工计算可以完成,而实际上难度很大。因此,必须借助良好的计算工具才能开展工作。1946年,世界上第一台电子计算机在美国的宾夕法尼亚大学问世。随后,电子计算机技术又得到了迅猛的发展,从而在客观上为管理会计的产生与发展提供了有利的条件。

为了提高企业的竞争能力,20世纪50年代以来,现代企业管理中行为科学理论发展较快。它主要应用心理学、社会学等原理,探讨人与人之间的关系,引导、激励职工在生产经营中充分发挥主观能动作用,为企业出谋划策,争取实现最大的经济效益。按照行为科学确定的原理和方法来管理企业,首先要规定企业在一定时期内必须实现的总目标。企业内部各管理层次成为各种责任中心,并制定与总目标相适应的各项具体目标,实行"目标管理"。各管理层次有权自行安排人力、物力、财力来完成目标,只有出现例外的情况企业才进行干预,即"例外管理"。这样,企业必须掌握各管理层次和有关工作人员完成目标的情况,以便据此给予合适的、恰当的各种奖励。因此,企业领导不仅要求会计反映整个企业的经营成果,更重要的还要求控制和考核各责任部门和有关工作人员的工作业绩,并视之为责无旁贷。会计与责任的控制、考核相结合,形成了管理会计的另一重要内容——责任会计。

(三) 管理会计的发展

管理会计与财务会计分离后,由于不断吸收现代管理科学和系统论、信息论、控制论等方面的研究成果,使它的内容逐步丰富、完整起来。系统论是研究系统的模式、原则和规律,并对其功能进行数学描述的一门学科。管理会计与"三论"的结合,使管理会计的运用逐步深入到技术经济各领域,并且更加系统化、经常化和多样化。

管理会计最初应用于制造业,后来应用范围逐步扩大,从制造业推广到包括服务行业在内的所有类型的组织中,成为现代管理的重要组成部分。

专业管理会计团体的成立,是现代管理会计形成的标志之一。美国于1972年成立了从全国会计人员联合会中分离出来的"管理会计协会",英国成立了"成本和管理会计师协会",并分别出版了《管理会计》月刊,在全世界范围内发行。同时,美国举行了取得"执业管理会计师"资格的考试,出现了专门的执行管理会计师,他们可以在专门领域内开展工作并取得较高的社会地位。

二、我国管理会计的形成和发展

从新中国成立至我国经济体制改革之前的这一阶段,是执行性管理阶段。由于我国社会生产力水平不高,在较长一段时期内,产品的生产供不应求;在管理上,对整个国民经济实行高度集中化的管理,企业的管理仅局限于生产领域。因此,在企业内部,为提高企业生产和工作效率采取了相应的措施,如编制全面的生产财务计划和月度作业计划;建立流动资金归口分级管理制度;推行以班组核算为基础的厂内经济核算制;开展经济活动分析等等。总的说来,这是实行事前计划、事中控制和事后分析相结合,直接服务于企业管理的管理会计。虽然当时没有使用"管理会计"这个名称,但应看作是我们自己的管理会计。基于当时的经济管理体制,会计的工作重点都是围绕为企业能较好地执行上级下达的各项数量和质量计划指标服务,因而基本上是属于执行性管理会计。

我国管理会计发展的第二阶段,是以党的十一届三中全会为转折点的,特别是党的十四大的召开,在理论和实践上都具有划时代的意义。十四大明确指出:我国逐步构建和完善社会主义市场经济体制,实行政企分开,企业成为独立的商品生产者和经营者。企业的供、产、销、人、财、物由企业自己管,企业有了生产经营的微观决策权,就可以自觉地把正确执行生产经营决策放在首位,使企业的生产由被动型转为主动型,管理会计由执行型变为决策型。这样,企业在市场竞争中运用管理会计的各种方法便有了广阔的前景。这就是管理会计在我国必将得到迅速推广和发展的深刻历史背景。

在这一阶段里,由于客观上的需要,我国会计界逐渐引入了国外的管理会计方法,并结合国情作了一些适当的修正,对于促进我国的管理会计发展有着相当重要的意义。

三、建立具有中国特色的管理会计

建立具有中国特色的管理会计,就是以我国自己创造的成功经验为基础,进一步兼收并蓄西方管理会计中的先进方法,建立起一套符合我国国情的管理会计的理论和方法体系。

（一）建立具有中国特色的管理会计的原则

（1）坚持社会主义市场经济的有关方针和政策,而不是资本主义市场的盲目竞争。

（2）以经济效益为中心,既讲企业效益又讲社会效益,局部利益服从整体利益,而不是企业利润至上。

（3）坚持以马克思主义的理论为指导,采用定量分析与定性分析相结合的方法,既要充分运用数学方法进行定量分析,也要联系实际,进行具体的定性分析。

（二）建立具有中国特色的管理会计应当重视的问题

（1）总结我国管理会计工作的经验,使这些经验系统化、理论化,管理会计要为促进我国经济体制改革、为企业"转轨变型"服务。

（2）根据我国国情吸收国外管理会计有用的方法和技术,在博采众长的基础上形成自己的管理会计体系。

（3）加强管理会计理论和方法的研究,要根据改革形势的要求进一步改进、完善、提高我国已有的管理会计与方法。

第二节　管理会计的意义、职能与内容

一、管理会计的意义

管理会计是一门新兴的学科,目前尚无明确公认的定义,根据它在企业管理中的作用,我们认为:管理会计是指利用财务会计和其他资料,采用灵活多样的方法,着重对企业未来的经营活动进行预测与决策,以及规划与控制的信息系统。

因为管理会计是会计学的一个分支,其定义要与会计的定义相吻合。就会计的定义来说,大体有"工具论"、"经济活动论"、"信息系统论"等观点。无论从会计的核算环节还是核算方法来看,会计是一个有机的整体,所以,将会计称为"信息系统"较为妥当。管理会计在方法上、核算重点上又有别于传统的财务会计,因此应突出"灵活多样的方法"与"未来的经营活动"。

二、管理会计的职能

管理会计的职能是指其在企业管理中所起的作用,可以概括为五个方面。

(一)预测

预测是指采用科学的方法预计、推测客观事物未来发展必然性或可能性的行为。管理会计发挥预测经济前景的职能,就是按照企业未来的总目标和经营方针,充分考虑经济规律的作用和经济条件的约束,选择合理的模型,有目的地预计与推测企业未来销售、利润、成本及资金的变动趋势和水平。

(二)决策

决策是在充分考虑各种可能的前提下,按照客观规律的要求,通过一定程序对未来实践的方向、目标、原则和方法作出决定的过程。决策既是企业经营管理的核心,也是各级各类管理人员的主要工作。管理会计发挥参与决策的职能,主要体现在根据企业决策目标搜集、整理有关信息资料,选择科学的方法计算有关的评价指标,并作出正确的判断,最终选出最优的行动方案。

(三)规划

规划是对企业未来的生产经营活动进行科学的安排与筹划。它要求在最终决策的基础上,将事先确定的有关经济目标分解落实到各有关预算中去,从而合理有效地组织协调供、产、销以及人、财、物之间的关系,并为控制和责任考核创造条件。

（四）控制

控制是对企业日常的生产经营活动进行严密监控和跟踪的过程,它一般包括计划、预算的落实,标准、定额的制订,日程、进度的安排,以及实绩的计量、差异的分析和行为的矫正过程等等。

（五）考核评价

管理会计履行考核评价的职能,是通过建立责任会计制度来实现的,即在各部门、各单位及每个人均明确各自责任的前提下,逐级考核责任指标的执行情况,找出成绩和不足,从而为奖惩制度的实施和未来工作的改进提供必要的依据。

三、管理会计的基本内容

管理会计的内容是指与其职能相适应的工作内容,包括预测、决策、全面预算、成本控制和责任会计等方面。其中,前两项内容合称为预测决策会计;全面预算和成本控制合称为规划控制会计。预测决策会计、规划控制会计和责任会计三者既相对独立,又相辅相成,共同构成了现代管理会计的基本内容。

预测决策会计是管理会计系统中侧重于发挥预测经济前景和实施经营决策职能的最具有能动作用的会计子系统。它处于现代管理会计的核心地位,又是现代管理会计形成的关键标志之一。

规划控制会计是指在决策目标和经营方针已经明确的前提下,为执行既定的决策方案而进行有关规划和控制,以确保预期奋斗目标顺利实现的会计子系统。

责任会计是指在组织企业经营时,按照分权管理的思想划分各个内部管理层次的相应职责、权限及所承担义务的范围和内容,通过考核评价各有关方面履行责任的情况,反映其真实业绩,从而调动企业全体职工积极性的会计子系统。

第三节 管理会计与财务会计的关系

管理会计从传统会计中分离出来之后,企业会计中涉及日常会计核算及对外报告的那部分内容就称为财务会计,与管理会计一起成为会计学的两大分支。分析财务会计与管理会计的关系能帮助我们深刻地理解管理会计的特点。

一、管理会计与财务会计的联系

(一)两者源于同一母体

管理会计所需的许多资料来源于财务会计系统,它的主要工作内容是对财务会计信息进行深加工与再利用,因而受到财务会计工作质量的约束;而财务会计的发展与改革,则应当充分考虑到管理会计的要求,以扩大信息交换处理能力和兼容能力,避免不必要的重复和浪费。

(二)两者的最终目标一致

管理会计和财务会计都处于现代经济条件下的现代企业环境中,它们的工作对象从总的方面来看基本相同,都是企业经营过程中的资金运动,都统一服从于现代企业会计的总体要求,共同为实现企业内部经营管理的目标和满足企业外部有关方面的要求服务,因此,它们的最终奋斗目标是一致的。

二、管理会计与财务会计的区别

管理会计与财务会计的区别概括如表 1-1 所示。

表 1-1　　　　　　管理会计与财务会计的区别

特　征	财　务　会　计	管　理　会　计
(1) 核算目的	主要为企业外界有经济利害关系的团体或个人服务	主要为企业内部各级管理人员服务
(2) 核算重点	着重反映过去,提供信息	着重规划未来和控制现在(有时也需要评价过去)

特　征	财　务　会　计	管　理　会　计
(3) 核算依据	必须遵守公认的会计准则（或统一的会计制度）	只服从管理人员的需要,不必遵守公认的会计准则（或统一的会计制度）
(4) 核算对象	以整个企业生产经营活动的全过程为对象	可以是整个企业,也可以是某个责任部门,甚至是某个责任人。可以是生产经营活动的全过程,也可以是某个阶段或某一方面
(5) 核算方法	会计方法	会计方法、统计方法、数学及其他方法
(6) 核算要求	力求精确	不要求绝对精确,只要计算近似值
(7) 核算程序	比较固定,凭证、账表都有规定的格式	不固定,可自由选择。各种书面报告没有规定的格式,可根据管理需要自行设计
(8) 编表时间	定期编制	根据需要,不要求定期编制
(9) 法律效力	财务会计报告是正式报告,具有法律效力	管理会计报告不是正式报告,不具有法律效力

　　必须指出,以上区别不是绝对的。从广义上讲,财务会计同样是为了满足管理的需要,而现代管理会计中,长期投资决策的结果、可行性研究也常常作为对外提供的资料。作为管理会计的支柱之一,标准成本系统长期以来就是财务会计的重要组成部分。因此,管理会计与财务会计很难截然分开。

习　　题

一、判断题

　　1. 预测决策会计、规划控制会计和责任会计是管理会计的基本组成部分。　　　　　　　　　　　　　　　　（　　）

　　2. 财务会计工作既可以以整个企业为工作主体,也可以以企业的某一个管理环节为工作主体。　　　　　　（　　）

3. 管理会计工作形成的各种报告一般不具有法律效力。

（　　）

4. 管理会计是一种侧重于在企业内部经营管理中发挥作用的会计。 （　　）

5. 管理会计面向未来,因而管理会计信息的形成不以过去的资料为基础。 （　　）

6. 相对于财务会计工作,管理会计工作的程序缺乏固定性。

（　　）

7. 管理会计工作可以不受公认的会计准则的约束。 （　　）

8. 管理会计与财务会计一样,在核算过程中力求数据的准确性,不可求近似值。 （　　）

9. 管理会计信息可用于预测企业未来的经营前景,而财务会计信息却做不到这一点。 （　　）

10. 管理会计与财务会计一样,应定期编制有关报告。（　　）

二、单项选择题

1. 下列项目中,处于管理会计核心地位的是（　　）。

    A. 预测决策会计　　　　　　B. 规划控制会计

    C. 责任会计　　　　　　　　D. 标准成本会计

2. 在下列各项中,管理会计与财务会计之间并不存在区别的是（　　）。

    A. 核算程序　　　　　　　　B. 核算要求

    C. 最终奋斗目标　　　　　　D. 核算依据

3. 管理会计的内容中,全面预算和成本控制合称为（　　）。

    A. 责任会计　　　　　　　　B. 规划控制会计

    C. 预测决策会计　　　　　　D. 内部经营管理会计

4. 管理会计的核算目的主要为（　　）服务。

    A. 企业股东　　　　　　　　B. 企业债权人

    C. 企业内部管理　　　　　　D. 上级主管部门

5. 管理会计的内容中,除了预测决策会计和规划控制会计外,还有( )。

    A. 成本会计   B. 责任会计

    C. 租赁会计   D. 标准成本会计

6. 下列会计子系统中,能够履行管理会计"考核评价经营业绩"职能的是( )。

    A. 预测决策会计   B. 规划控制会计

    C. 对外报告会计   D. 责任会计

7. 下列项目中,不属于管理会计系统能够提供的信息是( )。

    A. 不发生法律效用的信息   B. 全面精确的信息

    C. 非价值量信息   D. 定性信息

8. 下列项目中,不属于能够揭示管理会计与财务会计之间共性特征的表述是( )。

    A. 两者都是现代会计的组成部分

    B. 两者的具体目标相同

    C. 两者共享部分信息

    D. 两者相互制约、相互补充

9. 管理会计为了有效地服务于企业内部经营管理,必须( )。

    A. 反映过去   B. 反映现在

    C. 历史描述   D. 面向未来

10. 必须遵守公认会计准则的会计是( )。

    A. 决策会计   B. 管理会计

    C. 财务会计   D. 责任会计

三、多项选择题

1. 下列项目中,属于管理会计人员的工作是( )。

    A. 预测决策   B. 编制年度财务报告

    C. 根据凭证记账   D. 编制预算

2. 管理会计工作的核算方法,可以是( )方法。

A. 会计   B. 统计

C. 数学   D. 其他

3. 下列各项中,属于规划控制会计内容的有( )。

    A. 预测分析   B. 决策分析

    C. 全面预算   D. 成本控制

4. 管理会计与财务会计的区别有( )的不同。

    A. 最终奋斗目标   B. 核算目的

    C. 核算方法   D. 核算依据

5. 下列各项中,属于管理会计职能的有( )。

    A. 预测经济前景   B. 参与经营决策

    C. 规划经营目标   D. 考核评价经营业绩

6. 下列各项中,属于现代管理会计内容的有( )。

    A. 预测决策会计   B. 规划控制会计

    C. 预算会计   D. 责任会计

7. 管理会计的作用有( )。

    A. 为企业管理部门科学地预测和决策企业的未来

    B. 控制企业的经济活动,为实现决策预定的目标进行服务

    C. 侧重于为企业内部的经营管理服务

    D. 为企业内部管理决策提供信息

8. 下列表述中,能够揭示管理会计特征的有( )。

    A. 以责任单位为主体

    B. 必须严格遵守公认会计原则

    C. 可以提供未来信息

    D. 重视管理过程和职工的作用

9. 下列项目中,可以作为管理会计主体的有( )。

    A. 企业整体   B. 车间

    C. 班组   D. 个人

10. 管理会计与财务会计相比较的主要特点有(　　)。

A. 管理会计侧重于为企业内部各级管理人员服务

B. 管理会计着重规划未来和控制现在

C. 管理会计核算方法为会计方法

D. 管理会计报告不是正式报告因此要定期编制

第二章　成本分类与成本
性态分析

第一节　成　本　分　类

　　成本是衡量企业经营管理水平高低和经济效益好坏的一个重要指标。不同的会计领域对成本概念的理解不尽相同。在传统的财务会计领域,从正确核算企业的财务状况和准确计量企业的经营成果的要求出发,把成本定义为:在一定条件下,企业为生产一定种类产品所发生的各种资财耗费的货币表现。

　　现代管理会计以企业内部经营管理为服务对象,履行着预测、决策、控制、规划和业绩考核评价等职能,这就需要根据各种职能的要求来核算和提供符合各种用途的成本信息,因此把成本定义为:企业在生产经营过程中对象化的、以货币表现的、为达到一定的经济目的而应当或可能发生的各种经济资源的价值牺牲或付出的代价。显然,现代管理会计中的成本概念的内涵和外延要广得多:成本不仅仅是一种资财的耗费,也可以是一种因放弃某个机会而未能获得的收益;成本归集的对象不仅仅是产品,也可以是生产经营过程中的其他客体,如企业内部的某个责任单位等;成本记录、计量的内容,不仅仅是过去已经发生的,也可以是将来应当或可能发生的。

　　依照多样化的成本概念,可选择不同的标志将成本进行多重分类,下面着重介绍成本的两项主要分类:成本按经济用途分类和成本按性态分类。

一、成本按经济用途分类

成本按经济用途分类是财务会计的传统分类方法。在制造业（工业企业），成本按其经济用途可分成生产成本和非生产成本两大类。

（一）生产成本

生产成本是指在产品生产（制造）过程中发生的各项耗费，包括直接材料、直接人工和制造费用三部分。

（1）直接材料，指用以形成产品实体或构成产品主要部分的材料成本。

（2）直接人工，指在产品生产中直接改变原材料的性质或形态所耗用的人工成本。

（3）制造费用，指在产品生产过程中发生的，除了直接材料、直接人工以外的其他全部耗费。制造费用可进一步划分为间接材料、间接人工和其他间接费用三部分。

间接材料，指在产品生产过程中耗用，但不归属于某一特定产品的材料成本，如各种物料用品的消耗；

间接人工，指为生产服务而不直接进行产品生产所发生的人工成本，如维修、清洁及警卫人员的工资；

其他制造费用，指在产品生产过程中发生的、除间接材料和间接人工以外的其他各项间接费用，如厂房租金等。

（二）非生产成本

非生产成本是指企业在行政管理、资金筹集和在产品推销过程中发生的各项耗费，包括管理费用、财务费用和销售费用。

（1）管理费用，指为保证企业日常行政管理工作的正常进行而发生的各项耗费，如办公费、邮电费和行政管理人员的工资等。

（2）财务费用，指企业筹集生产经营所需资金而发生的费用，如利息支出、汇兑损失、金融机构手续费以及筹集生产经营资金发生的其他费用等。

（3）销售费用，指为推销产品而发生的各项耗费，如广告费、销售佣金和销售人员的工资等。

在传统的财务会计中，生产成本以一定的产品为对象进行归集，这种经过对象化的生产成本就称为产品成本；而管理费用、财务费用和销售费用则全部计入发生当期损益，直接从本期营业收入中扣减，故称为期间成本。

成本按经济用途分类，能够反映产品成本、期间成本的构成，便于考核成本计划的完成情况，分析成本升降的原因和寻求降低成本的途径。但是这种分类不能从数量上揭示成本与产销量等业务量之间的内在联系，不能有效地将成本信息应用于经营决策过程，也不利于进一步挖掘企业的生产经营潜力，因此在管理会计中就有必要按照另外一种标准，即成本性态来研究分析成本的分类。

二、成本按性态分类

成本性态，亦称成本习性，是指成本总额对业务量总数的依存关系。这里，业务量可以是产量、销量，也可以是直接人工工时、机器工作小时等。从成本性态来研究分析成本，目的是要揭示成本与产量、销量等业务量之间的内在联系，考察当某特定的业务量变动时，与其相应的成本是否随之变动，从而从数量上具体把握产品成本与生产能力之间的规律性联系。

成本按性态可划分为三类：变动成本、固定成本和混合成本。

（一）变动成本

变动成本是指在一定时期和一定业务量范围内总额随业务量的变动而发生正比例变动的成本。企业生产过程中发生的直接材料、直接人工、制造费用中的产品包装费、按工作量计算的固定资产折旧费、按销量多少支付的推销佣金等都属变动成本，这些成本的总额将随产量或销量的变动而呈正比例变动。但从单位业务量观察,单位产品的直接材料、直接人工等却是等量的,即单位变动成本不受业务量变动的影响而保持不变。

【例2-1】 某净水器厂生产的家用净水器以活性炭作为净化材料,活性炭消耗成本是家用净水器的变动成本,每台净水器耗用活性炭20元。该厂家用净水器的生产量与活性炭消耗成本之间的关系如表2-1所示。

表2-1 **生产量与成本的关系**

生产量(台)	总成本(元)	单位成本(元)
10 000	200 000	20
20 000	400 000	20
30 000	600 000	20
40 000	800 000	20

在表2-1中,家用净水器的生产量从10 000台逐渐增加到40 000台,活性炭的总成本相应地从200 000元逐渐增加到800 000元,生产量和活性炭的消耗总成本的变动方向和变动比例相同。但无论产量如何变动,每台家用净水器的活性炭消耗成本均为20元,始终不变。

根据[例2-1],变动成本的成本性态模型如图2-1和图2-2所示。

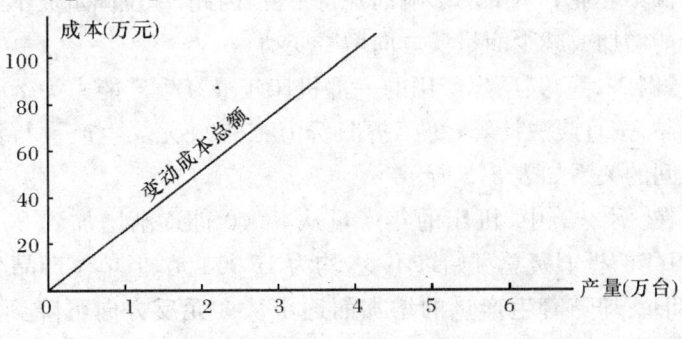

图2-1 变动成本总额性态

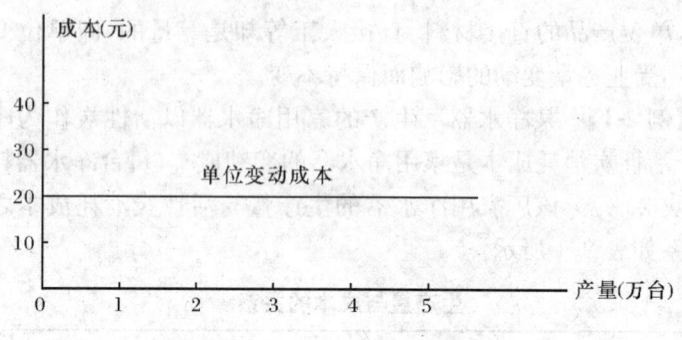

图 2-2　单位变动成本性态

显然,变动成本具有以下两个特点:

(1)变动成本总额的正比例变动性。在平面直角坐标图上,变动成本线是一条以单位变动成本为斜率的直线(图 2-1)。

(2)单位变动成本的不变性。在平面直角坐标图上,单位变动成本线是一条平行于横轴的直线(图 2-2)。

(二)固定成本

固定成本是指在一定时期和在一定业务量范围内总额不受业务量的变动影响而保持不变的成本。企业按直线法计提的固定资产折旧费、管理人员的工资、财产保险费等即为固定成本。固定成本总额不受业务量变动影响而保持不变,因此,单位固定成本随业务量的增加或减少而呈反方向增减变动。

【例 2-2】　某厂生产用的一部机床年最高生产能力为 20 000 件产品,按直线法计算,每年折旧费为 15 000 元。生产量与折旧费之间的关系如表 2-2 所示。

在[例 2-2]中,机床的年产量从 5 000 件逐渐增加到 20 000 件,每年的折旧费总额始终不变,均为 15 000 元,但单位产品分摊的折旧费却随着生产量的增加而逐步从 3 元反方向下降到 1.5 元、1 元和 0.75 元。

表 2-2   **生产量与折旧费的关系**

年生产量(件)	年总成本(折旧费)(元)	单位成本(元)
5 000	15 000	3
10 000	15 000	1.5
15 000	15 000	1
20 000	15 000	0.75

根据[例 2-2],固定成本的成本性态如图 2-3 和图 2-4 所示。

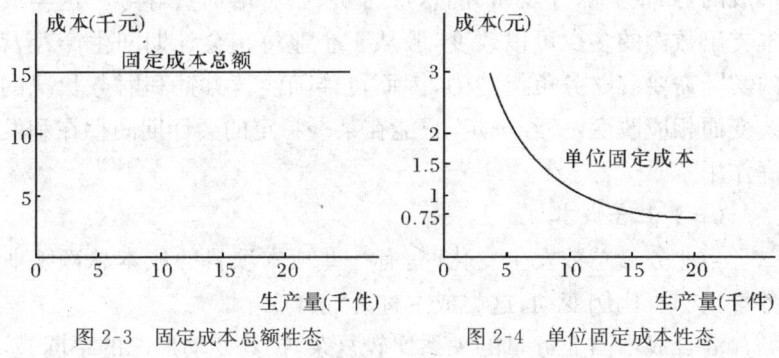

图 2-3 固定成本总额性态   图 2-4 单位固定成本性态

显然,固定成本具有以下两个特点:

(1)固定成本总额的不变性。在平面直角坐标图上,固定成本总额线是一条平行于横轴的直线(图 2-3)。

(2)单位固定成本的反方向变动性。在平面直角坐标图上,单位固定成本线是一条反比例曲线(图 2-4)。

企业在一定时期内发生的固定成本按其支出数额大小是否受管理当局短期决策的影响可进一步划分为"约束性固定成本"和"酌量性固定成本"两类。

约束性固定成本,亦称"经营能力成本",指支出数额不受管理当局的决策行动影响的固定成本。它同企业生产经营能力形成及其正常维护相联系,如固定资产折旧费、保险费、财产税、管理人员的工资等。这些成本是企业经营活动中必须负担的最低成本,其发生及数额的多少直接受到企业已经形成的生产、销售能力和已经建立的基本组织结构的制约,在较短时间内不能轻易改变,具有较大程度的约束性,因而可在企业生产经营的较长时间内继续存在和发挥作用。

酌量性固定成本,亦称"抉择性固定成本",指通过管理当局的决策行动能够改变其数额的固定成本。它是由企业管理部门按照经营方针的要求,通过确定未来某一会计期间的有关预算形式而形成的,如企业的开发研究费、广告费、职工培训费等等。这类成本支出数额的多少可以改变,服从于企业每一会计期间生产经营的实际需要和财务负担能力,因而可伴随经营方针和财务状况的改变而相应改变,一经确定,只能在某一特定的会计期间存在和发挥作用。

（三）混合成本

当业务量总数发生变化时,有一些成本项目的成本总额随业务量呈非正比例变动,这类成本称为混合成本。

混合成本与业务量的关系比较复杂,按其变动形态的不同,基本上又可分为半变动成本、半固定成本、延期变动成本和曲线式变动成本四种。

1. 半变动成本

半变动成本又称为标准式混合成本,它的总额由两部分成本组成:一部分,即为固定成本部分,无论有否业务量发生,这部分成本总会发生,并不受业务量变动影响;另一部分,随业务量的变动而发生正比例变动,为变动成本部分。由于半变动成本的一部分是固定不变的,其总额尽管随业务量的增减变动而相应增减变动,但与业务量之间并不具有同等变动比例的关系。

【例2-3】 某运输公司租入一辆大型客车开展业务。合同规定,该公司支付的租金分为两部分:年基本租金为 10 000 元;客车每运行 1 千米,再支付租金 1 元。大型客车年运输量与租金支出的关系如表 2-3 所示。

表 2-3　　　　　**大型客车年运输量与租金的关系**

运输业务量(千米)	租金支出总额(元)
0	10 000
10 000	20 000
20 000	30 000
30 000	40 000

〔例 2-3〕表明:该运输公司的客车无论是否开展业务和运行多少千米都必须支付 10 000 元的租金,在 10 000 元基础上,租金支出随着运输量从 0 逐渐增加到 30 000 千米的变动,而按相同的比例从 10 000 元逐渐增加到 40 000 元(10 000＋30 000)。

根据〔例 2-3〕,半变动成本的成本性态如图 2-5 所示。

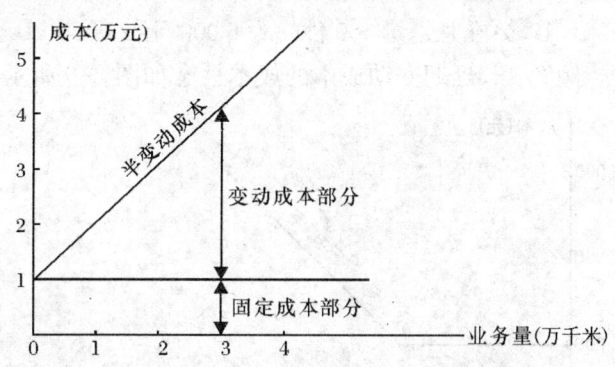

图 2-5　半变动成本性态

2. 延期变动成本

延期变动成本又称为低坡式混合成本,其成本总额在一定的业务量范围内保持稳定,但超过该一定业务量后,则随业务量正比例变动。

【例 2-4】　某企业规定其甲产品销售人员的每月薪金由基本

薪金和超量奖励两部分组成。每月销量不超过 200 件的,支付基本薪金 2 000 元;超过 200 件的,每超过 1 件奖励 20 元。假定该企业某位销售人员某月共销售甲产品 400 件,则销量与该销售人员月薪金的关系如表 2-4 所示。

表 2-4　　　　　　　　业务量与延期变动成本的关系

甲产品的销量(件/人)	销售人员的月薪金(元/人)
0	2 000
100	2 000
200	2 000
300	4 000
400	6 000

表 2-4 中,该销售人员的月薪金在月销量 300 件时为 4 000 元(2 000＋20×100);在月销量 400 件时为 6 000 元(2 000＋20×200)。

根据[例 2-4],延期变动成本的成本性态如图 2-6 所示。

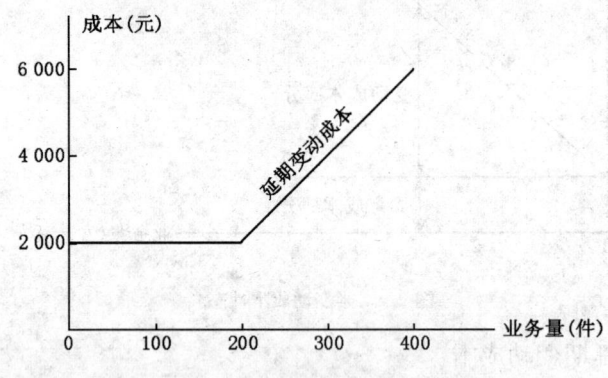

图 2-6　延期变动成本性态模型

3. 半固定成本

半固定成本的特点是在一定业务量范围内发生额固定不变,当业务量增长超过该范围,其发生额突然跳跃上升,然后在业务量增长以后的一定范围内又固定不变,直到业务量范围再被突破、发生新的跳跃变动为止。所以,半固定成本又称阶梯成本或步增成本。企业的检验员、化验员及货运员等人员的工资均属于这类成本。

【例 2-5】 某厂在产品月销售量不超过 1 000 件时可由 1 辆汽车送货,每辆车配 1 名送货员,每个送货员的工资 1 500 元。如果月销量超过 1 000 件而不超过 2 000 件,必须由 2 辆车送货,配两名送货员,送货员的工资支出变成了 3 000 元,这样以此类推,送货员工资支出在月销量每超过 1 000 件时,跳跃性增加 1 500 元。

根据[例 2-5],半固定成本的成本性态模型如图 2-7 所示。

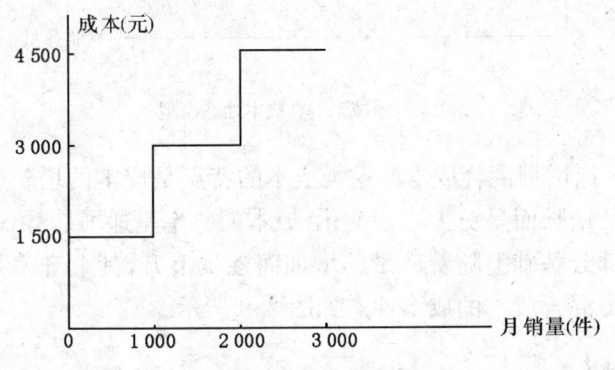

图 2-7 半固定成本性态模型

4. 曲线式混合成本

这类成本通常有一个初始量,在一定条件下保持不变,相当于固定成本。在这个初始量的基础上,随着业务量的增加,成本总额呈非线性的曲线式增加。按照曲线斜率的不同变动趋势,这类混合成本可进一步分为以下两种类型。

(1)递减型混合成本。这类成本的特点是成本的增长幅度小于业务量的增长幅度,成本的斜率随业务量递减。例如,热处理使用的电炉设备,每班都需预热,因预热而耗电的成本(初始量)属于固定成本性质；至于预热后进行热处理的耗电成本，则随业务量的增加而逐步上升，但其上升越来越慢，即其上升率是递减的。这类混合成本的成本性态如图 2-8 所示。

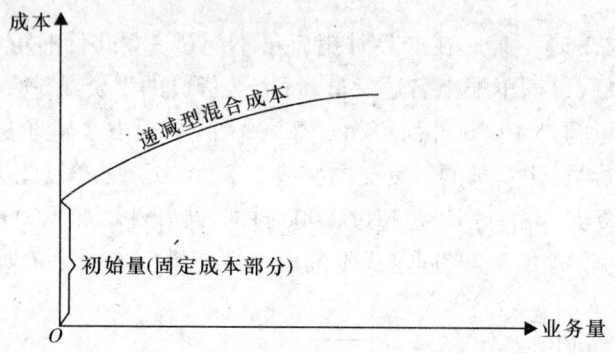

图 2-8　递减型混合成本性态模型

（2）递增型混合成本。这类成本的特点是成本的增长幅度随业务量的增长而呈更大幅度变化，成本的斜率呈递增趋势，即成本在固定部分基础上随着产量的增加而逐步上升，其上升率是递增的。这类混合成本的成本性态如图 2-9 所示。

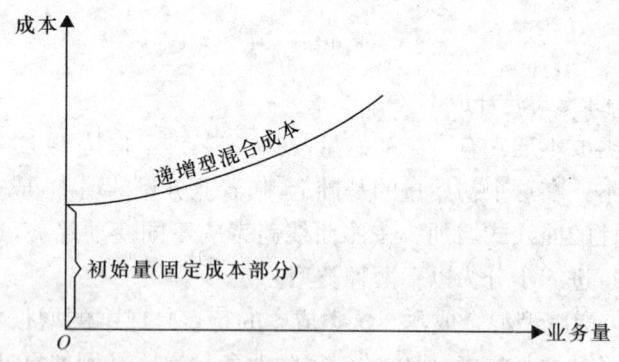

图 2-9　递增型混合成本性态模型

（四）相关范围

变动成本和固定成本的"变动"或"固定"不是绝对的,必须以"一定时期"和"一定业务量范围"为前提条件。成本按性态确定为变动成本或固定成本的前提条件称为成本性态的"相关范围"。

1. 变动成本的相关范围

就变动成本内容而言,只有单位变动成本不变,其总额才能够与产销量等业务量呈正比例变动关系,而单位变动成本只在一定时期和一定的业务量范围内相对保持稳定。比如在物价变动不定的情况下,单位产品的材料成本或人工成本不可能在较长时期内保持稳定,而需随物价变动作相应的调整。即使在物价稳定的情况下,在产品的投产初期也可能因生产工艺的不熟悉和生产技术的不熟练等原因而使单位产品的材料消耗等加大。以后随着产量的增加,生产工艺逐渐掌握,生产技术逐渐提高,使单位产品的直接材料消耗等相对趋于稳定,单位变动成本相对不变。但当产量增长超过一定的限度,可能会由于生产"疲劳",废品增多,或因需加班加点生产而提高计件工资的计价单价等原因,致使单位产品的变动成本趋于上升。变动成本在不同产量情况下的变动如图2-10所示。

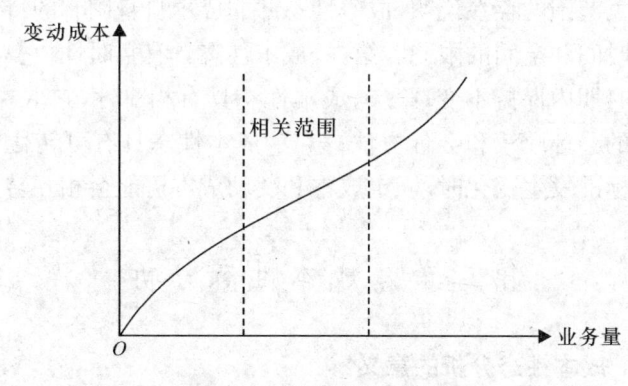

图 2-10　变动成本的相关范围

2. 固定成本的相关范围

固定成本总额保持不变也是就一定时期和一定业务量而言的,超出其相关范围,固定成本总额将会发生变化。如前述酌量性固定成本会受不同时期的经营方针和财务状况的影响而不尽相同,即使是约束性固定成本也可能因生产能力的变动或物价变动而发生变动。例如在[例2-2]中,如果生产量超过20 000件,则必须再添置一台机床,这样按直线法计提的年折旧费增加到了30 000元,当然在年产量20 000~40 000件范围内,年折旧费则保持不变,不受产量变化的影响(参见图2-11)。

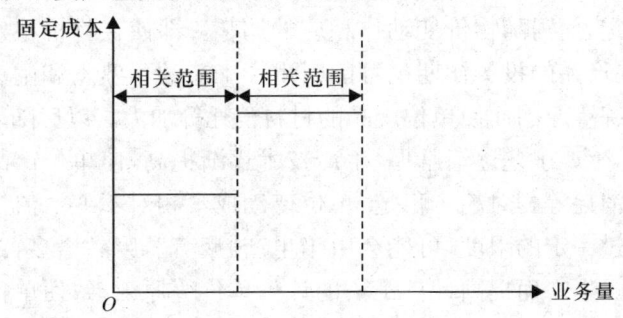

图 2-11　固定成本的相关范围

相关范围的存在说明,成本性态并非成本自身固有的特性,它要受到时间和空间的限制。第一,成本性态具有暂时性,它只是在一定的时期内保持不变;第二,成本性态具有相对性,它取决于每个企业的会计政策和会计方法;第三,成本性态具有可转化性,当业务量标准发生变化时,固定成本和变动成本可能会相互转化。

第二节　成本性态分析

一、成本性态分析的意义

成本性态分析,就是在成本性态分类的基础上,按照一定的程序和采用一定的方法最终将全部成本(变动成本、固定成本和混合成本)进一步分成变动成本和固定成本两部分,并建立相应的成本—业务量函数方程的过程。

如前所述,按照经济用途对成本进行分类的缺陷是不能直接、明确地反映业务量和成本之间的内在联系,不能满足企业内部管理的需要,因而在管理会计中须按照成本性态来研究分析成本。按照成本性态,成本划分为变动成本、固定成本和混合成本三类。由于混合成本同业务量之间的相互关系不能直接、明确地显示出来,还无法依据成本同业务量的内在联系对这类成本的增减变动作出正确的分析,也就还不能为企业规划、控制生产经营活动提供全面而有用的资料。为此,必须采用一定的方法进行成本性态分析,将成本中的固定成本部分和变动成本部分区分开来,从而将企业的全部成本明确划分为变动成本和固定成本两大部分并建立成本—业务量函数方程,以便利用成本同业务量的内在联系为企业内部管理服务。

二、成本性态分析的方法

成本性态分析,可采取单步骤分析和多步骤分析两种程序:单步骤分析程序,就是采用一定的方法直接将全部成本分成变动成本和固定成本两大部分;多步骤分析程序,就是先将混合成本分成变动成本和固定成本两部分,然后将这些成本分别与分析之前的变动成本和固定成本相加,从而最终将总成本分成变动成本和固定成本两大部分。

不论单步骤分析程序还是多步骤分析程序,成本性态分析均可采用以下一些方法。

(一)历史资料分析法

历史资料分析法是指根据过去一定时期的实际发生的业务量与其相关的成本资料,运用一定的数学方法进行计算分析,从而确定固定成本和单位变动成本的数值,并建立成本-业务量函数方程,从而完成成本性态分析的一种定量分析方法。这是在进行成本性态分析时较多采用的一种方法。根据资料利用的具体形式不同,历史资料分析法又可分为高低点法、散布图法和一元直线回归法三种具体方法。

设：y——成本总额；

a——成本中的固定成本部分；

b——成本中的单位变动成本；

x——业务量；

bx——成本中的变动成本部分。

则,成本的组成方程为 $y=a+bx$。

1. 高低点法

高点,指过去一定时期有关资料中的最高业务量及相应的成本;低点,则指资料中的最低业务量及相应的成本。高低点法,就是以过去一定时期内的最高业务量与最低业务量的成本之差除以最高业务量与最低业务量之差,计算出单位变动成本(b),然后据以计算出成本中的固定成本(a)的一种定量分析方法。

高低点法的基本分解步骤是：

(1)确定高低点。根据某项成本过去一定时期的业务量和成本资料,确定最高点和最低点。

(2)计算单位变动成本(b)和固定成本(a)。根据混合成本的组成方程式 $y=a+bx$ 和高低点资料,可列出一个二元一次方程组：

$$\begin{cases} y高=a+bx高 \\ y低=a+bx低 \end{cases}$$

根据以上方程组求得 a、b 如下：

$$b=\frac{y高-y低}{x高-x低}$$

$$a=y高-bx高$$

或 $=y$ 低$-bx$ 低

【例 2-6】 某企业 2012 年 1～6 月份的设备维修费(半变动成本)的有关资料如表 2-5 所示。

表 2-5 **资　料　表**

月　　份	机器工时(小时)	维修费(元)
1	4 000	550
2	4 200	565
3	5 000	650
4	4 100	555
5	3 900	540
6	4 100	560

根据以上资料,运用高低点法对维修费进行成本性态分析。

首先,确定高低点(见表 2-6)。

表 2-6 **确 定 高 低 点**

项　　　目	最高点(3 月份)	最低点(5 月份)
机器工作小时(x)	5 000	3 900
维修费(y)	650	540

其次,计算 b 和 a,按成本性态建立维修费的组成方程。

$$b=\frac{y\,高-y\,低}{x\,高-x\,低}=\frac{650-540}{5\,000-3\,900}=0.1(元)$$

$$a=y\,高-bx\,高=650-0.1\times5\,000=150(元)$$

或 $$a=y\,低-bx\,低=540-0.1\times3\,900=150(元)$$

通过计算,该厂维修费中的固定成本为 150 元,单位变动成本为 0.1 元,按成本性态,维修费组成的方程为:

$$y=150+0.1x$$

2. 散布图法

将有关的若干组数据在坐标图上一一标出而形成的图形称为散布图。散布图法就是在以横轴代表业务量,纵轴代表总成本的坐标图中,将过去一定时期的各期业务量及成本数据分别在图中标出,形成散布图;然后根据目测在各点之间画一条反映成本随业务量变动的变动趋势的直线,据此确定成本中的固定成本和变动成本的一种定量分析方法。

散布图法的基本分解步骤是:

(1)画出散布图。以业务量为横轴、成本为纵轴,建立坐标系;将过去一定时期的各组业务量及相应的成本数据在坐标上一一标出,形成散布图。

(2)画出趋势直线。用目测法在散布图上各点之间画出一条反映成本变动趋势的直线,直线与纵轴相交。

(3)确定固定成本(a)和单位变动成本(b)。趋势直线对纵轴的截距即为固定成本 a;该直线的斜率即为单位变动成本 b。

【例 2-7】 某企业 2012 年 1～12 月份的维修费用资料如表 2-7 所示。

运用散布图法对维修费进行成本分解如下:

首先,画出散布图。

设机器工时为横轴(x)、维修费为纵轴(y),建立坐标系;将 2012 年 1～12 月份的各月维修费、机器工时资料在坐标上一一标出(参见图 2-12)。

表 2-7   **资 料 表**

月　份	机器工时(小时)	维修费(元)
1	8 500	3 700
2	7 500	3 500
3	9 000	3 800

月　　份	机器工时（小时）	维修费（元）
4	9 500	3 900
5	10 000	4 000
6	11 000	4 200
7	10 500	4 000
8	9 500	3 800
9	11 500	4 200
10	12 000	4 300
11	13 000	4 500
12	12 500	4 400

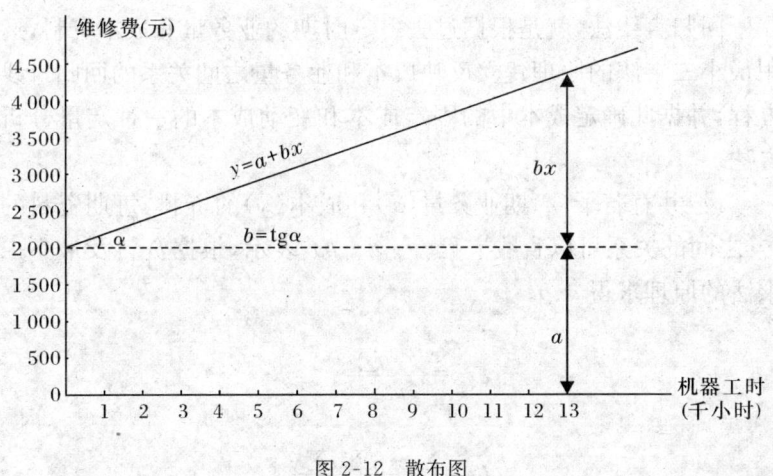

图 2-12　散布图

其次，画出趋势直线。

以最高点为一端在散布图上用目测法画出一条趋势直线并与

纵轴相交,使散布图上各点均匀分布在直线的上、下方。

最后,确定固定成本 a 和单位变动成本 b。

从图 2-14 中可以确定趋势直线与 y 轴的交点为(0, 2 000),直线对 y 轴的截距为 2 000,即固定成本 $a=2\,000$ 元,根据趋势直线两端点的坐标(0, 2 000)、(1 300, 4 500),趋势直线的斜率=(4 500−2 000)/(13 000−0)=0.192 元,即单位变动成本 $b=$ 0.192元。因此按照成本性态,维修费的组成方程为:

$$y=2\,000+0.192x$$

必须指出,以上两种方法的分解结果都不够精确。高低点法比较简便,但只考虑了历史资料中的两组数据,如果不同期间的业务量及成本波动较大,那么得出的计算结果的误差就较大;散布图尽管考虑了给定的全部数据,但是通过目测确定的趋势直线进行分解,也不是一种严密、精确的方法。

3. 回归直线法

回归直线法,就是根据过去一定时期的业务量和成本资料,运用最小二乘法的原理建立反映成本和业务量之间关系的回归直线方程,并据此确定成本中的固定成本和变动成本的一种定量分析方法。

设:共有若干(n)期业务量(x)和成本(y)的资料,每期资料的 xy 之间的关系可以直线方程 $y=a+bx$ 表示,根据资料及最小二乘法的原理求得 a、b。

$$a=\frac{\sum y-b\sum x}{n}$$

$$b=\frac{n\sum xy-\sum x\sum y}{n\sum x^2-(\sum x)^2}$$

【例 2-8】 仍以[例 2-7]资料说明回归直线法的具体运用。为便于计算,先将资料进行加工,如表 2-8 所示。

表2-8　　　　　　　　**资料计算表**

月份	机器工时数(x)	维修费(y)	xy	x^2
1	8 500	3 700	31 450 000	72 250 000
2	7 500	3 500	26 250 000	56 250 000
3	9 000	3 800	34 200 000	81 000 000
4	9 500	3 900	37 050 000	90 250 000
5	10 000	4 000	40 000 000	100 000 000
6	11 000	4 200	46 200 000	121 000 000
7	10 500	4 000	42 000 000	110 250 000
8	9 500	3 800	36 100 000	90 250 000
9	11 500	4 200	48 300 000	132 250 000
10	12 000	4 300	51 600 000	144 000 000
11	13 000	4 500	58 500 000	169 000 000
12	12 500	4 400	55 000 000	156 250 000
合计	124 500	48 300	506 650 000	1 322 750 000

根据表2-8计算如下：

$$b=\frac{n\sum xy-\sum x\cdot\sum y}{n\sum x^2-(\sum x)^2}=\frac{12\times506\,650\,000-124\,500\times48\,300}{12\times1\,322\,750\,000-(124\,500)^2}=0.178(元)$$

$$a=\frac{\sum y-b\sum x}{n}=\frac{48\,300-0.178\times124\,500}{12}=2\,178.25(元)$$

根据求得的a、b值，按照成本性态，维修费的组成方程为：$y=2\,178.25+0.178x$。

对照散布图法的计算结果，运用最小二乘法原理建立的直线方程显然比以目测法确定的直线方程更精确、更科学。

（二）工程技术测定法

工程技术测定法是根据产品生产中的各种材料成本和人工成本的投入与产品产出量的关系来合理区分变动成本和固定成本的一种定量分析方法。由于它直接以工程技术的特点来确定变动成本和固定成本,因而称为工程技术测定法。其基本做法是把材料、工时的投入量与产品产量进行对比分析,把与产量有关的部分汇集为单位变动成本,与产量无关的部分汇集为固定成本。

这种方法的优点是划分比较准确,缺点是工作量较大,即需要对每一项耗费进行分析,一般只适用于新建企业或新产品的成本性态分析。

（三）会计分析法

会计分析法就是根据某项半变动成本的主要成本性态,视其比较接近于哪一类成本（变动成本或固定成本）,就划入哪类成本的一种定性分析方法。

会计分析法的优点是相对比较简单,缺点是成本性态的确定比较粗。但由于它能清楚地反映出变动成本和固定成本具体包含的成本项目,所以具有较高的实用价值。

（四）合同确认法

合同确认法就是根据与交易对方签订的合同上所规定的计价方法与合同提供的业务量的关系分析成本性态,将不论业务量多少均需支付的部分,即基数部分,划入固定成本;凡按业务量计价的部分划入变动成本的一种定量分析方法。

合同确认法的优点是成本性态分析比较准确,但其应用范围较小,只限于签有合同生产经营项目的成本的性态分析。

三、$y = a + bx$ 的成本性态模型在企业内部管理中的应用

将企业的全部成本按性态划分为两部分,建立了 $y = a + bx$ 的成本性态模型,对于企业的内部经营管理具有十分重要的作用（参见图 2-13）。第一,可用于经营预测:只要正确测定企业计划期的经营业务量（x）,代入成本性态模型,就能直接测定计划期的成本预计发生额,从而为企业确定正确的经营目标提供有用的资料;第二,可用于经营决策:运用成本性态模型,可以测定不同决策方案的成本水平,结合考虑其他相关因素,通过分析、比较,达到

最优决策;第三,用于内部控制:运用成本性态模型不仅能为制订未来发展的总体经营目标提供科学依据,为企业降低消耗指明努力方向,而且能据以划分成本中心,根据不同中心的业务量水平确定成本指标,落实责任成本,从而不断提高企业的经营管理水平。

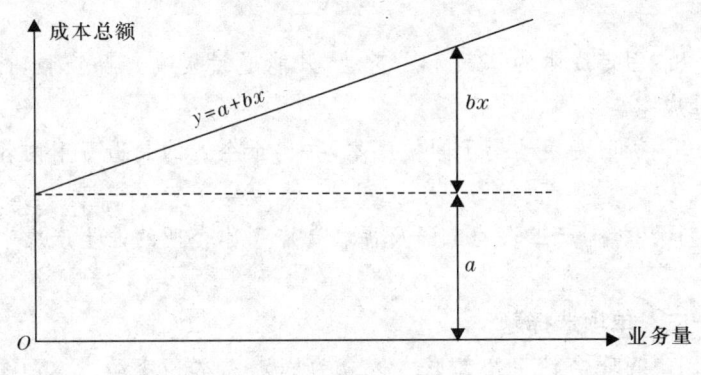

图 2-13　成本性态模型

成本性态模型的应用将在以后的有关章节中分别详细说明。

习　　题

一、判断题

1. 在相关范围内,固定成本总额和单位固定成本均具有不变性。　　　　　　　　　　　　　　　　　　　（　　）

2. 在相关范围内,固定成本总额和单位变动成本均具有不变性。　　　　　　　　　　　　　　　　　　　（　　）

3. 管理者短期决策行为影响酌量性固定成本而不影响约束性固定成本。　　　　　　　　　　　　　　　　（　　）

4. 单位变动成本性态模型在以业务量为横轴、单位成本为纵轴的直角坐标系中,反映为一条与横轴平行的直线。　　（　　）

5. 在一定条件下,混合成本可以用一元直线方程来模拟。 （　　）

6. 在成本水平波动频繁的企业,运用高低点法进行成本性态分析没有实际意义。 （　　）

7. 与散布图法相比,高低点法计算更简便、更易理解、更科学。 （　　）

8. 固定成本的总额无法变动,只能通过提高产品产量,降低单位成本。 （　　）

9. 折旧费用均属于间接成本,并属于企业的制造费用内容。 （　　）

10. 非生产工人的工资及福利费应列作企业的非生产成本。 （　　）

二、单项选择题

1. 管理会计将全部成本区分为固定成本和变动成本两个部分,其区分的依据是(　　)。

  A. 成本的性态　　　　　B. 成本性态分析

  C. 成本的经济用途　　　D. 成本的可控性

2. 甲企业每月生产某零件数在 1 000 件以内时,需要化验员 2 名;在此基础上,每增加产量 400 件,需要增加 1 名化验员。此种情况下,化验员的工资成本属于(　　)。

  A. 阶梯式混合成本　　　B. 标准式混合成本

  C. 低坡式混合成本　　　D. 曲线式混合成本

3. 管理会计中,混合成本可以用直线方程 $y = a + bx$ 来模拟,其中 bx 表示(　　)。

  A. 固定成本　　　　　　B. 单位变动成本

  C. 变动成本总额　　　　D. 单位固定成本

4. 在相关范围内,单位变动成本(　　)。

  A. 随业务量增加而增加

B. 随业务量增加而减少

C. 不随业务量发生增减变动

D. 在不同的产量水平各不相同

5. 在利用高低点法进行成本性态分析时,高低点坐标的选择标准应是(　　)。

    A. 自变量业务量的高低　　B. 因变量成本的高低

    C. 变动成本总额　　　　　D. 单位固定成本

6. 在一个初始量的基础上,随业务量变动但不存在线性关系的成本是(　　)。

    A. 标准式混合成本　　　　B. 曲线式混合成本

    C. 低坡式混合成本　　　　D. 阶梯式混合成本

7. 加班工资和浮动工资一般属于(　　)。

    A. 标准式混合成本　　　　B. 曲线式混合成本

    C. 低坡式混合成本　　　　D. 阶梯式混合成本

8. 在进行成本性态分析时,历史资料分析法中最为简便易行的方法是(　　)。

    A. 直接分析法　　　　　　B. 高低点法

    C. 散布图法　　　　　　　D. 一元直线回归法

9. 下列项目中,属于变动生产成本的是(　　)。

    A. 变动性制造费用　　　　B. 变动性管理费用

    C. 变动性销售费用　　　　D. 变动性财务费用

10. 管理当局可调整减少的固定成本是(　　)。

    A. 汽车的折旧费用　　　　B. 管理人员工资

    C. 融资租赁费　　　　　　D. 经营性租赁费

三、多项选择题

1. 成本性态是指成本总额与特定业务量之间在数量方面的依存关系,其中特定的业务量可以有(　　)。

    A. 实物量　　　　　　　　B. 价值量

C. 时间量　　　　　　　　D. 百分比

2. 我国工业企业中,制造费用中不随产量变动的固定成本包括(　　)。

A. 折旧费、租赁费　　　　B. 办公费、差旅费

C. 劳动保护费　　　　　　D. 管理人员工资

3. 历史成本分析法包括(　　)。

A. 散布图法　　　　　　　B. 回归直线法

C. 高低点法　　　　　　　D. 合同确认法

4. 成本性态分析与成本性态分类之间的联系表现在(　　)。

A. 成本性态分析与成本性态分类的对象均是企业的总成本

B. 成本性态分析以成本性态分类为基础

C. 成本性态分类是成本性态分析的结果

D. 成本性态分析与成本性态分类的最终结果相同

5. 由于固定成本和变动成本相关范围的存在,使成本性态表现出的特点包括(　　)。

A. 暂时性　　　　　　　　B. 相对性

C. 可转化性　　　　　　　D. 固定性

6. 属于非制造成本的为(　　)。

A. 车间管理人员工资　　　B. 库存产品保管费

C. 行政办公用房折旧费用　D. 生产设备折旧费用

7. 全部成本按性态进行分析后,可分为(　　)几个组成部分。

A. 固定成本　　　　　　　B. 变动成本

C. 混合成本　　　　　　　D. 半变动成本

8. 下列成本项目中属于酌量性固定成本的有(　　)。

A. 职工培训费　　　　　　B. 管理人员工资

C. 广告宣传费　　　　　　D. 新产品研究开发费用

9. 变动成本的主要特点包括(　　)。

A. 成本总额的不变性

B. 单位成本的反方向变动性

C. 成本总额的正比例可变性

D. 单位成本的不变性

10. 降低固定成本的可行途径有(　　)。

A. 通过增加产量相对降低约束性固定成本

B. 通过增加产量相对降低酌量性固定成本

C. 通过财务决策绝对降低约束性固定成本

D. 通过财务决策绝对降低酌量性固定成本

四、计算题

1. 资料:某企业只生产一种产品,该产品产量与某项混合成本的资料如表 2-9 所示。

表 2-9　　　　　　　　资　料　表

月　　份	1	2	3	4	5	6
产量(x)(件)	20	16	24	28	36	32
混合成本(y)(元)	280	240	220	250	480	426

要求:

(1) 高点坐标(　　)

(2) 低点坐标(　　)

(3) 单位变动成本＝

(4) 固定成本总额＝

(5) 该项混合成本性态模型为:＿＿＿＿＿＿

2. 资料:南洋公司的维修成本在机器工时的相关范围内变动的历史资料如下:

机器工时(小时)	44	46	38	24	24	18	14	22	28
维修成本(元)	46	50	40	32	32	30	28	32	34

要求:

(1)用高低点法将维修成本分解为变动成本和固定成本,并列出组成方程。

(2)用回归直线法将维修成本分解为变动成本和固定成本,并列出组成方程。

(3)如下期机器工时预计为 25 小时,请预测其维修成本为多少?(用以上两种方法)

3. 资料:向阳公司 2012 年甲产品生产量和生产成本的资料摘录如下:

	高点	低点
生产量(件)	140 000	80 000
生产成本(元)	400 000	280 000

生产成本是由变动成本、固定成本与混合成本三部分组成的。公司对低点生产成本进行了分解:变动成本为 120 000 元,固定成本为 80 000 元,混合成本为 80 000 元。

要求:

(1)用高低点法对混合成本进行分解,并建立数学方程。

(2)当生产量为 126 000 件时,预测其生产成本。

第三章　变动成本计算法

第一节　变动成本计算法的意义及其理论依据

一、变动成本计算法的意义

财务会计计算产品成本的主要方法是完全成本计算法。完全成本计算法,亦称吸收成本计算法,是在计算生产成本时,将产品的全部生产成本,即直接材料、直接人工和制造费用都包括在内的一种成本计算方法。

为了适应预测、决策、规划、控制和业绩考评的需要,管理会计采用变动成本计算法计算产品成本。变动成本计算法,亦称直接成本计算法,是指在计算产品生产成本时,只计入和产品生产量直接有关的变动成本,即产品的直接材料、直接人工和变动性制造费用,而把固定制造费用作为期间成本在当期全部转销的一种成本计算方法。最早实行变动成本计算法的是在 20 世纪 60 年代美国的一家大型化学制造企业。第二次世界大战后,资本主义经济矛盾日趋尖锐,企业管理当局为了能在激烈的市场竞争中立于不败之地,内部经营管理中注重加强事前规划、决策,于是在会计工作中开始逐渐推广应用这种方法。

二、变动成本计算法的理论依据

变动成本计算法与传统的财务会计所采用的完全成本计算法在成本归属上的区别是对固定制造费用(固定生产成本)的处理方法不同。按后者,固定制造费用归属于产品,是产品成本的一部分;按前者,固定制造费用不归属于产品,而是作为期间成本,全部计入当期损益。两种方法都有各自的理论依据。

变动成本计算法的理论依据是:产品成本是指在产品生产过程中发生的,应与产品产量密切相关,随产量的变动而变动的成本。据此,只有直接材料、直接人工、变动制造费用是在产品生产过程中发生的并随产量变动的成本,所以产品成本只包括这三部分成本;固定制造费用主要是为企业提供一定的经营条件而发生的,它与产品产量的关系并不密切,在一定范围内,产量的变动与固定制造费用数额的多少无关,相反,固定制造费用与会计期间的关系更为密切,不同时期的经营条件不同,相应的固定制造费用的数额就有所不同,所以固定制造费用不应计入产品成本,而应归属于会计期间,计入期间成本。

完全成本计算法的理论依据是:凡是因产品生产而发生的耗费都应归属于产品,计入产品成本,固定制造费用的发生尽管与产品产量没有直接的联系,但如果没有其所提供的生产经营条件,就不可能有产品的生产,同时,产品的生产过程不仅是一定的直接材料、直接人工、变动制造费用的消耗过程,也是一定生产经营能力的消耗过程,所以固定制造费用也应归属于产品,作为产品成本的一个组成部分。

第二节　变动成本计算法与完全成本计算法的比较

以下从四个方面比较两种成本计算方法的异同。

一、应用的前提条件

变动成本计算法应用的前提条件是进行成本性态分析,把全部成本划分为变动成本与固定成本两部分。而完全成本计算法应用的前提条件则是将成本按其经济用途进行分类,凡在产品生产过程中发生的成本全部归入产品生产成本；凡由于产品销售或进行日常行政管理及资金筹集而发生的成本归入非生产成本。

两种成本计算法在应用条件上的区别如图 3-1 所示（为简化起见本章将财务费用合并计入管理费用，不再单独列示）。

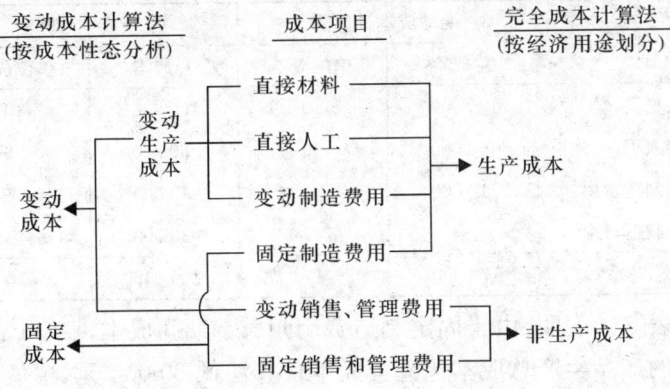

图 3-1　两种成本计算法（成本分类）的区别

二、产品生产成本的组成内容

完全成本计算法的产品生产成本是指产品生产过程中发生的全部生产成本；变动成本计算法的产品生产成本只包括生产过程中发生的变动生产成本，而将固定制造费用作为期间成本全部计入当期损益。

【例 3-1】　某灯具厂 2012 年年初投产的工型灯具的年产量、销量和成本资料如下：

　　生产量　　　　10 000 台
　　销量　　　　　8 000 台
　　制造成本：
　　　　直接材料　　100 000 元
　　　　直接人工　　60 000 元
　　　　制造费用　　40 000 元
　　　　其中：变动制造费用　　10 000 元
　　　　　　　固定制造费用　　30 000 元

两种成本计算法在产品生产成本组成内容方面的差异如表3-1所示。

表 3-1　　　　　**两种成本计算法产品生产成本比较表**

产量　10 000 台　　　　　　　　　　　　　　　　单位：元

成　本　项　目	变动成本计算法		完全成本计算法	
	总成本	单位成本	总成本	单位成本
直接材料	100 000	10	100 000	10
直接人工	60 000	6	60 000	6
变动制造费用	10 000	1	10 000	1
固定制造费用	—	—	30 000	3
合　　　计	170 000	17	200 000	20

表 3-1 表明,由于固定制造费用归属于期间成本,变动成本计算法的产品生产总成本比完全成本计算法低 30 000 元,单位产品生产成本低 3 元。

由于产品生产成本的组成内容不同,两种成本计算法的存货成本也不同,如表 3-2 所示。

表 3-2　　　　　**两种成本计算法存货成本比较表**

结存数量　2 000 台　　　　　　　　　　　　　　　单位：元

计　算　方　法	总成本	单位成本
变动成本计算法	34 000	17
完全成本计算法	40 000	20

表 3-2 显示,变动成本计算法的存货成本比完全成本计算法低 6 000 元(34 000−40 000),这是因为前者的全部固定制造费用作为期间成本在当期全部转销,而后者的固定制造费用作为产品成本,其中的 24 000 元(3×8 000)随出售产品转入当期销售成本,其余的 6 000 元(3×2 000)随期末结存产品递延到下一会计期间。

三、损益确定的程序

(一)完全成本计算法的损益确定程序

1. 计算销售毛利

$$销售毛利=销售收入-销售成本$$

其中：$\dfrac{销售}{成本}=\dfrac{期初存}{货成本}+\dfrac{本期生}{产成本}-\dfrac{期末存}{货成本}=\dfrac{可供销售的}{产品成本}-\dfrac{期末存}{货成本}$

如果各期成本水平不变、产量相同，即各期单位产品成本相同，则可按下式计算：

$$销售成本=销量×单位产品成本$$

2. 计算利润

$$利润=销售毛利-销售和管理费用$$

(二)变动成本计算法的损益确定程序

1. 计算边际贡献

$$边际贡献=销售收入-变动成本总额$$

其中：$\dfrac{变动成}{本总额}=\dfrac{按变动成本计算法}{计算的销售成本}+\dfrac{变动销售}{和管理费用}$

$$=\dfrac{销售产品的}{变动生产成本}+\dfrac{变动销售}{和管理费用}$$

$$=销量×\left(\dfrac{单位变动}{生产成本}+\dfrac{单位变动销售}{和管理费用}\right)$$

2. 计算利润

$$利润=边际贡献-固定成本总额$$

其中：$\dfrac{固定成}{本总额}=\dfrac{当期固定}{制造费用}+\dfrac{当期固定销}{售和管理费用}$

两种成本计算方法在损益确定程序上的差异产生于两者的服务对象不同。前者是财务会计的主要成本计算方法，侧重对外服务，它所提供的信息应该反映出企业经过一定时期经营之后的成果，因此它的重点在于最终收益的确定上；后者侧重于为内部管理提供事前的规划、决策资料，它所关注的重点是边际贡献，在成本和价格水平不变的情况下，销量的变动将引起边际贡献额的正比例的变动,由于固定成本不受销量变动影响,边际贡献的增减意味着盈亏的增减。

【例 3-2】 承[例 3-1],某灯具厂 2012 年的非生产成本资料补充如下:

销售和管理费用 8 000 元

其中:变动销售和管理费用 2 400 元

固定销售和管理费用 5 600 元

灯具的售价 每台 25 元

2012 年的利润分别计算如下:

首先,按完全成本计算法计算。

销售毛利$=25 \times 8\,000-(0+200\,000-20 \times 2\,000)=40\,000$(元)

利润$=40\,000-8\,000=32\,000$(元)

按完全成本计算法编制该灯具厂 2012 年损益表如表 3-3 所示。

表 3-3 　　　　　　　　**××灯具厂损益表**

(按完全成本计算法)

2012 年度　　　　　　　　　　单位:元

项　　目	金　　额	
销售收入(25×8 000)		200 000
减:销售产品生产成本		
期初存货	0	
本期生产成本	200 000	
可供销售的生产成本	200 000	
减:期末存货	40 000	160 000
销售毛利		40 000
减:销售和管理费用		8 000
利润		32 000

其次,按变动成本计算法计算。

$$边际贡献=25×8\,000-(17×8\,000+2\,400)=61\,600(元)$$

$$利润=61\,600-(30\,000+5\,600)=26\,000(元)$$

按变动成本计算法编制的该灯具厂 2012 年损益表如表 3-4 所示。

表 3-4

××灯具厂损益表

(按变动成本计算法)

2012 年度   单位:元

项　　目	金　　额	
销售收入(25×8 000)		200 000
减:变动成本		
销售产品变动生产成本(17×8 000)	136 000	
变动销售和管理费用	2 400	138 400
边际贡献		61 600
减:固定成本		
固定制造费用	30 000	
固定销售和管理费用	5 600	35 600
利润		26 000

四、分期损益

分期损益,指的是某一特定的会计期间采用某种成本计算方法所计算出来的该期利润数额。

(一)两种成本计算方法分期损益差异的计算及其验证公式

$$\begin{matrix}两种成本计算方\\法分期损益差异\end{matrix}=\begin{matrix}完全成本计算\\法某期利润\end{matrix}-\begin{matrix}变动成本计算\\法某期利润\end{matrix}$$

按[例 3-2],两种成本计算方法 2012 年损益差异为 6 000 元 (32 000－26 000)。

根据前述两种成本计算方法的计算程序及[例 3-1]、[例 3-2]的分析,两种成本计算方法分期损益计算中以下几个项目的数额相同:

（1）销售收入的计算口径一致，数额相同，在［例3-2］中均为200 000元。

（2）销售产品变动生产成本数额相同，在［例3-2］中均为136 000元［按完全成本计算法2012年单位产品成本为20元，其中单位变动生产成本17元，单位固定制造费用3元，2012年销售成本160 000元，也可按 $20 \times 8\,000 = (17+3) \times 8\,000 = 17 \times 8\,000 + 3 \times 8\,000 = 136\,000 + 24\,000$ 计算］。

（3）销售和管理费用均作为期间成本全部计入当期，数额相同，在［例3-2］中均为8 000元。

但由于两种成本计算方法对固定制造费用的处理不同，完全成本计算法将之归属于产品，随着产品的出售转入销售成本，计入当期损益；而变动成本计算法将之归属于期间，作为期间成本全部、直接计入当期损益。这样，两种方法计入当期损益的固定制造费用的数额可能相等，也可能不等。如果不等，则两种成本计算方法的当期损益出现差异。

在［例3-2］中，完全成本计算法计入2012年度损益的固定制造费用为24 000元（3×8 000），而变动成本计算法计入2012年度损益的固定制造费用为30 000元，两种方法计入2012年度损益的固定制造费用前者比后者少6 000元。因此，前者2012年的利润比后者高6 000元。

两种成本计算方法计入分期损益的固定制造费用数额的差异计算公式推导如下：

$$\begin{matrix}\text{完全成本计算法} \\ \text{计入分期损益的} \\ \text{固定制造费用}\end{matrix} = \begin{matrix}\text{期初存货的} \\ \text{固定制造费用}\end{matrix} + \begin{matrix}\text{本期发生的} \\ \text{固定制造费用}\end{matrix} - \begin{matrix}\text{期末存货的} \\ \text{固定制造费用}\end{matrix} \quad (1)$$

$$\begin{matrix}\text{变动成本计算法计入分} \\ \text{期损益的固定制造费用}\end{matrix} = \begin{matrix}\text{本期发生的} \\ \text{固定制造费用}\end{matrix} \quad (2)$$

$$\begin{matrix}\text{两种成本计算法} \\ \text{计入当期损益的} \\ \text{固定制造费用差异}\end{matrix} = \begin{matrix}\text{完全成本计算法} \\ \text{计入分期损益的} \\ \text{固定制造费用}\end{matrix} - \begin{matrix}\text{变动成本计算法} \\ \text{计入分期损益的} \\ \text{固定制造费用}\end{matrix} = (1) - (2)$$

$$= \text{完全成本计算法下期初} - \text{完全成本计算法下期末} \atop \text{存货的固定制造费用} \quad\text{存货的固定制造费用}$$

据此,我们可以总结出两种成本计算方法分期损益差异的验证公式如下:

$$*\,\begin{matrix}\text{两种成本}\\\text{计算方法分}\\\text{期损益差异}\end{matrix} = \begin{matrix}\text{两种成本计算方}\\\text{法计入分期损益的}\\\text{固定制造费用差异}\end{matrix} = \begin{matrix}\text{完全成本计算法}\\\text{下期末存货的}\\\text{固定制造费用}\end{matrix} - \begin{matrix}\text{完全成本计算法}\\\text{下期初存货的}\\\text{固定制造费用}\end{matrix}$$

我们将此式称为两种成本计算方法分期损益差异的一般验证公式。

(二)两种成本计算方法分期损益差异的变动规律

根据以上验证公式,我们可以归纳出两种成本计算方法分期损益差异的变动规律。

(1)如果完全成本计算法下期末存货的固定制造费用与期初存货的固定制造费用相等,则两种成本计算法计算的分期损益相等。

(2)如果完全成本计算法下期末存货的固定制造费用大于期初存货的固定制造费用,则按完全成本计算法计算的利润大于按变动成本计算法计算的利润。

(3)如果完全成本计算法下期末存货的固定制造费用小于期初存货的固定制造费用,则按完全成本计算法计算的利润小于按变动成本计算法计算的利润。

如果各期产量相同、成本水平不变,即各期按完全成本计算法计算的单位产品成本相等,则两种成本计算方法分期损益差异的验证公式转化为:

$$\begin{matrix}\text{两种成本计算方}\\\text{法分期损益差异}\end{matrix} = \left(\begin{matrix}\text{期\ \ 末}\\\text{存货量}\end{matrix} - \begin{matrix}\text{期\ \ \ 初}\\\text{存货量}\end{matrix}\right) \times \begin{matrix}\text{单位固定}\\\text{制造费用}\end{matrix}$$

我们将此式称为两种成本计算方法分期损益差异的特殊验证

---

* 两种成本计算方法分期损益差异=完全成本法下的损益-变动成本法下的损益

公式。

据此,又可归纳两种成本计算方法分期损益差异的变动规律。

第一,如果期末存货量等于期初存货量,即本期产量等于本期销量,则两种成本计算方法计算的分期损益相等。

第二,如果期末存货量大于期初存货量,即本期产量大于本期销量,则按完全成本计算法计算的利润大于按变动成本计算法计算的利润。

第三,如果期末存货量小于期初存货量,即本期产量小于本期销量,则按完全成本计算法计算的利润小于按变动成本计算法计算的利润。

(三)不同产销水平情况下两种成本计算方法分期损益计算比较

下面通过实例来比较在不同产销水平情况下两种成本计算方法分期损益的计算,以进一步加深对变动成本计算法在企业经营活动的预测、决策、计划、控制和考核评价等方面所起作用的理解,并熟悉一下分期损益差异验证公式的运用。

1. 产量不变、销量逐期变化

【例 3-3】 某化工厂 2010 年投产 A 型制剂,投产 3 年的产销量、成本及售价如表 3-5 所示。

表 3-5　　　　　　　　　资　料　表

年份	产量（瓶）	销量（瓶）	单位售价（元）	生产成本（元）		销售和管理费用（元）	
				单位变动成本	固定制造费用	单位变动成本	固定成本
2010年	6 000	6 000	50	20	60 000	3	10 000
2011年	6 000	5 000	50	20	60 000	3	10 000
2012年	6 000	7 000	50	20	60 000	3	10 000

根据上述资料,分别按两种方法编制该厂 2010～2012 年 3 年的简式损益表(见表 3-6 和表 3-7)。

表 3-6 　　　　　　　××化工厂损益表

（按变动成本计算法）

（2010～2012 年度）　　　　　　　　　　单位：元

摘　　要	2010 年	2011 年	2012 年
销售收入	300 000	250 000	350 000
减：变动成本	138 000	115 000	161 000
边际贡献	162 000	135 000	189 000
减：固定成本	70 000	70 000	70 000
利润	92 000	65 000	119 000

数据说明：

变动成本＝销量（单位变动生产成本＋单位变动销售和管理费用）

2010 年：6 000×23＝138 000（元）

2011 年：5 000×23＝115 000（元）

2012 年：7 000×23＝161 000（元）

固定成本＝固定制造费用＋固定销售和管理费用

2010～2012 年均为 70 000 元（60 000＋10 000）。

表 3-7 　　　　　　　××化工厂损益表

（按完全成本计算法）

（2010～2012 年度）　　　　　　　　　　单位：元

摘　　要	2010 年		2011 年		2012 年	
销售收入		300 000		250 000		350 000
减：销售成本						
期初存货	0		0		30 000	
本期生产成本	180 000		180 000		180 000	
可供销售成本	180 000		180 000		210 000	
减：期末存货	0	180 000	30 000	150 000	0	210 000
销售毛利		120 000		100 000		140 000
减：销售和管理费用		28 000		25 000		31 000
利润		92 000		75 000		109 000

数据说明：

（1）单位产品成本。由于 2010～2012 年各年的成本水平不变、产量相同，故 3 年的单位产品成本也相等。

$$2010\sim2012 \text{ 年各年单位产品成本} = 20 + \frac{60\,000}{6\,000} = 30(\text{元})$$

（2）销售成本。2010～2012 年 3 年的单位产品成本相等，各年的销售成本可按一般计算式计算，也可按"销量×单位成本"的公式计算。

2010 年：$0 + 6\,000 \times 30 - 0 = 6\,000 \times 30 = 180\,000(\text{元})$

2011 年：$0 + 6\,000 \times 30 - 1\,000 \times 30 = 5\,000 \times 30 = 150\,000(\text{元})$

2012 年：$1\,000 \times 30 + 6\,000 \times 30 - 0 = 7\,000 \times 30 = 210\,000(\text{元})$

（3）销售和管理费用。

2010 年：$3 \times 6\,000 + 10\,000 = 28\,000(\text{元})$

2011 年：$3 \times 5\,000 + 10\,000 = 25\,000(\text{元})$

2012 年：$3 \times 7\,000 + 10\,000 = 31\,000(\text{元})$

从［例 3-3］中可以看出，变动成本计算法清晰地反映了销量、成本和利润之间的规律性联系：在单价和成本水平不变的条件下，边际贡献随产销量正比例变动，边际贡献的变动额即为利润的变动额。在本例中，2011 年比 2010 年减少利润 27 000 元（65 000－92 000）是因为当年减少销量 1 000 瓶，即减少 16.67％，导致 2011 年边际贡献比 2010 年同比例减少 16.67％，即减少 27 000 元（162 000×16.67％）；而 2012 年比 2011 年增加利润 54 000 元，是因为当年销量增加 2 000 瓶，即增加 40％，使得 2012 年边际贡献比 2011 年同比例增加 40％，即增加 54 000 元（135 000×40％）。

但是，采用完全成本计算法，则并不能体现出销量、成本和利润三者之间的这种内在的规律性联系，造成这种缺陷的原因可从下面产量逐期变化、销量不变的实例中来作进一步的剖析。

2. 产量逐期变化、销量不变

【例3-4】 某微型电动机厂2010年投产的微型电机投产3年的产量、销量、售价和成本资料如表3-8所示。

表3-8 **资 料 表**

年份	产量 (只)	销量 (只)	单位售价 (元)	生产成本(元)		销售和管理费用(元)	
				单位变动成本	固定制造费用	单位变动成本	固定成本
2010年	4 500	4 500	12	6	14 000	1	3 000
2011年	7 000	4 500	12	6	14 000	1	3 000
2012年	5 000	4 500	12	6	14 000	1	3 000

根据表3-8,分别按两种成本计算方法编制的3年损益表(简式)如表3-9和表3-11所示,表3-10为按完全成本计算法计算的2010～2012年3年的单位成本及存货数量。

表3-9 **××电动机厂损益表**

(按变动成本计算法)

(2010～2012年度) 单位:元

摘　　要	2010 年	2011 年	2012 年
销售收入	54 000	54 000	54 000
减:变动成本	31 500	31 500	31 500
边际贡献	22 500	22 500	22 500
减:固定成本	17 000	17 000	17 000
利润	5 500	5 500	5 500

表3-10 **单位生产成本及存货量计算表**

(按完全成本计算法)

年份	生产量 (只)	单位生产成本(元)			存货(只)	
		单位变动成本	单位固定成本	合　计	期　初	期　末
2010 年	4 500	6	3.111	9.111	0	0
2011 年	7 000	6	2	8	0	2 500
2012 年	5 000	6	2.8	8.8	2 500	3 000

表 3-11　　　　　　　　　　**××电动机厂损益表**

（按完全成本计算法、存货流转采用先进先出法）

（2010～2012 年度）　　　　　　　　　单位：元

摘　　　要	2010 年		2011 年		2012 年	
销售收入		54 000		54 000		54 000
减：销售生产成本						
期初存货	0		0		20 000	
本期生产成本	41 000		56 000		44 000	
可供销售生产成本	41 000		56 000		64 000	
减：期末存货	0	41 000	20 000	36 000	26 400	37 600
销售毛利		13 000		18 000		16 400
减：销售和管理费用		7 500		7 500		7 500
利润		5 500		10 500		8 900

数据说明：

2010 年：本期生产成本＝4 500×9.111＝41 000(元)

2011 年：本期生产成本＝7 000×8＝56 000(元)

　　　　期末存货＝2 500×8＝20 000(元)

2012 年：本期生产成本＝5 000×8.8＝44 000(元)

　　　　期末存货＝3 000×8.8＝26 400(元)

表 3-9 的计算说明，在单价、成本水平不变的情况下，只要销量不变，不论产量增减变动多少，按变动成本计算法计算的分期损益不变，这再一次验证了在变动成本计算法下，销量、成本和利润三者之间的规律性联系。

如果按照完全成本计算法计算各年利润，尽管各年的销售水平相同，各年的利润可能并不相等，利润高低并不直接与销售量有关，还要受到产量变动的影响。这是因为：第一，在各年成本消耗水平不变的情况下，由于各年产量不等，单位产品分摊的固定制造费用也不等。产量高,单位固定生产成本低;反之,产量低,单位固定制造费用高。这样,各年转入当期销售产品的成本也不相等,成本不相等而销售收入相等,利润当然也不相等。以 2011 年与 2010 年比较,两年的销量相同而利润却相差 5 000 元(10 500 - 5 500),这是因为 2011 年的产量比 2010 年高 2 500 只,所以其单位产品的固定制造费用要低 1.111 元(2 - 3.111)。这样,转入当年销售成本的固定制造费用相应低 5 000 元(4 500 × 1.111),因而其利润比 2010 年高 5 000 元。据此推断,按完全成本计算法,甚至会出现销售增加(或减少)而利润下降(或上升)这种令人难以理解的情况。第二,由于各期单位产品成本不同,同一年度采用不同的存货流转计价方法,所计算的利润也是不同的。

根据[例 3-4]分别采用两种计价方法计算 2012 年的利润如表 3-12 所示。

表 3-12

××电动机厂损益表

（按完全成本计算法）

（2012 年度）
单位：元

摘　　要	先进先出法		加权平均法	
销售收入		54 000		54 000
减:销售生产成本				
期初存货	20 000		20 000	
本期生产成本	44 000		44 000	
可供销售生产成本	64 000		64 000	
减:期末存货	26 400	37 600	25 600	38 400
销售毛利		16 400		15 600
减:销售和管理费用		7 500		7 500
利润		8 900		8 100

数据说明：

$$2012 \text{ 年采用先进先出法期末存货成本} = 3\,000 \times 8.8 = 26\,400(\text{元})$$

$$2012 \text{ 年采用加权平均法加权平均单位成本} = 64\,000/7\,500 = 8.5333(\text{元})$$

$$\text{期末存货成本} = 3\,000 \times 8.5333 = 25\,600(\text{元})$$

在本例中，2012 年采用先进先出法和加权平均法两种不同的存货流转计价方法，计算的利润相差 800 元。这是由于按先进先出法转入当期销售成本的固定生产成本为 10 600 元（2 500×2＋2 000×2.8），而按加权平均法转入当期销售成本的固定生产成本为 11 400 元（2.5333×4 500），前者低 800 元，当然利润也就高了 800 元。

综上所述，由于完全成本计算法将固定制造费用计入产品成本，在单价和成本水平不变的情况下，产量成为影响分期损益的一个重要因素，它割断了销量、成本和利润三者之间的内在联系。一方面不易被管理当局所理解；另一方面也可能出现通过盲目增加产量来达到增加"账面"利润的不良行为。

运用前述两种成本计算方法分期损益差异验证公式分别验证[例 3-3]和[例 3-4]两种成本计算方法 3 年损益的差异。

【例 3-5】 可用特殊验证公式验证[例 3-3]（其中各年的单位产品固定制造费用均等于 10 元）。

2010 年的差异为 0（92 000－92 000），即两种方法计算的利润相等。

验证：∵ 期初存货量＝期末存货量＝0

即本年产量＝本年销量＝6 000（瓶）

∴ 两种方法计算的利润相等

2011 年的差异为 10 000 元（75 000－65 000），即完全成本计算法计算的利润比变动成本计算法计算的利润高 10 000 元。

验证：∵　期初存货量＝0　期末存货量＝1 000(瓶)

　　　　即本年产量＝6 000(瓶)　本年销量＝5 000(瓶)

　　　∴　两种方法计算的利润差异＝(1 000－0)×10＝10 000(元)

2012 年的差异为－10 000 元(10 900－11 900)，即完全成本计算法计算的利润比变动成本计算法计算的利润低 10 000 元。

验证：∵　期初存货量＝1 000(瓶)　期末存货量＝0

　　　　即本年产量＝6 000(瓶)　本期销量＝7 000(瓶)

　　　∴　两种方法计算的利润差异＝(0－1 000)×10＝－10 000(元)

【例 3-6】　用一般验证公式验证[例 3-4](其中存货计价采用先进先出法)。

2010 年的差异为 0(5 500－5 500)，即两种方法计算的利润相等。

验证：∵　期初存货＝期末存货＝0

　　　∴　两种方法计算的利润差异＝(0－0)＝0

2011 年的差异为 5 000 元(10 500－5 500)，即完全成本计算法计算的利润比变动成本计算法计算的利润高 5 000 元。

验证：∵　期初存货的固定制造费用＝0

　　　　期末存货的固定制造费用＝2 500×2＝5 000(元)

　　　∴　两种方法计算的利润差异＝(5 000－0)＝5 000(元)

2012 年的差异为 3 400 元(8 900－5 500)，即完全成本计算法计算的利润比变动成本计算法计算的利润高 3 400 元。

验证：∵　期初存货的固定制造费用＝2 500×2＝5 000(元)

　　　　期末存货的固定制造费用＝3 000×2.8＝8 400(元)

　　　∴　两种方法计算的利润差异＝(8 400－5 000)＝3 400(元)

3. 不同产销情况下的汇总综合分析

【例 3-7】　假设某公司只生产 A 产品，从 2005 年投产起至 2012 年止，各年的产销量资料汇总如表 3-13 所示。

表 3-13 **产销量资料表** 单位：件

年　份	产　　量	销　　量	期初结存量	期末结存量
2005	600	600	0	0
2006	660	600	0	60
2007	800	860	60	0
2008	1 000	900	0	100
2009	1 100	1 100	100	100
2010	1 200	1 250	100	50
2011	1 100	850	50	300
2012	1 000	1 300	300	0
合　计	7 460	7 460	0	0

A 产品单价 50 元,单位变动生产成本 12 元,年固定制造费用 13 200 元,单位变动销售和管理费用 5 元,年固定销售和管理费用 3 600 元(假定 2005～2012 年 A 产品单价和成本水平不变)。存货计价采用先进先出法。

根据以上资料分别采用两种成本计算法计算 2005～2012 年利润如表 3-14 和表 3-15 所示。

(1)完全成本计算法分析。从本例可以看出,在产品单价、成本水平不变的情况下,利润、成本、销量之间并无内在的联系,有时销量不变或者减少,利润却增加了,而销量增加,利润反而减少了,这就令人费解,也难以作出决策。出现这些情况的关键原因,在于产品成本中包含了固定制造费用,在固定制造费用总额不变的情况下,产品的单位固定成本随产量反比例变动,产量成为影响销售成本,进而影响利润的一个重要因素。

如 2006 年与 2005 年销量均为 600 件,但 2006 年利润高 1 200 元。这是因为 2006 年产量比 2005 年多 60 件,单位固定成本低了 2 元$\left(\dfrac{13\,200}{660}-\dfrac{13\,200}{600}\right)$,这样,销售成本的固定成本就低了

表 3-14

损 益 表

（完全成本计算法）

（2005～2012 年度）

单位：元

项 目 \ 年 份	2005 年	2006 年	2007 年	2008 年	2009 年	2010 年	2011 年	2012 年	合 计
销售收入	30 000	30 000	43 000	45 000	55 000	62 500	42 500	65 000	373 000
减：销售成本									
期初存货	0	0	1 920	0	2 520	2 400	1 150	7 200	0
本期生产成本	20 400	21 120	22 800	25 200	26 400	27 600	26 400	25 200	195 120
可供销售成本	20 400	21 120	24 720	25 200	28 920	30 000	27 550	32 400	195 120
减：期末存货	0	1 920	0	2 520	2 400	1 150	7 200	0	0
销售成本	20 400	19 200	24 720	22 680	26 520	28 850	20 350	32 400	195 120
销售毛利	9 600	10 800	18 280	22 320	28 480	33 650	22 150	32 600	177 880
减：销售和管理费用									
变动销售和管理费用	3 000	3 000	4 300	4 500	5 500	6 250	4 250	6 500	37 300
固定销售和管理费用	3 600	3 600	3 600	3 600	3 600	3 600	3 600	3 600	28 800
销售和管理费用小计	6 600	6 600	7 900	8 100	9 100	9 850	7 850	10 100	66 100
营业净利润	3 000	4 200	10 380	14 220	19 380	23 800	14 300	22 500	111 780
单位产品成本	$12+\dfrac{13\ 200}{600}$ $=34$	$12+\dfrac{13\ 200}{660}$ $=32$	$12+\dfrac{13\ 200}{800}$ $=28.5$	$12+\dfrac{13\ 200}{1\ 000}$ $=25.2$	$12+\dfrac{13\ 200}{1\ 100}$ $=24$	$12+\dfrac{13\ 200}{1\ 200}$ $=23$	$12+\dfrac{13\ 200}{1\ 100}$ $=24$	$12+\dfrac{13\ 200}{1\ 000}$ $=25.2$	—

表 3-15

损 益 表

（变动成本计算法）

（2005～2012 年度）

单位：元

年 份 项 目	2005 年	2006 年	2007 年	2008 年	2009 年	2010 年	2011 年	2012 年	合 计
销售收入	30 000	30 000	43 000	45 000	55 000	62 500	42 500	65 000	373 000
减：变动成本									
变动生产成本	7 200	7 200	10 320	10 800	13 200	15 000	10 200	15 600	89 520
变动销售和管理费用	3 000	3 000	4 300	4 500	5 500	6 250	4 250	6 500	37 300
变动成本小计	10 200	10 200	14 620	15 300	18 700	21 250	14 450	22 100	126 820
边际贡献	19 800	19 800	28 380	29 700	36 300	41 250	28 050	42 900	246 180
减：固定成本									
固定制造费用	13 200	13 200	13 200	13 200	13 200	13 200	13 200	13 200	105 600
固定销售和管理费用	3 600	3 600	3 600	3 600	3 600	3 600	3 600	3 600	28 800
固定成本小计	16 800	16 800	16 800	16 800	16 800	16 800	16 800	16 800	134 400
营业净利润	3 000	3 000	11 580	12 900	19 500	24 450	11 250	26 100	111 780

1 200 元(600×2),所以,2006 年的利润比 2005 年高了1 200元。

又如,2011 年销量比 2008 年少了 50 件,但 2011 年的利润反而比 2008 年高了 80 元。销售减少而利润却增加了,其原因就在于计入当期销售成本的单位产品固定成本随产量反比例变动,则销售成本中的固定成本就可能与销量呈反向变动。2008 年单位产品固定成本为 13.2 元 $\left(\dfrac{13\ 200}{1\ 000}\right)$,销售成本中的固定成本为 11 880元(900×13.2);2011 年按先进先出法,当期出售的产品中 50 件为 2010 年结存,2010 年的单位固定成本为 11 元 $\left(\dfrac{13\ 200}{1\ 200}\right)$,其余 800 件为本期生产,单位固定成本为 12 元 $\left(\dfrac{13\ 200}{1\ 100}\right)$,这样,2011 年销售成本中的固定成本为 10 150 元(50×11+800×12),比 2008 年少了 1 730 元(11 880-10 150),再加上由于销量不同所相应引起的收入和其他成本、费用差异,就出现了在单价、成本水平不变的条件下,2011 年销量低于 2008 年而利润却高于 2008 年这样令人费解的现象。两年比较的具体数据如表 3-16 所示。

表 3-16　　　　　　**2008 年与 2011 年数据比较表**

项　　目	2011 年	2008 年	差异
销售收入(元)	42 500 元	45 000	-2 500
销售成本中的变动成本(元)	10 200	10 800	-600
销售成本中的固定成本(元)	10 150	11 880	-1 730
销售毛利(元)	22 150	22 320	-170
变动销售和管理费用(元)	4 250	4 500	-250
固定销售和管理费用(元)	3 600	3 600	0
营业净利润(元)	14 300	14 220	+80

（2）变动成本计算法分析。变动成本计算法则克服了完全成本计算法的缺陷。在单价和成本水平不变的条件下,利润随销量

同向变动而与产量是否变动无关,其原因在前[例 3-3]和[例 3-4]中已说明,这里不再赘述。

　　读者可依据[例 3-3]中的分析,比较分析一下表 3-15 采用变动成本计算法每年利润的变动情况。

　　(3) 两种方法分期损益差异验证(见表 3-17)。

表 3-17　　　　　　　　　　两种方法分期损益差异验证

年数	分期损益差异	完全成本计算法期末存货固定成本	完全成本计算法期初存货固定成本	验　　证
2005	3 000－3 000＝0	0	0	0－0＝0
2006	4 200－3 000＝1 200	60×20＝1 200	0	1 200－0＝1 200
2007	10 380－11 580＝－1 200	0	1 200	0－1 200＝－1 200
2008	14 220－12 900＝1 320	100×13.2＝1 320	0	1 320－0＝1 320
2009	19 380－19 500＝－120	100×12＝1 200	1 320	1 200－1 320＝－120
2010	23 800－24 450＝－650	50×11＝550	1 200	550－1 200＝－650
2011	14 300－11 250＝3 050	300×12＝3 600	550	3 600－550＝3 050
2012	22 500－26 100＝－3 600	0	3 600	0－3 600＝－3 600
合计	111 780－111 780＝0	0	0	0

　　由于成本组成内容的不同,两种方法计入当期损益的固定制造费用总额可能不同,因而两种方法分期损益可能不同。但从较长时期看,如果能保持单价和成本水平稳定的话,则两种方法的损益总额最终是相同的,本例即是一个说明。

第三节　对变动成本计算法的评价

一、变动成本计算法的优点

　　从适应内部经营管理的需要出发,变动成本计算法在以下几个方面优于完全成本计算法。

　　(1) 正确揭示了成本和净收益的关系,既符合"收益与费用相配比"的会计准则,又易于为管理者理解和掌握。变动成本计算法按成本性态划分成本,将与产品制造过程直接相关的变动生产成本列入产品成本,随着产品的出售或结存分别转入销售成本或存货成本,而将与各期经营活动能力和管理需要直接有关、不受产品生产量变动影响的固定制造费用列入期间成本,并随时间的消逝而一次全部转销,这样做,比全部成本计算法更符合"收益与费用相配比"的会计准则。同时,成本的计算排除了固定制造费用分配上的影响,使存货流转计价和产量的变动不再使利润的计算含混不清,净收益随着销售量变动而变动,这样提供的资料就更易于为管理者所理解和掌握,也能促进以销定产,避免盲目生产。

（2）能够广泛应用于企业内部经营管理上预测、决策控制和考核。变动成本计算法在产品生产成本的组成内容、成本的划分标准和收益计算程序上的特点,清晰地揭示了成本、业务量和利润三者之间的内在联系,能提供在不同产销水平下每种产品盈利能力的资料,有利于进行利润预测、最佳产品生产组合和最优产品定价等的短期决策;通过预测决策,又能为制定经营目标、为成本控制、落实部门经济责任以及进行业绩考核提供依据。

（3）简化了产品成本的计算。由于变动成本计算法将固定制造费用列入期间成本,因此省却费用分配工作,也避免了在费用分配上的主观随意性,因而使产品成本的计算工作简化了。

二、变动成本计算法的局限性

变动成本计算法的局限性,主要表现在以下几个方面：

（1）不能满足企业长期预测、决策的需要。从较长的经营期考察,企业的生产能力、经营条件和生产工艺、技术水平等不可能一成不变,成本消耗水平,即单位变动成本和固定成本,也不可能始终保持稳定不变,这样变动成本计算法在企业经营预测、决策上的作用也就受到了限制。

（2）成本性态的划分带有一定的假定性,不能提供准确的资料。在成本的划分上,特别是在半变动成本的分解上带有一定的假定性,这样就可能提供误差大的资料而影响预测、决策的正确性。

（3）与传统的成本计算方法相违背,难以为企业外界有经济利害关系的单位或个人所接受和利用。变动成本计算法在产品成本的构成上与传统的成本计算方法相违背,并且在利润确定上可能与完全成本计算法发生差异,会暂时影响企业及外部有利害关系的单位或个人的利益,难以为他们接受和利用。

综上所述,变动成本计算法是侧重于"对内"服务的一种成本计算方法,而完全成本计算法是侧重于"对外"服务的一种成本计算方法,两种方法各有其职能。那么,会计管理上如何兼顾上述两种职能以满足企业管理上的不同需要呢? 我们可以将两种方法结合起来进行成本核算。平时可以变动成本计算法为主进行成本核算,这样能随时满足"对内"服务的需要。但将"存货"账户作一些改进,既主要按变动成本计算法的要求核算、反映产品成本,又按完全成本计算法将固定生产成本另行反映在账户中,若需按完全成本计算法对外提供财务成果报告时,就可据此对变动成本计算法的有关数据进行调整,以满足"对外"服务的要求。

习　　题

一、判断题

1. 成本按性态分类是变动成本法应用的前提条件。（　　）

2. 在变动成本法下,产品成本不受固定成本和产量的影响,而取决于各项变动费用支出的多少。（　　）

3. 按产品成本、期间成本的划分口径和损益确定程序的不同,可以将成本计算划分为完全成本计算和变动成本计算。

（　　）

4. 在完全成本法下,固定制造费用全部计入期末存货成本中。（　　）

5. 按完全成本法确定的营业利润也可能等于按变动成本法确定的营业利润。 （　　）

6. 在期末存货量和期初存货量均不为零时,即使单位固定制造费用相等,按完全成本法和变动成本法所确定的营业利润也可能不相同。 （　　）

7. 变动成本法下,产品成本只包括变动成本,而变动成本既包括变动生产成本,也包括变动非生产成本。 （　　）

8. 期末存货应吸收的固定制造费用的多少可能与本期发生的固定制造费用无关。 （　　）

9. 在变动成本法下,变动非生产费用是在计算边际贡献前被扣除的,所以它不再成为期间成本,这与完全成本法的处理截然不同。 （　　）

10. 完全成本法与变动成本法的营业利润差异,可按完全成本法下的"期末存货固定制造费用－期初存货固定制造费用"或"本期生产存货固定制造费用－本期销售存货固定制造费用"关系验证。 （　　）

二、单项选择题

1. 在变动成本法下,构成产品成本的是（　　）。

A. 变动生产成本　　　　B. 生产成本

C. 变动成本总额

D. 变动成本与固定生产成本之和

2. 某企业只生产一种产品,2012 年度的单位成本资料如表3-18 所示。

表3-18　　　　　　　　　单位成本资料表

项　　目	单位(元)	项　　目	单位(元)
直接材料	10	变动销售费用	9
直接人工	12	固定销售费用	24
变动制造费用	8	变动管理费用	14
固定制造费用	20	固定管理费用	15

采用变动成本法时,该企业的产品成本为( )元。

A. 30   B. 53

C. 50   D. 112

3. 仍沿用表3-18数据,并采用变动成本法,该企业的期间成本是( )元。

A. 59   B. 82

C. 62   D. 70

4. 在变动成本法下,本期销货成本等于( )。

A. 本期发生的产品成本

B. 单位生产成本×本期销售量

C. 单位变动生产成本×本期销售量

D. 期初存货成本+本期发生的产品成本

5. 某企业中只生产一种产品,在6月份生产并销售产品100件,单位产品售价1 000元;发生的变动成本30 000元,变动管理费用和变动销售费用2 080元,固定制造费用10 000元,固定成本40 000元。那么该企业在变动成本法下,实现的营业利润是( )元。

A. 17 920   B. 70 000

C. 67 920   D. 30 000

6. 采用变动成本法和完全成本法分别确定的营业利润( )。

A. 不等   B. 相等

C. 可能不等

D. 采用变动成本法确定的营业利润小于采用完全成本法确定的营业利润

7. 本期的销售量比上期减少时,如按变动成本法确定营业利润,本期与上期相比将( )。

A. 增加   B. 减少

C. 可能增加也可能减少   D. 没有变化

8. 某企业只生产一种产品,2012 年期初存货是 20 000 元,期末存货是 0。在这种情况下,按完全成本法确定的营业利润比按变动成本法确定的营业利润(   )。

　　A. 小　　　　　　　　B. 大
　　C. 大或小　　　　　　D. 相等

9. 完全成本法和变动成本法分期营业利润出现差异的根本原因在于(   )。

　　A. 两种成本法计入当期损益表的制造费用的水平出现了差异

　　B. 两种成本法计入当期损益表的变动制造费用的水平出现了差异

　　C. 两种成本法计入当期损益表的固定制造费用的水平出现了差异

　　D. 两种成本法计入当期损益表的变动管理费用的水平出现了差异

10. 完全成本法与变动成本法相比,正确的是(   )。

　　A. 只要期末存货量等于期初存货量,任何条件下两种方法利润都相等

　　B. 如果期初、期末存货均为 0,任何条件下两种方法利润都相等

　　C. 期初、期末单位存货固定成本不同,任何条件下两种方法利润都不同

　　D. 前后各期成本水平不同,任何条件下两种方法利润都不同

三、多项选择题

1. 变动成本法的理论依据有(   )。

　　A. 产品成本只应包括变动生产成本

B. 产品成本只应包括生产成本

C. 固定制造费用应作为期间成本处理

D. 制造费用应作为期间成本处理

2. 下列项目中,完全成本法和变动成本法在确定本期的营业利润时都将其作为期间成本处理的有(　　)。

A. 销售费用　　　　　　　　B. 管理费用

C. 财务费用　　　　　　　　D. 固定性制造费用

3. 下列项目中,不会导致完全成本法和变动成本法所确定的分期营业利润不同的有(　　)。

A. 固定性制造费用　　　　　B. 营业收入

C. 销售费用、管理费用和财务费用

D. 变动生产成本

4. 在完全成本法下,影响计入当期损益固定制造费用数额的有(　　)。

A. 当期发生的全部固定制造费用水平

B. 期末存货水平　　　　　C. 期初存货水平

D. 当期营业收入水平

5. 下列情况中,出现完全成本法和变动成本法所确定的分期营业利润不同的有(　　)。

A. 完全成本法下期末存货固定制造费用等于期初存货固定制造费用

B. 完全成本法下期末存货固定制造费用大于期初存货固定制造费用

C. 完全成本法下期末存货固定制造费用大于期初存货固定制造费用

D. 完全成本法下期末存货固定制造费用小于期初存货固定制造费用

6. 采用完全成本法时,在期初存货不为零的情况下,要使期初单位存货成本、本期单位完全成本和期末单位存货成本三者相等,必须( )。

  A. 前后期存货计价方法不变 B. 生产成本水平不变

  C. 前后期产量不变   D. 前后期销售量相等

7. 已知某企业本期期末存货量大于期初存货量(即产大于销),该期发生的固定制造费用的水平与前期相同,但两期产量不同,则本期的完全成本法与变动成本法的营业利润差额( )。

  A. 可能大于零   B. 可能小于零

  C. 可能等于零   D. 一定不为零

8. 有关变动成本法的论述正确的有( )。

  A. 产品成本不受产量的影响

  B. 提供的产品成本信息不符合对外报告的要求

  C. 提供的资料不适合长期决策的需要

  D. 能够提供科学反映成本与业务量之间、利润与销售量之间有关量的变化规律的信息

9. 变动成本法与完全成本法下共同的产品成本内容为( )。

  A. 变动制造费用   B. 直接人工

  C. 直接材料   D. 固定制造费用

10. 变动成本法与完全成本法两种成本计算方法的区别有( )。

  A. 产品成本构成内容不同 B. 营业利润计算程序不同

  C. 提供成本信息的用途不同 D. 各期间营业利润结果不同

四、计算题

1. 资料:某企业 2012 年 A 产品年初结存 2 000 件,单位变动生产成本 12 元,单位完全生产成本 14.5 元,本产品生产了 30 000 件,销售了 31 000 件,单位售价 20 元,单位变动生产成本 12 元,单位变动销售管理费用 2 元,全年固定销售及管理费用 40 000 元,固定制造费用 90 000 元。存货计价采用先进先出法。

要求:采用两种成本计算方法计算当年损益并验证差异。

2. 资料:梅林厂上年度有关资料如下:

　　　　期初存货＝0

　　　　生产量:3 000 件

　　　　销售量:2 800 件

　　　　直接材料:18 元/件

　　　　直接人工:5 元/件

　　　　制造费用:

　　　　　　变动制造费用:7 元/件

　　　　　　固定制造费用总额:12 000 元

　　　　销售及管理费用:

　　　　　　变动销售及管理费用:3 元/件

　　　　　　固定销售及管理费用总额:9 600 元

　　　　单位售价:50 元

要求:

(1) 分别采用两种不同方法编制损益表。

(2) 说明两种方法计算出来的税前利润不同的原因。

3. 资料:永利公司 2010～2012 年 3 年的有关资料如表 3-19 所示。

表 3-19　　　　　　　　　资　料　表

摘　　　　要	2010 年	2011 年	2012 年
产品销售量	18 000(只)	22 000(只)	20 000(只)
产品生产量		20 000(只)	
单位产品直接材料		1.5(元)	
单位产品直接人工		1.8(元)	
变动制造费用		0.5(元/件)	
全年固定制造费用		115 000(元)	
变动销售及管理费用		0.05(元/件)	
全年固定销售及管理费用		80 000(元)	
单位产品售价		15.50(元)	

要求：

(1) 分别采用两种不同成本计算方法编制 2010～2012 年 3 年的损益表。

(2) 分析两种方法计算的税前利润发生差异的原因,并用公式验证差异。

4. 资料:海华公司 2010～2012 年 3 年有关的资料如表 3-20 所示。

表 3-20 **资 料 表**

摘　　　要	2010 年	2011 年	2012 年
产品生产量	40 000 件	45 000 件	36 000 件
产品销售量		40 000(件)	
单位产品直接材料		4.00(元)	
单位产品直接人工		3.00(元)	
变动制造费用		1.00(元)	
全年固定制造费用		36 000(元)	
变动销售及管理费用		0.50(元)	
全年固定销售及管理费用		10 000(元)	
单位产品售价		10.00(元)	

(存货按先进先出法计价)

要求：

(1) 采用变动成本计算法编制 2010～2012 年 3 年损益表。

(2) 采用全部成本计算法编制 2010～2012 年 3 年损益表。并分析为什么 2010 年与 2011 年销售量相同而税前利润却不同?请验证差异。

(3) 比较 2010～2012 年 3 年两种成本计算方法计算的税前利润,如有差异,请分析原因,并加以验证。

5. 资料:已知某企业只销一种产品。

要求:试计算完成表 3-21。

表 3-21   损 益 表   单位:元

传 统 式		贡 献 式	
项 目	金 额	项 目	金 额
营业收入		营业收入	240 000
期初存货成本	0	本期销售产品生产成本	
加:本期生产成本		变动销售费用	9 600
减:期末存货成本	21 600	变动管理费用	2 400
营业成本		边际贡献	
营业毛利		固定制造费用	36 000
减:销售费用	18 000	固定销售费用	
管理费用	18 000	固定管理费用	
营业利润	9 600	营业利润	

6. 资料:某企业只生产一种产品,第一、第二年的单价和成本水平相同,第一年期初存货为 0,两年的其他资料如下:

项 目	第一年	第二年
生产量(件)	170 000	140 000
销售量(件)	140 000	160 000
单位变动生产成本(元)	3	3
固定制造费用(元)	166 600	166 600
单位变动销售费用(元)	单价的 10%	单价的 10%
固定销售费用(元)	63 400	63400
销售单价(元)	5	5

存货计价采用先进先出法。

要求:

(1)分别采用变动成本计划法和完全成本计算法编制第二年的损益表。

(2)验证两种方法所计算的利润差异。

第四章 本量利分析

第一节 本量利分析概述

一、本量利分析的意义和作用

成本-业务量(产量或销售量)-利润三者关系的分析(cost-volume-profit analysis),简称本量利分析(CVP 分析),它是现代管理会计学的重要组成部分,其理论正日臻完善,其分析技术已在企业实践中得到日益广泛的应用。所谓本量利分析,是指在成本性态分析的基础上,通过对成本、业务量和利润三者关系的分析,建立数学化的会计模型和图式,进而揭示变动成本、固定成本、销售量、销售单价和利润等诸多变量之间的内在规律性联系,为利润预测和规划,为会计决策和控制提供有价值的会计信息的一种定量分析方法。

本量利分析法是管理会计的基本方法之一,它在规划企业经济活动、正确进行经营决策和有效控制经济过程等方面具有广阔的用途。例如,将本量利分析与预测技术相结合,企业可进行保本预测,确定保本销售水平,进而预测利润,编制利润计划;将本量利分析用于目标控制,可以确定实现目标利润所需控制的目标销售量、目标销售额以及目标成本水平,从而有效实施目标管理;将本量利分析与风险分析相联系,可促使企业重视经营杠杆作用,努力降低经营风险。此外,企业还可以将本量利分析应用于生产经营决策,产品竞价决策以及成本控制和责任会计等领域。

本量利分析也是一种实用的管理工具。在企业的经营管理活动中,管理人员在决定生产和销售的数量时,往往以数量为起点,以利润为目标,期望能在业务量和利润之间建立起一种直接的函数关系,从而利用这个数学模型,在业务量变动时估计其对利润的影响,或者在利润变动时计算出完成目标利润所需要达到的业务量水平。而本量利分析,就可以为企业管理人员提供所需要的这种数学模型。

二、本量利分析的基本假定

根据本量利分析原理建立和使用的有关数学模型和图形,是以许多假设为前提条件的。虽然这些假设的前提条件造成了企业实际运用本量利分析的局限性,但是规定了这些假设的前提条件,一方面可以容易地建立及使用数学模型来揭示成本、业务量和利润等诸因素之间内在联系的规律性,从而有助于初学者深刻理解本量利分析的基本原理;另一方面也说明缺乏假设条件将会影响本量利分析的正确性,强调在实际工作中不能盲目套搬本量利分析的数学模型,必须根据实际情况加以调整修正,以便克服其本身的局限性。重要的基本假定如下:

(1)假定全部成本都已可靠地划分为变动成本和固定成本,有关的成本性态模型已经建立起来,产品成本是按变动成本法计算的,即产品成本中只包括变动生产成本,而所有的固定成本,包括固定制造费用,均作为期间成本处理,直接在当期的边际贡献中扣除,期末库存产品不负担固定成本。因此,变动成本与固定成本划分得是否准确,将直接关系到本量利分析的准确性。

(2)假定在相关范围内,销售单价、单位变动成本和固定成本总额保持不变,业务量是影响销售收入和总成本的唯一因素(自变量);并且假定在一定时期内,业务量总是在保持单价水平和成本消耗水平不变所允许的范畴内变化。因此,反映销售收入和总成本的收入函数和成本函数均成为线性函数,都可以用直线来描述。尽管实际上处在市场经济中的销售单价、单位变动成本和固定成本总额不可能一成不变,但只要变动不大,假定仍然可以成立,其本量利分析对企业实践就仍具有一定的参考价值。

(3) 在单一品种情况下,假定产销平衡,即在企业只安排一种产品生产的条件下,是以生产出来的产品总是可以实现销售,达到产销平衡为前提条件的。

(4) 在多品种产销的情况下,假定品种结构稳定。所谓品种结构是指各产品的产销额占全部产品产销总额的比重,即在企业安排多品种产品生产的条件下,不仅假定产销平衡,而且在销售总量(额)发生变化时,是以产品品种结构比重不变为前提条件的。

(5) 关于利润的假定,除特别说明外,本量利分析中的利润一般假定为不考虑投资收益和营业外收支的"营业利润",通常假设投资收益和营业外收支为零,则亦可为利润总额。

至于会计实务中必须在利润前扣除的其他税金,可视其特征进行分类。若与业务量(产销量)或销售额增减变动关系不大的税金,如房产税、印花税、车船税、城镇土地使用税等可视作固定成本(期间成本);若与业务量(产销量)或销售额增减变动关系较大的税金,如消费税、营业税、城市维护建设税等价内税均可视作变动成本。

三、本量利分析的基本内容

本量利分析的基本内容主要包括保本分析、保利分析及各因素变动对本量利分析的影响。

本量利分析首先是保本分析,即确定盈亏平衡点(保本点)。保本点,就是在销售单价、单位变动成本和固定成本总额不变的情况下,企业既不盈利也不亏损的销售数量。这是企业经营管理的重要信息,因为盈亏平衡(保本)是获利的基础,也是企业经营安全的前提,只有在销售量超过盈亏平衡点时企业才能获利,企业经营才可能有安全。在此基础上才可以进行保利分析,即分析在销售单价、单位变动成本和固定成本总额不变的情况下,销售数量变动对利润的影响,从而确定目标利润,进行利润规划。最后,再进一步分析销售单价、单位变动成本和固定成本总额等各因素的变动对保本点、保利点、经营的安全程度以及对利润的影响。

四、本量利分析的基本数学模型及基本概念

（一）基本数学模型

本量利分析的目标是利润,计算利润的基本公式即本量利分析的基本数学模型。

利润＝销售收入总额－成本总额

　　＝销售收入总额－（变动成本总额＋固定成本总额）

　　＝销售量×销售单价－销售量×单位变动成本－固定成本总额

　　＝销售量×（销售单价－单位变动成本）－固定成本总额

上式中各因素可分别用下列英文字母表示：

P——利润；

p——销售单价；

x——销售量（业务量）；

b——单位变动成本；

a——固定成本总额。

那么,上式可表示为：

$$P = px - (bx + a) = px - bx - a$$

$$= x(p - b) - a$$

之所以将其称为本量利分析的基本数学模型,不仅是因为保本分析、保利分析均建立在上述基本公式的基础之上,而且若将其分解,恒等变形,还能进行多因素变动分析,将有助于初学者了解本量利分析的其他一些基本概念及其计算公式。

（二）基本概念及其计算公式

进行本量利分析,必须掌握下面介绍的一些基本概念及其计算公式。

1. 边际贡献

边际贡献(记作 Tcm)是衡量企业经济效益的重要指标,它的概念在"变动成本计算法"里已经出现过。边际贡献,亦称贡献毛益、贡献边际,是指产品销售收入总额减去相应的变动成本总额后的差额。其单位边际贡献(记作 cm),是指产品的销售单价减去单位变动成本后的余额,即每增加一个单位产品销售可为企业提供的贡献。有关计算公式如下:

(1) 在单一产品的产销情况下:

$$边际贡献 = 销售收入总额 - 变动成本总额$$
$$= 销售量 \times (销售单价 - 单位变动成本)$$
$$= 销售量 \times 单位边际贡献$$

即 $$Tcm = px - bx = x(p - b) = x \cdot cm$$

其中: $$单位边际贡献 = 销售单价 - 单位变动成本$$

即 $$cm = p - b = \frac{Tcm}{x}$$

(2) 在多种产品的产销情况下:

$$全部产品边际贡献 = \sum(各种产品边际贡献)$$
$$= \sum(各种产品销售收入 - 各种产品变动成本)$$

即 $$\sum(Tcm) = \sum(px - bx)$$

若将边际贡献引入利润基本公式,则为:

$$利润(P) = 边际贡献 - 固定成本总额 = Tcm - a$$

由此可知,边际贡献的大小将直接影响企业产品销售盈亏水平的高低,产品销售能否保本以及产品销售利润的高低将取决于边际贡献能否"吸收"(抵减)全部固定成本,并有剩余额及剩余额的大小。在固定成本不变的情况下,边际贡献的增减意味着利润的增减,只有当边际贡献大于固定成本时才能为企业提供利润,否则,企业将会出现亏损。

2. 边际贡献率

边际贡献率(记作 cmR)是指产品的边际贡献总额占产品的销售收入总额的百分比,又等于单位边际贡献占销售单价的百分比。这是反映产品盈利能力的相对数指标,它表明每增加一元销售能够为企业提供的贡献。其计算公式如下:

(1) 在单一产品的产销情况下:

$$边际贡献率 = \frac{边际贡献}{销售收入} \times 100\% = \frac{单位边际贡献}{销售单价} \times 100\%$$

即

$$cmR = \frac{Tcm}{px} \times 100\% = \frac{cm}{p} \times 100\%$$

(2) 在多种产品的产销情况下:

$$综合(加权平均)\atop 边际贡献率 = \frac{\sum(各种产品边际贡献)}{\sum(各种产品销售收入)} \times 100\%$$

$$= \sum(各产品边际贡献率 \times 该产品销售比重) \times 100\%$$

3. 变动成本率

变动成本率(记作 bR)是指产品的变动成本总额与产品的销售收入总额之间的比率,又等于单位变动成本占销售单价的百分比。它表明每增加一元销售所增加的变动成本。其计算公式如下:

$$变动成本率 = \frac{变动成本总额}{销售收入} \times 100\%$$

$$= \frac{单位变动成本}{销售单价} \times 100\%$$

即

$$bR = \frac{bx}{px} = \frac{b}{p}$$

4. 边际贡献率与变动成本率的关系

由于边际贡献率与变动成本率均表明边际贡献或变动成本占销售收入的百分比,因此将这两项指标联系起来考虑,可以得到以下关系式:

$$\begin{aligned}
\genfrac{}{}{0pt}{}{\text{边 际}}{\text{贡献率}} + \genfrac{}{}{0pt}{}{\text{变 动}}{\text{成本率}} &= \frac{\text{单位边际贡献}}{\text{销售单价}} + \frac{\text{单位变动成本}}{\text{销售单价}} \\
&= \frac{\text{单位边际贡献} + \text{单位变动成本}}{\text{销售单价}} \\
&= \frac{(\text{销售单价} - \text{单位变动成本}) + \text{单位变动成本}}{\text{销售单价}} \\
&= 1
\end{aligned}$$

即 $cmR + bR = 1$

或 $cmR = 1 - bR$ $bR = 1 - cmR$

显然,边际贡献率与变动成本率具有互补关系。变动成本率低的企业,则边际贡献率高、创利能力强;反之,变动成本率高的企业,必然边际贡献率低,创利能力弱。这就可以为企业管理人员提供十分有价值的启示。

以上基本概念及其计算公式在管理会计中十分重要,必须在理解的基础上熟练掌握,以便灵活运用。

【例 4-1】 伊莱克斯有限责任公司生产速飞达电动自行车,每辆耗用的材料、人工、电瓶等变动成本共 1 800 元,固定成本总额 600 万元,共生产销售了 1 万辆,每辆售价 3 000 元,则:

单位边际贡献$(cm) = p - b = 3\,000 - 1\,800 = 1\,200$(元/辆)

边际贡献$(Tcm) = cm \cdot x = 1\,200 \times 1 = 1\,200$(万元)

或 $Tcm = px - bx = 3\,000 \times 1 - 1\,800 \times 1 = 1\,200$(万元)

边际贡献率$(cmR) = cm/p \times 100\% = 1\,200/3\,000 \times 100\% = 40\%$

或 $cmR = \dfrac{Tcm}{px} \times 100\% = \dfrac{1\,200}{3\,000} \times 100\% = 40\%$

变动成本率$(bR) = b/p \times 100\% = 1\,800/3\,000 \times 100\% = 60\%$

或 $bR = \dfrac{bx}{px} \times 100\% = \dfrac{1\,800}{3\,000} \times 100\% = 60\%$

边际贡献率 + 变动成本率 $= cmR + bR = 40\% + 60\% = 1$

利润$(P) = Tcm - a = 1\,200 - 600 = 600$(万元)

第二节 保本分析

保本分析是本量利分析的基础,其基本内容是分析确定产品的保本点,从而确定企业经营的安全程度。在此基础上进行保利分析和多因素变动分析,为企业的生产经营决策提供必需的信息。

一、保本点的意义和形式

保本点,亦称盈亏临界点、损益平衡点、够本点等,是指当产品的销售业务量达到某一点时,其总收入等于总成本,边际贡献正好抵偿全部固定成本、利润为零、企业处于不盈利也不亏损的状态,这种特殊的状态就称为保本状态,使企业达到保本状态的销售量或销售额之点就是保本点。保本点可以按一种产品、一组(多种)产品,也可以按一个独立核算的车间、一个工厂或整个公司来计算。

保本点对于企业的经营决策具有重要意义,它能帮助管理人员正确把握销售业务量与企业盈利之间的关系。只要销售业务量超过保本点,企业就会有盈利;反之,销售业务量低于保本点,就会导致亏损。因为全部固定成本已被保本点的销售业务量提供的边际贡献抵偿了、"吸收"了,使超过保本点的销售业务量所提供的边际贡献即成为利润,所以当销售业务量超过保本点以后,其每增加一个百分点,利润就将以更快的速度增长。企业若能事先知道在一定价格和成本的条件下,销售业务量达到多少时就可以保本,而超过保本点就可能带来规模经济效益,则企业就能有目的地、有针对性地挖掘生产能力,降低消耗,扩大产销量,使企业在规划目标利润、控制目标成本、确定销售价格、追求规模经济效益等各方面都掌握主动权。

保本点主要有两种表现形式:保本销售量(简称保本量)和保本销售额(简称保本额),前者以实物量单位表示,后者以货币价值量单位表示，它们都是标志企业达到收支平衡、实现保本的销售业务量指标。

二、保本点的确定

确定产品的保本点不仅是保本分析的关键，也是本量利分析的核心内容，产品保本点的确定可以按单一品种和多品种分别计算保本点的销售业务量指标。

（一）单一品种保本点的计算

单一品种的保本点可以采用数学推导法和图解法两种基本方法计算确定。

1. 数学推导法

所谓数学推导法，是指在本量利分析的基本数学模型的基础上，根据保本点定义，即不盈不亏、利润为零的销售业务量之点，用数学方法推算保本销售量、保本销售额的方法，又称基本等式法、边际贡献法等。

本量利分析的基本数学模型，即前述的

利润＝销售量×（销售单价－单位变动成本）－固定成本总额

即　　　$P = x(p - b) - a$

设：保本量为 x_0，保本额为 y_0，且令利润 $P = 0$，则

$$保本量\ x_0 = \frac{固定成本总额}{销售单价 - 单位变动成本}$$

$$= \frac{a}{p - b} = \frac{a}{cm}$$

保本额 $y_0 = $ 销售单价 × 保本量

$$= px_0 = \frac{ap}{p - b} = \frac{a}{\dfrac{p - b}{p}} = \frac{a}{cmR} = \frac{a}{1 - bR}$$

由此可见，利用本量利分析的基本数学模型、基本概念及保本点定义，就能推导出一系列计算保本量和保本额的公式，在进行保本点分析计算时，掌握一定的数学技巧是必需的。

【例 4-2】　仍按[例 4-1]资料,用数学推导法计算该公司生产销售速飞达电动自行车的保本点指标。

$$保本量 x_0 = \frac{a}{p-b} = \frac{600}{0.3-0.18} = 5\,000(辆)$$

或

$$x_0 = \frac{a}{cm} = \frac{600}{0.12} = 5\,000(辆)$$

$$保本额 y_0 = px_0 = 0.3 \times 5\,000 = 1\,500(万元)$$

或

$$y_0 = \frac{a}{cmR} = \frac{600}{40\%} = 1\,500(万元)$$

$$y_0 = \frac{a}{1-bR} = \frac{600}{1-60\%} = 1\,500(万元)$$

以上计算表明,该公司必须完成销售 5 000 辆电动自行车,或实现 1 500 万元的销售额,才可以保本、不盈不亏。

保本点销售业务量不仅可以从基本数学模型中用数学推导法计算确定,而且还可以用绘制保本图等图形的方法来确定。

2. 图解法

图解法是指通过在平面直角坐标系中绘制图形来确定保本点位置,进而反映本量利基本关系的方法。所绘制的主要图形有保本图和利润-业务量图等。

(1) 保本图。单一品种的保本图主要有以下两种不同的绘制方法和形式。

第一种绘制方法(标准式保本图):

首先建立直角坐标系,以横轴 OX 表示销售量(实物量),以纵轴 OY 表示销售额和成本(金额)。

然后在该直角坐标系中以固定成本 a 为 OY 轴上的截距,以单位变动成本 b 为斜率,作总成本直线 $y=a+bx$;再以销售单价 p 为斜率,过原点 O 作一条直线 $y=px$,即销售收入线;只要销售单价 p 大于单位变动成本 b,销售收入线与总成本线在直角坐标系的第 I 象限内必有交点。则两直线的交点 (x_0, y_0) 即为保本点,其交点横坐标 x_0 为保本销售量的值,纵坐标 y_0 为保本销售额的值。

【例 4-3】 根据[例 4-1]和[例 4-2]的资料,绘制保本图,如图 4-1 所示。

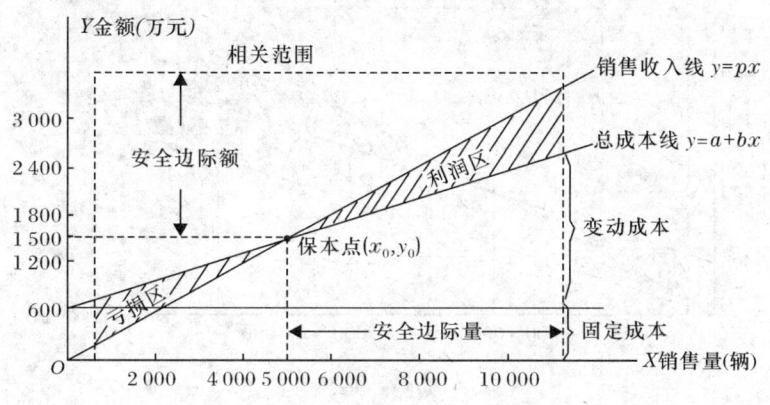

图 4-1 标准式保本图

由图 4-1 可知,销售收入线与总成本线相交之点就是保本点。这一点(保本点)所对应的 OX 轴上的数值即保本销售量,所对应的 OY 轴上的数值即保本销售额,分别是 5 000 辆和 1 500 万元,与用数学推导法计算的结果是一致的。图 4-1 中的两个三角形区域,即利润区和亏损区充分说明:销售量超过保本点就能盈利,销售量越多,实现的利润就越多;反之,销售量低于保本点则发生亏损,且销售量越少,亏损面就越大。若结合数学推导法可以证明,销售量每超过保本点一个单位,就能增加一个单位边际贡献的利润。图中的相关范围是指这一保本点及其本量利关系有效的适用范围,以下各图中的相关范围均为此意,不再一一说明。

第二种绘制方法(边际贡献式保本图):

首先建立直角坐标系(同标准式保本图),然后在第 I 象限内以单位变动成本 b 为斜率,过原点 O 作一条变动成本线 $y=bx$,再以固定成本 a 为 OY 轴上的截距,过截距作一条与变动成本线相平行的直线,此直线即为总成本线 $y=a+bx$;最后以销售单价 p 为斜率,过原点 O 作一条销售收入线 $y=px$。则销售收入线与总成本线之交点 (x_0, y_0) 即保本点。如图 4-2 所示。

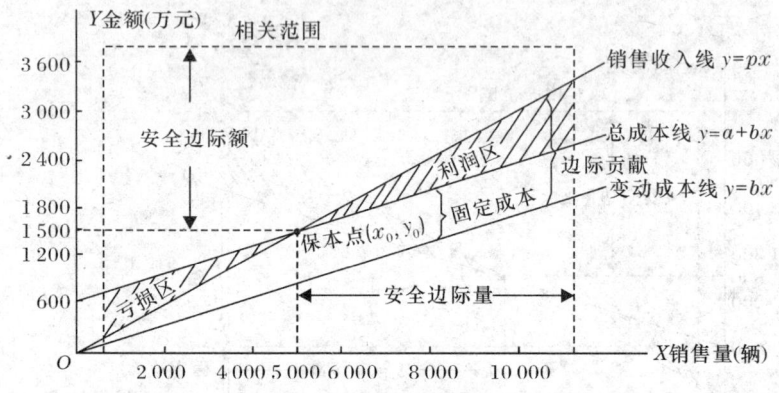

图 4-2　边际贡献式保本图

图 4-2 中有关保本点的意义和作用与第一种方法一样,但在图 4-2 中还可说明销售收入减去变动成本后的边际贡献。边际贡献总额随销售收入的增加而不断增加,当边际贡献总额等于固定成本时,就是保本点。说明边际贡献达到保本点之前是用以弥补固定成本的,所以当边际贡献小于固定成本、不足弥补时则发生亏损;而超过保本点后,边际贡献大于固定成本,企业就会有盈利。故第二种方法更便于管理会计进行分析。

保本图的优点在于形象、直观,便于理解和接受,在保本分析中具有很重要的作用,但由于绘图比较麻烦,且保本点的数值的确定需要在数轴上读出,因此结果可能欠准确。此外,还有一种直角坐标系中的横轴、纵轴均以金额表示的金额式保本图,虽然也可用于单一品种保本分析,但因为它主要用于多品种综合保本分析,故在此不作介绍。

(2)利润-业务量图。这是一种着重分析利润和销售业务量之间关系的保本分析图,是保本图的另一种绘制形式,可用于确定保本点,进行保本和保利预测分析。

利润-业务量图的绘制程序为:

首先建立直角坐标系,以横轴表示销售额,以纵轴表示利润(负数为亏损)。然后在此坐标图中,先在纵轴的负数亏损区确定固定成本总额,即在横轴下方,以固定成本 a 为纵轴之截距,再任选某整数销售量,通过利润基本公式,确定其相应的利润点,过纵轴上的截距和该利润点作一条直线,此直线即为利润线。则该利润线与横轴(销售额)之交点就是保本点。

仍以[例4-1]和[例4-2]资料,作利润-业务量图,如图 4-3所示。

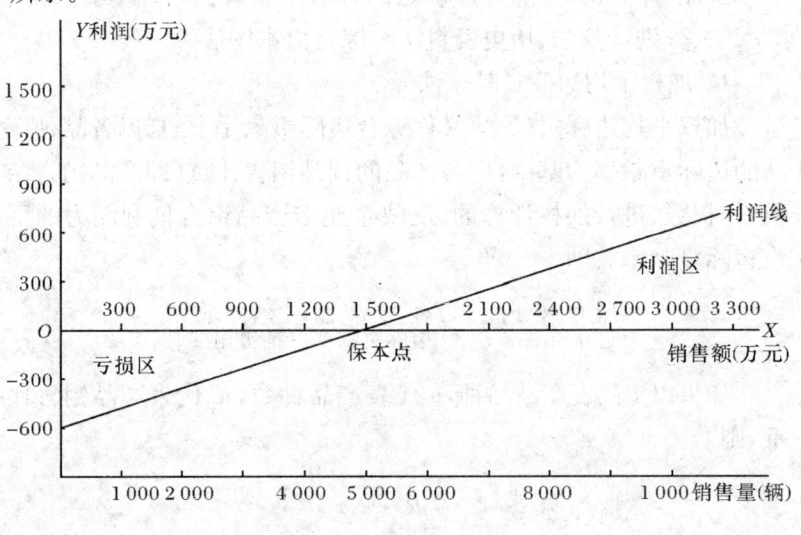

图 4-3　利润-业务量图

图中的销售业务量既可以用销售额表示,也可以用销售量表示。此图的最大特点是可以明确表示销售业务量变动对利润的影响,销售业务量为零,企业的亏损额就是固定成本额,随着销售业务量的增加,亏损逐渐减少,到亏损为零时即为保本点;过了保本点,随着销售业务量的增加,利润不断增长。由此可知,企业要扭亏增盈,扩大销售是重要的环节。但图 4-3 的不足之处在于,当销售业务量变动时,不能反映出成本变动的情况,即本量利三者之间的关系反映不够清楚,给深入分析带来了困难。

(二) 多品种综合保本点的计算

以上讨论的是单一品种的保本点确定,但实际上绝大多数企业都不可能只生产销售一种产品。企业在生产销售多种产品的情况下,其保本分析就不能用实物量表现,而只能用货币量表现。因为不同品种的销售量无法直接相加,所以只能根据多品种产品的销售额来进行保本分析。

多品种综合保本点计算确定的方法主要有:加权平均边际贡献率法、分别计算法、历史资料法和综合保本图法等。

1. 加权平均边际贡献率法

加权平均边际贡献率,又称综合边际贡献率,是指以各品种产品的边际贡献率为基础,用各产品的预计销售比重(即产品销售结构)作权数,进行加权计算的、反映企业多产品综合创利能力的平均边际贡献率。即

$$\text{加权平均}\atop\text{边际贡献率} = \Sigma \left(\text{各种产品}\atop\text{边际贡献率} \times \text{该种产品}\atop\text{销售比重}\right)$$

如果以 i 代表产品品种, n 代表产品种数, w 代表产品销售比重,则

$$\text{加权平均}\atop\text{边际贡献率} = \sum_{i=1}^{n} (cmR_i \cdot w_i)$$

$$\text{某种产品}\atop\text{销售比重} = \frac{\text{该种产品预计销售额}}{\Sigma(\text{各种产品预计销售额})} \times 100\%$$

所谓加权平均边际贡献率,就是当企业产销多种产品且固定成本总额又难以采用较合理的方法分配给各种产品的情况下,计算确定多产品综合保本点的一种方法。整个企业的综合保本点,只能以金额表示,称为综合保本销售额,或综合盈亏平衡销售额。

其计算原理与单一品种保本销售额一致,计算公式如下:

$$综合保本销售额 = \frac{固定成本总额}{加权平均边际贡献率}$$

【例 4-4】 某公司生产甲、乙、丙三种产品,计划期预计销量及成本、单价资料如表 4-1 所示。

表 4-1 **资 料 表**

摘　　要	甲产品	乙产品	丙产品
预计销量(件)	1 000	1 500	2 000
销售单价(元)	35	10	25
单位变动成本(元)	28	6	16
固定成本总额(元)	15 500		

将上述资料计算整理如表 4-2 所示。

表 4-2 **资 料 计 算 表**

摘　　要	甲产品	乙产品	丙产品	合　计
单位边际贡献(cm)(元)	7	4	9	—
边际贡献率(cmR)(%)	20	40	36	
销售额(px)(元)	35 000	15 000	50 000	100 000
销售比重(w)(%)	35	15	50	100

根据表 4-2,按加权平均边际贡献率法计算综合保本销售额。

$$\genfrac{}{}{0pt}{}{加权平均}{边际贡献率} = \sum_{i=1}^{n}(cmR_i \cdot w_i)$$

$$= 20\% \times 35\% + 40\% \times 15\% + 36\% \times 50\% = 31\%$$

$$综合保本销售额 = \frac{15\,500}{31\%} = 50\,000(元)$$

多品种产品的综合保本销售额确定之后,可以根据各产品的销售比重、销售单价、销售额,再进一步预测每一种产品的保本销售额及保本销售量,进行各产品的保本分析。

$$某种产品\atop 保本销售额 = 综合保本销售额 \times 该产品的销售比重$$

$$某种产品保本销售量 = \frac{该产品保本销售额}{该产品销售单价}$$

本例中,三种产品的保本点分别为:

甲产品:

保本销售额$= 50\,000 \times 35\% = 17\,500(元)$

保本销售量$= \dfrac{17\,500}{35} = 500(件)$

乙产品:

保本销售额$= 50\,000 \times 15\% = 7\,500(元)$

保本销售量$= \dfrac{7\,500}{10} = 750(件)$

丙产品:

保本销售额$= 50\,000 \times 50\% = 25\,000(元)$

保本销售量$= \dfrac{25\,000}{25} = 1\,000(件)$

应予注意的是,上述关于加权平均边际贡献率法的应用,是基于企业各品种产品的销售比重(结构)可以预计,且保持不变的基础之上的。但在实际销售过程中,由于市场竞争激烈,供需状况瞬息万变,各产品的销售比重也一定会发生变化。此时,综合保本销售额即保本点也会随之变化。因为各产品的边际贡献率不相同,当销售比重改变时,加权平均边际贡献率也会随之改变。变化的规律是:当边际贡献率比较高的产品销售较多,即其销售比重上升时,加权平均边际贡献率也随之上升,则实际的保本点就会低于原预计的保本点;反之,当边际贡献率比较低的产品销售较多,即其销售比重上升时,加权平均边际贡献率会随之下降,则实际的保本点就会高于原预计的保本点。这就是销售比重(结构)的变动对保本点的影响。

2. 分别计算法

如果企业的固定成本能够比较合理地分配给各种产品,就可以采用分别计算法确定多品种的综合保本点。所谓分别计算法,是指先将企业的固定成本总额按一定标准合理分配给各产品,然后按确定"单一品种保本点"的方法分别计算确定每一品种产品的保本点,最后汇总计算多品种产品的综合保本销售额的方法。

这种方法主要适用于虽然经营多品种产品、但由于生产技术或生产工艺的缘故,各种产品的生产均可采用封闭式生产方式,即可按产品品种分设车间的企业,其产品的固定制造费用一般为专属固定成本,企业的共同固定成本也可选择一定标准(如,边际贡献、销售额、工时等)合理分配给各种产品。

【例 4-5】 某公司生产 A、B、C 三种产品,有关资料如表 4-3 所示。要求根据资料按产品边际贡献分配共同固定成本,并采用分别计算法进行保本分析。

表 4-3 资 料 表

摘　　　要	A 产品	B 产品	C 产品
预计销售量(件)	1 000	1 200	800
销售单价(元)	10	8	15
单位变动成本(元)	7	6	12
单位边际贡献(元)	3	2	3
专属固定成本(元)	1 680	1 300	1 200
共同固定成本(元)	2 730		

$$\frac{共同固定}{成本分配率}=\frac{a}{\sum Tcm}=\frac{2\,730}{3\times1\,000+2\times1\,200+3\times800}=0.35$$

分配给 A 产品的固定成本＝3×1 000×0.35＝1 050(元)

分配给 B 产品的固定成本＝2×1 200×0.35＝840(元)

分配给 C 产品的固定成本＝3×800×0.35＝840(元)

A产品的保本销售量$(x_0)=\dfrac{a}{cm}=\dfrac{1\ 680+1\ 050}{3}=910$（件）

A产品的保本销售额$(y_0)=\dfrac{a}{cmR}=x_0\cdot p$

$$=\dfrac{1\ 680+1\ 050}{3\div 10}=910\times 10=9\ 100（元）$$

B产品保本销售量$(x_0)=\dfrac{a}{cm}=\dfrac{1\ 300+840}{2}=1\ 070$（件）

B产品保本销售额$(y_0)=\dfrac{a}{cmR}=x_0\cdot p$

$$=\dfrac{1\ 300+840}{2\div 8}=1\ 070\times 8=8\ 560（元）$$

C产品保本销售量$(x_0)=\dfrac{a}{cm}=\dfrac{1\ 200+840}{3}=680$（件）

C产品保本销售额$(y_0)=\dfrac{a}{cmR}=x_0\cdot p$

$$=\dfrac{1\ 200+840}{3\div 15}=680\times 15=10\ 200（元）$$

则　　企业的综合保本销售额$(\sum y_0)=9\ 100+8\ 560+10\ 200=27\ 860（元）$

　　但是正如前述,多产品的综合保本销售额要受到产品销售比重结构变动的影响,分别计算法也不例外。当企业的实际产品销售结构与预计的产品销售结构不一致时,即使多产品的总销售额已达到或超过企业的原预计的综合保本销售额,也不一定能保本,还需要作进一步的分析。计算分析的方法是:将各产品实际销售额与原预计的保本销售额之差额分别乘以各该产品的边际贡献率,然后加总求和。若总和正好为零,说明实际正好保本,不盈不亏;若总和大于零,说明实际已超过保本点;若总和小于零,则说明实际还未达到保本,已发生亏损。

　　仍以[例4-4]资料,若A产品实际销售450件,B产品实际销售2 100件,C产品实际销售450件,很显然实际产品销售结构已发生变化。此时A和C产品没有达到原保本点,B产品已超过原保本点,那么整个企业是否已达到保本点呢? 虽然A、B、C三种产品的实际销售总额为 28 050 元(450×10+2 100×8+450×15)，已大于原预计的综合保本销售额 27 860 元，但是否真正保本，还需通过计算分析。此时：

$$\text{A产品超过原保本销售额的边际贡献} = (450×10-9 100)×\frac{3}{10} = -1 380(\text{元})$$

$$\text{B产品超过原保本销售额的边际贡献} = (2 100×8-8 560)×\frac{2}{8} = 2 060(\text{元})$$

$$\text{C产品超过原保本销售额的边际贡献} = (450×15-10 200)×\frac{3}{15} = -690(\text{元})$$

合计：-1 380+2 060-690=-10(元)<0

由此可知，该企业实际上没有达到保本，已亏损 10 元，且表明原综合保本点已发生了变动。

3. 历史资料法

如果企业生产销售的产品种类很多，例如百货公司经销的商品种类往往有成千上万种，则用上述两种方法计算其综合保本点就相当繁琐，为了简化计算，可采用历史资料法。所谓历史资料法，就是根据过去若干时期的历史资料，计算历史上平均各期的综合边际贡献率，再根据计划期预计的固定成本总额，计算确定计划期综合保本销售额的方法。其计算公式如下：

$$\text{平均综合边际贡献率} = \frac{(\sum\text{若干时期各种产品实际边际贡献})÷\text{期数}}{(\sum\text{若干时期各种产品实际销售额})÷\text{期数}}×100\%$$

$$\text{计划期综合保本销售额} = \frac{\text{计划期预计固定成本总额}}{\text{平均综合边际贡献率}}$$

【例 4-6】 某百货公司过去 3 年平均每年的实际销售额为 9 000 万元，平均每年实际变动成本总额为 5 400 万元。预计计划年度的固定成本总额为 2 800 万元。则

$$\text{平均综合边际贡献率} = \frac{9 000-5 400}{9 000}×100\% = 40\%$$

$$\text{计划期综合保本销售额} = \frac{2 800}{40\%} = 7 000(\text{万元})$$

显然,用历史资料法可简化品种繁多的企业保本点的计算,但必须满足一个前提,即产品销售比重结构和各产品的边际贡献率在各期均相对稳定,否则其保本点计算的准确程度就较差。当然,如果企业能充分运用电脑处理会计信息,不论产品种类是否繁多,均可不必采用历史资料法,而采用前述各种方法,因为繁琐的计算,对电脑来说并不困难。

4. 综合保本图法

综合保本图法是一种多品种产品保本点分析的图解法,与单一品种保本图的区别在于:多品种保本分析无法用实物量表示,只能用货币量(金额)表示,因此在直角坐标系中,横轴和纵轴都用金额表示。若横轴和纵轴的坐标计量单位相同时,销售收入线过原点且呈 45°夹角上升,然后可根据变动成本总额与销售收入总额的比例关系确定变动成本线的斜率,再过原点作变动成本线,最后以固定成本总额为纵轴上的截距,过截距作平行于变动成本线的直线,此直线即为总成本线,而总成本线与销售收入线的交点,就是多产品的综合保本点。如图 4-4 所示。

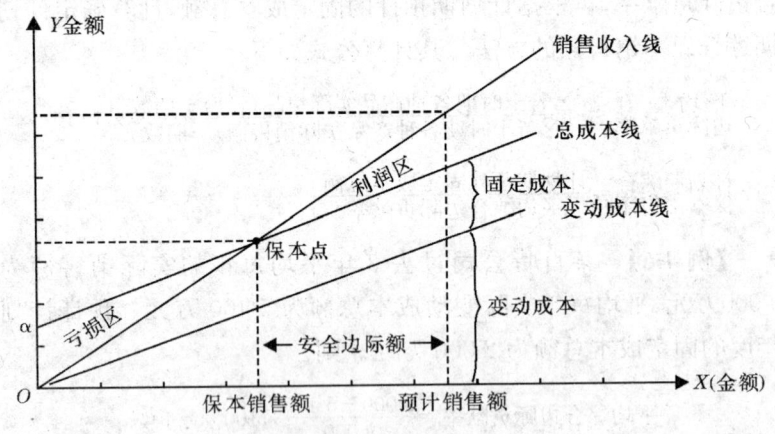

图 4-4　综合保本图

该图有利于对企业的目标利润进行控制,因为在图中不仅可以看出保本点销售额,而且可以看到任何销售水平上的盈亏情况。图上销售收入线上任何一点与其对应的总成本线上一点的间隔距离,就是企业销售水平达到这一点时的损益额。

三、企业经营安全程度的评价指标

面对激烈的市场竞争,任何企业都十分重视自己生存的安全性,保本是企业安全生存的最低限度。评价企业经营安全程度的指标主要有:安全边际、安全边际率和保本点作业率等。

1. 安全边际

安全边际是指企业现有或预计的销售量(或销售额)与保本销售量(或销售额)之间的差量(或差额),称安全边际量(或安全边际额)。

$$安全边际量 = 现有(或预计)销售量 - 保本销售量$$

$$安全边际额 = 现有(或预计)销售额 - 保本销售额$$

$$= 安全边际量 \times 销售单价$$

安全边际可以表明从现有或预计销售量(额)到保本销售量(额)之间的差距,说明企业达不到预计销售目标而又不至于亏损的范围有多大,这个范围越大,企业亏损的可能性就越小,经营的安全程度就越高。同时,只有安全边际内的销售量(额)才能给企业提供利润,因为全部固定成本已被保本点所弥补,所以安全边际内的销售额减去其自身的变动成本后即为企业的利润。换句话说,安全边际范围内的边际贡献就是企业的盈利额。即:

$$营业利润 = \frac{安\quad 全}{边际量} \times \frac{单位边}{际贡献} = \frac{安\quad 全}{边际额} \times \frac{边\quad 际}{贡献率}$$

因此,安全边际越大,所获利润就越高,企业经营就越安全。上式两边同除以销售收入,则又有:

$$\frac{营业利润}{销售收入} = \frac{安全边际额}{销售收入} \times 边际贡献率$$

即 $$销售利润率 = 安全边际率 \times 边际贡献率$$

2. 安全边际率

安全边际是绝对量指标,其相对量指标是安全边际率。所谓安全边际率,是指安全边际量(额)与现有或预计销售量(额)的比率。

$$安全边际率 = \frac{安全边际量}{现有或预计销售量} \times 100\% = \frac{安全边际额}{现有或预计销售额} \times 100\%$$

安全边际与安全边际率都是评价企业经营安全程度的正指标,即指标数值越大,说明企业经营越安全。该指标中的"现有或预计销售量(额)",可以称为"正常销售量(额)",所谓正常销售量(额),是指企业在正常市场和正常开工情况下的销售量(额);也可以用实际销售量(额)计算。评价企业经营安全程度的一般标准如表 4-4 所示。

表 4-4　　　　　　　　　　**安全性检验标准**

安全边际率	10%以下	10%~20%	20%~30%	30%~40%	40%以上
安全程度	危险	值得注意	比较安全	安全	很安全

【例 4-7】　某公司对 A 产品和 B 产品进行投产安全程度分析,欲计算并选择一个获利范围大,即安全边际率较高的产品,以便减少企业发生亏损的风险。有关资料及计算如表 4-5 所示。

表 4-5　　　　　　　　　　**资料及计算表**

项　目	A 产品	B 产品
预计销售量(件)	60 000	50 000
销售单价(元)	40	50
单位变动成本(元)	30	35
固定成本(元)	300 000	300 000
保本销售量(件)	30 000	20 000
安全边际量(件)	30 000	30 000
安全边际率(%)	50	60

上述计算结果表明,虽然 A、B 产品的安全边际量相等,但 B 产品的安全边际率高于 A 产品,说明 B 产品的获利能力高于 A 产品,而亏损的风险则小于 A 产品,因此,应选择投产 B 产品。

3. 保本点作业率

企业经营的安全程度,不仅可以用安全边际、安全边际率等正指标来评价,也可以用逆指标——保本点作业率来反映。所谓保本点作业率,是指保本销售量(额)占正常销售量(额)的百分比。其指标数值越小,说明企业经营越安全;其指标数值越大,则说明越不安全,即越危险。故保本点作业率又称"危险率"。其计算公式如下:

$$保本点作业率 = \frac{保本销售量(额)}{正常销售量(额)} \times 100\%$$

$$= \frac{保本销售量(额)}{现有或预计销售量(额)} \times 100\%$$

由于一般情况下,企业的生产经营能力是按正常销售量(额)来规划的,所以保本点作业率还可以说明企业在保本状态下的生产经营能力的利用程度。

逆指标保本点作业率与正指标安全边际率具有互补关系:

$$\frac{保本点}{作业率} + \frac{安\ \ 全}{边际率} = \frac{保本销售量(额)}{现有或预计销售量(额)} + \frac{安全边际量(额)}{现有或预计销售量(额)} = 1$$

【例 4-8】 仍按[例 4-1]资料,要求计算该公司反映经营安全程度的有关指标,验证正、逆指标的关系,并评价该公司的经营安全性。

$$安全边际量 = 10\ 000 - 5\ 000 = 5\ 000(辆)$$

$$安全边际额 = 3\ 000 - 1\ 500 = 0.3 \times 5\ 000 = 1\ 500(万元)$$

$$安全边际率 = \frac{5\ 000}{10\ 000} \times 100\% = \frac{1\ 500}{3\ 000} \times 100\% = 50\%$$

$$\text{保本点作业率} = \frac{5\,000}{10\,000} \times 100\% = \frac{1\,500}{3\,000} \times 100\% = 50\%$$

$$\text{安全边际率} + \text{保本点作业率} = 50\% + 50\% = 1$$

因为安全边际率为 50%，大于 40%，所以该公司目前的经营是很安全的。

第三节 保利分析

保本分析是假定在利润为零，不盈不亏条件下的本量利分析。虽然它有助于我们简化本量利分析过程，了解企业的最低生存条件以及评价企业经营的安全程度，并且为企业的经营决策提供了一些很有用的方法，然而毕竟保本不是企业经营的目标。在市场经济中，企业经营的目标是盈利，在不断盈利中求生存、求发展。因此，很显然企业不会满足于利润为零的保本分析，而更注重在确保实现目标利润条件下的本量利分析。

一、保利分析的意义

保利，就是确保目标利润的实现。所谓保利分析，就是指将目标利润引进本量利分析的基本数学模式，在单价和成本水平既定的情况下，在确保企业目标利润实现的正常条件下，充分揭示成本、业务量、利润三者之间关系的本量利分析。

将目标利润引进本量利分析模式，在以目标管理为基本特征的现代企业管理中具有重要意义。通过保利分析，可以首先确定为实现目标利润而应达到的目标销售量和目标销售额，从而以销定产，确定目标生产量、目标生产成本以及目标资金需要量等，为企业实施目标控制奠定了基础，从而为企业短期经营明确了方向。

二、保利点的确定

将确保目标利润的实现而应达到的目标销售量和目标销售额称为保利销售量和保利销售额，统称保利业务量。而保利点的确定就是指确定保利业务量。与保本点的确定方法一样,保利点也可以分别按单一品种和多品种计算确定。

（一）单一品种保利点的确定

保利点的确定,在将目标利润引入本量利分析的基本模式后,可用数学推导法计算确定,而企业的目标利润可以按考虑所得税或不考虑所得税分别确定。

1. 不考虑所得税的保利点确定

由于本量利分析中的"利润"一般为营业利润(或利润总额),所以不考虑所得税的保利点分析是最基本的本量利分析。

我们把目标利润引进本量利分析基本数学模型:

$$\frac{目标}{利润}=\frac{目标}{销售量}\times\left(\frac{销售}{单价}-\frac{单位变}{动成本}\right)-\frac{固定成}{本总额}$$

则确保实现目标利润的

$$保利销售量=\frac{固定成本总额+目标利润}{销售单价-单位变动成本}=\frac{固定成本总额+目标利润}{单位边际贡献}$$

$$保利销售额=保利销售量\times销售单价$$

$$=\frac{固定成本总额+目标利润}{单位边际贡献}\times销售单价$$

$$=\frac{固定成本总额+目标利润}{边际贡献率}$$

若设:X_1——保利销售量;

　　　Y_1——保利销售额;

　　　TP——目标利润。

则上述保利点公式如下：

$$X_1=\frac{a+TP}{p-b}=\frac{a+TP}{cm}$$

$$Y_1=\frac{a+TP}{cm}\cdot p=\frac{a+TP}{cmR}=\frac{a+TP}{1-bR}$$

【例 4-9】 某公司产销甲产品,单位售价 800 元,单位变动成本 500 元,年固定成本总额 900 000 元,计划年度的目标利润为 450 000 元,则

$$保利销售量(X_1) = \frac{a+TP}{p-b} = \frac{900\,000 + 450\,000}{800 - 500} = 4\,500(件)$$

$$保利销售额(Y_1) = \frac{a+TP}{cmR} = \frac{900\,000 + 450\,000}{(800 - 500) \div 800}$$

$$= 4\,500 \times 800 = 3\,600\,000(元)$$

说明该公司欲实现 45 万元的目标利润,保利销售量应为 4 500 件,保利销售额应达到 360 万元。

2. 考虑所得税的保利点确定

考虑所得税的目标利润,就是指目标税后利润。对于企业的所有者而言,只有企业在一定时期所实现的税后利润才归属所有者,它是所有者取得投资报酬、实现资本保值增值的重要保证,也是企业提取盈余公积、分配股利、形成企业内部积累的重要依据。因此,企业的目标税后利润以及确保目标税后利润实现的保利分析,更受投资者关注,也更受企业管理人员的重视。由于

$$目标税后利润 = 目标利润 \times (1 - 所得税税率)$$

因此,确保目标税后利润的

$$保利销售量 = \frac{固定成本总额 + \dfrac{目标税后利润}{1 - 所得税税率}}{销售单价 - 单位变动成本}$$

$$= \frac{固定成本总额 + \dfrac{目标税后利润}{1 - 所得税税率}}{单位边际贡献}$$

$$保利销售额 = 保利销售量 \times 销售单价$$

$$= \frac{固定成本总额 + \dfrac{目标税后利润}{1 - 所得税税率}}{边际贡献率}$$

【例 4-10】 以[例 4-9]的资料,若计划年度的所得税税率为 25%,欲实现目标税后利润 27 万元,则:

$$保利销售量 = \frac{900\,000 + \dfrac{270\,000}{1-25\%}}{800-500} = 4\,200(件)$$

$$保利销售额 = \frac{900\,000 + \dfrac{270\,000}{1-25\%}}{\dfrac{800-500}{800}} = 4\,200 \times 800 = 3\,360\,000(元)$$

由此可知,只要目标税后利润＝目标利润×(1－所得税税率),则无论税前税后,保利点业务量是一致的。

(二)多品种的保利点确定

多品种的保利分析与多品种的保本分析一样,不能用实物量表现,只能用货币量表现,因为不同品种产品的销售量直接相加无意义。因此,多品种保利点的计算确定方法一般也有加权平均边际贡献率法、分别计算法和历史资料法等,并且保利点计算确定的原理也与保本点一致,故在此不再逐一讨论,仅以加权平均边际贡献率法为例,说明确保实现目标税后利润的综合保利销售额计算公式如下:

$$综合保利销售额 = \frac{固定成本总额 + \dfrac{目标税后利润}{1-所得税税率}}{加权平均边际贡献率}$$

【例 4-11】 按[例 4-4]的资料,若该公司计划期目标税后利润为 27 900 元,所得税税率为 25%,则实现目标税后利润的:

$$综合保利销售额 = \frac{15\,500 + \dfrac{27\,900}{1-25\%}}{31\%} = 170\,000(元)$$

说明该公司至少在达到 170 000 元的销售额以后,才能确保公司目标税后利润的实现。

三、保本点与保利点的比较

从上述有关保本点、保利点的计算公式可知：首先，两者的计算公式都是由本量利分析的基本数学模型推导而得的，只不过前者假设利润为零，后者将利润设定为目标利润或目标税后利润，因此保本点分析和保利点分析的实质都是本量利分析；其次，不论保本分析还是保利分析，凡计算有关销售量指标时，均以单位边际贡献为分母，凡计算有关销售额指标时，均以边际贡献率为分母，无论单一品种还是多品种分析概莫能外。两者的区别主要在于：保本分析有利于企业经营者了解经营的最低要求和企业经营的安全程度，而保利分析则可以帮助企业管理者实施目标控制，明确企业的经营目标。所以保本分析和保利分析是企业加强经营管理，规划和控制经济活动，正确进行经营决策的有效工具。

第四节　有关因素变动对相关指标的影响

以上关于保本点、保利点的本量利分析，都是假定在相关范围内除业务量以外的销售单价、单位变动成本、固定成本、品种结构等诸因素保持不变的条件下讨论的，业务量的变动是影响销售收入和总成本的唯一因素。然而在实际的经营活动中，这种静态的平衡不可能保持长久，每个因素都会发生变动。那么，当各因素发生变动时，对保本点和保利点等本量利分析的相关指标会带来什么影响，把握其中的规律，对于指导实际的经营活动是非常有益的。

一、因素变动对保本点和保利点的影响

本量利分析的诸因素之间存在着错综复杂的相互制约关系。在现实的经营活动中，既有单项因素的变动，也有多项因素的变动；既有确定型的因素变动，也有风险型或不确定型的多因素变动。这些变动都会对保本点和保利点带来影响。

（一）单项因素变动

为了简化因素变动分析，在研究某一项因素变动所带来的影响时，往往假定其他因素不变。

1. 销售单价变动

由于保本点和保利点的计算公式中的分母是单位边际贡献，或边际贡献率（加权平均边际贡献率），因此在其他因素不变的情况下，当销售单价发生变动时，会引起单位边际贡献或边际贡献率的同方向变动，从而使保本点和保利点随之反方向变动。

由此可知，提高销售单价，会使单位边际贡献和边际贡献率上升，相应会降低保本点和保利点，增强企业的获利能力，促使企业经营状况向好的方向发展；反之，降低销售单价，会使保本点和保利点上升，从而削弱企业的盈利能力。

【例 4-12】 按［例 4-9］资料，该公司原甲产品的

$$保本销售量(x_0) = \frac{900\,000}{800-500} = 3\,000(件)$$

$$保本销售额(y_0) = 3\,000 \times 800 = 2\,400\,000(元)$$

若在其他因素不变的情况下，销售单价提高至 860 元，则

$$保本销售量(x_0') = \frac{900\,000}{860-500} = 2\,500(件)$$

$$保本销售额(y_0') = 2\,500 \times 860 = 2\,150\,000(元)$$

$$保利销售量(x_1') = \frac{900\,000+450\,000}{860-500} = 3\,750(件)$$

$$保利销售额(y_1') = 3\,750 \times 860 = 3\,225\,000(元)$$

即销售单价上升，保本点、保利点均随之下降。

2. 单位变动成本变动

在其他因素不变的情况下，单位变动成本的变动会使单位边际贡献和边际贡献率向相反的方向变动，从而使保本点和保利点的变动趋势恰好同单位变动成本的变动方向一致，即单位变动成

本下降,保本点和保利点也随之下降,从而提高企业的盈利能力;单位变动成本上升,保本点和保利点就会提高,使企业的盈利能力下降。这说明,单位变动成本的变动对保本点和保利点的影响与销售单价变动的影响正相反。

3. 固定成本总额变动

由于固定成本总额是保本点和保利点计算公式中的分子或分子的组成部分,所以固定成本总额的变动将会使保本点和保利点随之发生同方向变动,即在其他因素不变的情况下,增加固定成本总额,就会使保本点和保利点上升,削弱企业的获利能力;而减少固定成本总额,保本点和保利点就下降,从而增强企业的盈利能力。

4. 销售量的变动

在其他因素不变的情况下,销售量的变动不会影响单一品种产品保本点和保利点的确定;如果销售量的变动不改变各产品原有的销售比重,那么其变动也不会影响多品种产品保本点和保利点的确定。

5. 品种结构的变动

由于加权平均边际贡献率是各产品边际贡献率与销售比重的乘积之和,因此反映品种结构的销售比重的变动将直接影响加权平均边际贡献率指标数值,从而影响多品种的综合保本销售额和综合保利销售额。在固定成本不变的情况下,如果品种结构的变动使加权平均边际贡献率增加,那么多品种产品的综合保本点和综合保利点将下降,从而提高企业整体的盈利能力;反之,将使企业向不利的方向变动。

6. 目标利润的变动

显然,目标利润的变动,只会影响保利点,但不会改变保本点。在其他因素不变的情况下,保利点将与目标利润的变动呈同方向,即提高目标利润,保利点就上升;减少目标利润,保利点就下降。

（二）多项因素的变动

在现实的经济活动中，一项因素变动，而其他因素都不变，仅仅是一种假定。面对瞬息万变的市场环境，企业有时会不得不同时改变售价和成本水平。那么，售价和成本水平多因素的变动，会对保本点、保利点带来什么影响？这对于企业作出正确的经营决策非常重要。如果多因素的变动是有计划的、可预知的，则可通过保本点和保利点的基本计算公式进行推算。如果客观上某些不受企业控制的因素已经发生变动，那么企业可以根据上述各因素变动对保本点、保利点的不同影响，有目的地使另一些因素发生变动，以抵销因素变动对企业带来的不利影响，而促使其向有利于企业的方向变动。

【例 4-13】 按［例 4-9］、［例 4-10］资料，面对市场上的"价格大战"，该公司为了扩大市场占有份额，提高企业的竞争能力，采用"薄利多销"、降价减成本的经营策略，决定将甲产品的销售单价降低 10%，同时企业内部加强经营管理，计划缩减单位变动成本6%，压缩固定成本总额 2%，同时力争目标净利润上升 5%，则甲产品的保本点、保利点应为：

$$x_0 = \frac{900\,000 \times (1-2\%)}{800 \times (1-10\%) - 500 \times (1-6\%)} = 3\,528\text{（件）}$$

$$y_0 = 3\,528 \times 800 \times (1-10\%) = 2\,540\,160\text{（元）}$$

$$x_1 = \frac{900\,000 \times (1-2\%) + \dfrac{270\,000 \times (1+5\%)}{1-25\%}}{800 \times (1-10\%) - 500 \times (1-6\%)} = 5\,040\text{（件）}$$

$$y_1 = 5\,040 \times 800 \times (1-10\%) = 3\,628\,800\text{（元）}$$

由此可知，利用保本点和保利点的基本公式，可以推算多因素同时变动后的新的保本点和保利点。

在企业的实际经营活动中，由于市场风险的客观存在，产品售价、单位变动成本、固定成本以及品种结构等因素是经常变动的。

因此,进行有关因素变动的灵敏度分析与风险型分析,不仅更符合实际情况,而且有利于企业重视经营风险,面对市场竞争作出正确决策。由于这部分内容在第五章预测分析中有详述,故在此不作论述。

二、因素变动对安全边际的影响

安全边际是评价企业经营安全程度的重要指标,面对市场经营风险,企业非常重视自身的经营安全性,需要了解各因素的变动对安全边际的影响,以便作出相应的决策。下面我们仅讨论单项因素变动所造成的影响,且假定某一项因素变动时,其他因素均不变。

根据"安全边际量(额)＝实际(预计)销售量(额)－保本销售量(额)"可知。

1. 销售量变动

若保本销售量(额)不变,则安全边际量(额)随实际(预计)销售量(额)的变动而同方向变动,即增加实际(预计)销售量,就会扩大安全边际量,增强企业经营的安全程度;反之,减少实际(预计)销售量,就会缩小安全边际量,削弱企业经营的安全性。一旦当实际销售量小于保本销售量,安全边际量为负值,不仅毫无经营安全可言,而且将使企业陷入困境,面临生存的危机。

若预计销售量不变,则安全边际量将随保本销售量的变动而呈反方向变动,即保本点越低,安全边际就越大,经营就越安全;反之,保本点上升,安全边际就下降,企业经营就越不安全。

2. 销售单价变动

因为销售单价的变动会使保本点呈反方向变动,所以当预计销售量(额)不变时,安全边际量(额)会随销售单价的变动而呈同方向变动。

3. 单位变动成本变动

由于单位变动成本的变动将引起保本点向同方向变动,因而在预计销售量（额）既定的条件下，安全边际会随单位变动成本的变动而向反方向变动。

4. 固定成本总额变动

因为固定成本总额的变动对保本点的影响同单位变动成本相同，将导致保本点呈同方向变动，所以安全边际也将随固定成本总额的变动而向反方向变动。

5. 品种结构变动

在产销多品种的条件下，当边际贡献率较高的产品的销售比重上升时，会导致多产品的加权平均边际贡献率增大，从而使多产品的综合保本点下降。因此在多产品的综合销售总额不变的情况下，安全边际额将随边际贡献率较高产品的销售比重的变动而同方向变动；反之，将随边际贡献率较低产品的销售比重的变动而呈反方向变动。

三、因素变动对利润的影响

利润指标是综合反映企业经营成果和经营业绩的重要指标，为了对利润进行科学规划，制订最优利润目标，控制利润的变动，有必要深入研究利润指标同其构成因素——销售量、售价、单位变动成本、固定成本等之间的内在联系，了解各因素变动对利润指标的影响，以及影响利润的敏感程度。

（一）各因素变动影响利润变动的方向

首先必须了解每一因素单独变动时，使利润随之发生同方向变动还是反方向变动，从而有利于控制利润变动的方向，使利润朝有利于企业发展的方向变动。

根据本量利分析的基本模式"利润＝销售量×（销售单价－单位变动成本）－固定成本总额"可知，销售量与销售单价的变动将使利润发生同方向变动，即销售量或销售单价的增加都会使利润上升，给企业带来有利的影响；反之，销售量或销售单价减少，利润就会下降。

而单位变动成本和固定成本总额的变动将使利润发生相反方向的变动。因此,降低单位变动成本压缩固定成本,将促进利润增长;反之,将使利润下降。

（二）影响利润的因素变动极限值

利润大于零或利润小于零,即盈利或亏损,对企业来说是两种性质不同的经营成果。因此,分析因素发生何种程度的变动将使企业由盈利转为亏损,或由于亏损转为盈利,也就是分析使企业经营成果发生质变的各因素变动的极限值,从而控制因素变动的范围、防止亏损出现,无疑是十分重要的。

1. 销售量的最小极限值

利润将随销售量的变动而同方向变动,扩大销售量,可以提高利润,利润越高越好,因此销售量的上限一般不予考虑。但是销售量的下降将使企业利润减少,可能会危及企业生存。所谓销售量的最小极限值,是指在其他因素不变的情况下,使企业利润为零的销售量变动极限值,即保本点销售量,是销售量变动的下限。若实际销售量低于此最小极限值,企业就会发生亏损。

【例 4-14】 某公司只产销一种产品,计划年度产销量 1 万台,每台售价 5 000 元,单位变动成本 3 000 元,全年固定成本总额 600 万元,则计划年度利润为:

$$P=(p-b) \cdot x-a=(5\,000-3\,000)\times 1-600=1\,400（万元）$$

预计计划年度市场竞争异常激烈,那么销售量至少应达到多少台才不至于使企业亏损呢?

设 x_0 为销售量的最小极限值,则

$$x_0=\frac{6\,000\,000}{5\,000-3\,000}=3\,000（件）$$

说明在计划年度销售量至少应达到或超过 3 000 件,或完成销售计划的 30% 以上,企业才能有盈利,否则就将亏损。

2. 销售单价的最小极限值

面对激烈的市场竞争,企业可能不得不降低原定的销售单价,销售单价的下降将导致利润的下降。所谓销售单价的最小极限值是指在其他因素不变的情况下,使企业利润为零时的销售单价的变动极限值,是销售单价变动的下限。若企业不能控制价格的下降,使销售单价低于其最小极限值,则企业将发生亏损。

设 p_0 为销售单价的最小极限值,则

$$p_0 = \frac{a}{x} + b$$

仍以[例 4-14]资料,

$$p_0 = \frac{600}{1} + 3\,000 = 3\,600(元)$$

说明甲产品计划年度的销售单价的最小极限值为 3 600 元,也就是说在其他因素不变的情况下,销售单价下降的最大幅度为 28% $\left(\frac{5\,000 - 3\,600}{5\,000} \times 100\% \right)$,否则企业就将亏损。

3. 单位变动成本的最大极限值

在市场经济中,由于物价的上涨,材料成本和人工成本的上升是客观存在的,而成本消耗水平的上升会使企业利润下降。在其他因素不变的情况下,使企业利润为零时的单位变动成本的变动极限值,即其变动的上限,就称为单位变动成本的最大极限值。

设 b_0 为单位变动成本的最大极限值,则

$$b_0 = p - \frac{a}{x}$$

仍以[例 4-14]资料,

$$b_0 = 5\,000 - \frac{600}{1} = 4\,400(元)$$

说明计划年度单位变动成本一旦上升到 4 400 元,利润将为零。如果企业不能有效地控制单位变动成本的上升趋势,使其上升幅

度超过 $46.67\%\left(\dfrac{4\ 400-3\ 000}{3\ 000}\times100\%\right)$，则企业将发生亏损。

4. 固定成本的最大极限值

同样，固定成本下降，利润上升，会增强企业经营的安全性；而固定成本上升，利润下降，将使企业经营产生危险。因此，控制固定成本的上升范围，是确定其最大极限值的目标之一。所谓固定成本的最大极限值，就是指在其他因素不变的情况下，使企业利润为零时固定成本的变动上限值。

设 a_0 为固定成本的最大极限值，则

$$a_0=(p-b)\cdot x$$

仍以［例 4-14］资料，

$$a_0=(5\ 000-3\ 000)\times1=2\ 000(万元)$$

说明该公司的年固定成本总额只要低于 2 000 万元，还是会有盈利的。因此，该公司必须控制固定成本总额的上升，使其上升幅度不超过 $233\%\left(\dfrac{2\ 000-600}{600}\times100\%\right)$，就可能避免亏损。

习　　题

一、判断题

1. 若产品销售单价与单位变动成本同方向同比例变动，则单一品种的产品保本点业务量不变。　　　　　　　　　　（　　）

2. 如果变动成本率为 60%，固定成本总额为 30 000 元，则保本销售额为 50 000 元。　　　　　　　　　　　　　　（　　）

3. 在其他条件不变的情况下，单位变动成本越小，保本点就越低。　　　　　　　　　　　　　　　　　　　　　　（　　）

4. 在多品种条件下，若其他因素不变，只要提高边际贡献率

较大的产品的销售比重,就可以降低全厂综合保本额和保利额。（　　）

5. 在其他因素不变的情况下,若目标利润变动,则会使保本点业务量发生相应变动,但保利点业务量将保持不变。（　　）

6. 保本点作业率表明了在保本状态下企业的生产经营能力的利用程度。（　　）

7. 边际贡献率小于零的企业,必然是亏损企业。（　　）

8. 安全边际越小,保本点就越大,利润就越高。（　　）

9. 正指标保本点作业率与逆指标安全边际率具有互补关系。（　　）

10. 若边际贡献等于固定成本,则企业处于保本状态。（　　）

二、单项选择题

1. 如果产品的单价与单位变动成本上升的百分率相同,其他因素不变,则保本销售量（　　）。

    A. 不变   B. 上升

    C. 下降   D. 不确定

2. 下列公式中,不正确的是（　　）。

    A. 利润＝边际贡献率×安全边际额

    B. 安全边际率＋边际贡献率＝1

    C. 安全边际率＋保本点作业率＝1

    D. 边际贡献率＝(固定成本＋利润)/销售收入

3. 下列各式中,计算结果不等于边际贡献率的是（　　）。

    A. 1－安全边际率   B. 1－变动成本率

    C. $\dfrac{\text{单位边际贡献}}{\text{单价}} \times 100\%$ D. $\dfrac{\text{边际贡献}}{\text{销售收入}} \times 100\%$

4. 当单价为100元,边际贡献率为40%,安全边际量为1 000件时,企业可实现利润（　　）元。

    A. 2 500   B. 100 000

C. 60 000　　　　　　　　D. 40 000

5. 企业的销售利润率等于(　　)。

A. 边际贡献率与安全边际率之商

B. 边际贡献率与安全边际率之积

C. 边际贡献率与安全边际率之和

D. 边际贡献率与安全边际率之差

6. 下列措施中,只能提高安全边际而不能降低保本点的是(　　)。

A. 增加销售量　　　　　　B. 提高单价

C. 降低单位变动成本　　　D. 压缩固定成本开支

7. 某产品单价为20元,单位变动成本为15元,固定成本为20 000元,目标税后利润为15 000元,所得税税率为25%,则保利销售量为(　　)件。

A. 6 000　　　　　　　　B. 2 000

C. 8 000　　　　　　　　D. 10 000

8. 在采用图解法确定产品保本点时,保本点是保本图中(　　)。

A. 变动成本线与销售收入线的交点

B. 固定成本线与销售收入线的交点

C. 总成本线与销售收入线的交点

D. 变动成本线与总成本线的交点

9. 在安全边际范围内,每增加一个单位的销售量,就可以增加(　　)的利润额。

A. 一个单位销售价格　　　B. 一个单位变动成本

C. 一个单位成本　　　　　D. 一个单位边际贡献

10. 保本点作业率指标数值(　　)。

A. 越大经营越安全　　　　B. 越大盈利额越多

C. 越小经营越危险　　　　D. 越小经营越安全

三、多项选择题

1. 提高企业经营安全性的途径包括（　　）。
   - A. 扩大销售量
   - B. 降低固定成本
   - C. 降低销售单价
   - D. 降低单位变动成本

2. 根据企业经营安全性检验标准，在以下不相关的情况中，能够断定企业的经营安全程度为"很安全"的有（　　）。
   - A. 保本作业率小于60%
   - B. 保本作业率等于安全边际率
   - C. 保本作业率小于安全边际率
   - D. 安全边际率大于40%

3. 将会使保本点上升的业务有（　　）。
   - A. 提高单价
   - B. 扩大销售
   - C. 增加固定成本
   - D. 增加单位变动成本

4. 加权平均边际贡献率＝（　　）。
   - A. $\sum$（各产品边际贡献率×该产品的销售收入）
   - B. $\sum$（各产品边际贡献率×该产品的销售比重）
   - C. 各产品边际贡献之和÷各产品销售收入之和
   - D. 各产品销售收入之和÷各产品边际贡献之和

5. 企业税后利润＝（　　）。
   - A. 安全边际量×边际贡献率×（1－所得税税率）
   - B. 安全边际量×单位边际贡献×（1－所得税税率）
   - C. 实际销售量×边际贡献率×（1－所得税税率）
   - D. 安全边际额×边际贡献率×（1－所得税税率）

6. 在进行本量利分析时，假定其他因素不变，仅提高销售单价，将会导致的结果有（　　）。
   - A. 保利点下降
   - B. 保本点上升
   - C. 单位边际贡献增加
   - D. 边际贡献率提高

7. 在生产单一品种的条件下，对保本点、保利点和实现目标税后利润都有影响的因素包括(　　)。

  A. 固定成本   B. 单位变动成本

  C. 销售单价   D. 销售量

 8. 下列各因素中,单独变化对保本点的影响有(　　)。

  A. 销售单价降低保本点上升

  B. 销售量上升保本点不变

  C. 单位变动成本降低保本点上升

  D. 固定成本下降保本点下降

 9. 下列各项中,可以作为判定企业处于保本状态的条件有(　　)。

  A. 销售额等于零   B. 边际贡献等于固定成本

  C. 保本作业率等于零   D. 安全边际等于零

 10. 下列各项的变动能使综合保本点和综合保利点同时下降的有(　　)。

  A. 边际贡献率较低的产品所占销售比重上升

  B. 边际贡献率较高的产品所占销售比重上升

  C. 边际贡献率较低的产品所占销售比重下降

  D. 边际贡献率较高的产品所占销售比重下降

四、计算题

 1. 资料:表 4-6 是四个公司在 2012 年的产销资料,假定每个公司只产销一种产品,且均产销平衡。

表 4-6
资 料 表

公司	销售数量	销售收入总额	变动成本总额	固定成本总额	单位边际贡献	利润(或亏损)
甲	10 000 件	100 000 元	60 000 元	25 000 元	元	元
乙	5 000 台	200 000 元	160 000 元	元	元	(10 000)元
丙	套	250 000 元	元	50 000 元	15 元	25 000 元
丁	8 000 件	元	96 000 元	元	8 元	24 000 元

要求：

(1) 根据本量利分析的基本数学模型,计算并填列表 4-6 空白栏的数额,写出计算过程。

(2) 根据本量利分析的基本概念及其计算公式,分别计算丙和丁两个公司的单位变动成本、边际贡献率、变动成本率,并验证边际贡献率与变动成本率的互补关系。

2. 资料:利民公司产销 A 产品,单位售价 20 元,全年预计销售 12 000 件。A 产品单位变动生产成本 8.60 元,单位变动销售及管理费用 3.40 元,全年固定制造费用 64 000 元,全年固定销售及管理费用 16 000 元。

要求：

(1) 计算 A 产品的保本点业务量。

(2) 绘制保本图,并验证要求(1)的计算结果。

3. 资料:某公司产销甲产品,其各项变动成本占销售收入的百分率的数据如下:变动生产成本占 30%,变动销售费用占 10%,变动管理费用占 20%;该公司全年的固定成本总额为 128 000 元,甲产品的销售单价为 80 元。

要求：

(1) 计算确定该公司的保本点业务量。

(2) 若该公司全年销售量 10 000 件,则实现利润多少元?

4. 资料:宏兴公司生产并销售甲、乙、丙、丁四种产品,有关资料如表 4-7 所示。

表 4-7   **产品有关资料表**

摘　　要	甲产品	乙产品	丙产品	丁产品
销售量	80 件	100 台	50 台	60 台
销售单价	800 元	2 000 元	1 200 元	2 400 元
单位变动成本	560 元	1 600 元	720 元	1 680 元
固定成本总额	94 800 元			

要求：

(1) 用加权平均边际贡献率法计算综合保本点。

(2) 按销售比重确定各产品的保本点。

5. 资料：某公司生产皮箱，计划年度有关资料如表 4-8 所示。

表 4-8　　　　　计划年度有关资料表

项　　目	Ⅰ型皮箱	Ⅱ型皮箱	Ⅲ型皮箱
预计销售量（万只）	2	1	1.5
销售单价（元）	100	150	180
单位变动成本（元）	60	120	126
工时（小时）	30 000	25 000	45 000
固定成本总额（万元）	50		

要求：

(1) 用加权平均边际贡献率法计算综合保本点。

(2) 若固定成本总额可以按工时合理分配，采用分别计算法计算各产品的保本点和综合保本点。

(3) 假定过去 3 年的售价和成本水平均不变，三种产品的实际销售量分别为：Ⅰ型皮箱 1 万只、1.5 万只、1.8 万只；Ⅱ型皮箱 2 万只、1.5 万只、1.2 万只；Ⅲ型皮箱 1.2 万只、2 万只、1.5 万只。用历史资料法计算并确定综合保本点。

6. 资料：同计算题 2。

要求：

(1) 计算安全边际量、安全边际额。

(2) 计算并验证安全边际率与保本点作业率的关系。

(3) 计算全年利润。

7. 资料：同计算题 3。

要求：

(1) 若该公司欲实现税前目标利润 352 000 元，则保利销售量和保利销售额各为多少？

(2) 若该公司欲实现目标税后利润 335 820 万元,所得税税率25%,则其保利销售量和保利销售额各为多少?

8. 资料:同计算题 4。

要求:宏兴公司欲实现目标利润 402 000 元,试计算综合保利销售额。

9. 资料:康达公司产销的 B 产品,每件售价 32 元。2012 年的收益表如表 4-9 所示。

表 4-9

康达公司收益表

2012 年　　　　　　　　　　　　　　　　单位:元

销售收入	22 400
减:变动成本	14 000
边际贡献	8 400
减:固定成本	10 800
税前利润	(2 400)

要求:

(1) 计算 2013 年扭转亏损必需增加的产销量。

(2) 如果 2013 年期望在固定成本增加 2 000 元情况下,实现目标利润 10 000 元,那么 2013 年 B 产品至少应售出多少件?

10. 资料:中华公司产销甲产品,销售单价 9.50 元,单位变动成本 4 元,固定成本与销量之间的关系如下:

销量(件)	固定成本总额(元)
0～ 20 000	160 000
20 001～ 65 000	190 000
65 001～ 90 000	200 000
90 001～160 000	250 000

要求:通过计算回答以下提问:

(1) 如果计划年度预计正常销售 50 000 件,为了保证获利105 000 元,需要按 5.00 元售价扩大销售多少件?

（2）如果计划年度期望降价后销售 70 000 件，在成本耗用水平不变的情况下，为实现 80 000 元利润，价格应降低多少元？

（3）如果计划年度期望降价 2.00 元后，售出 95 000 件，在固定成本不变的情况下，实现 130 000 元利润，单位变动成本应下降多少元？

（4）如果计划年度期望降价 2.50 元后，出售 130 000 件，在单位变动成本无法下降的情况下，实现 160 000 元利润，固定成本应下降多少元？

11. 资料：康益公司只产销一种产品，2011 年、2012 年两年的销售单价和成本耗用水平不变，其 2011 年、2012 年两年的利润表（简式）如表 4-10 所示。

表 4-10 **利　润　表(简式)**

项　　目	2011 年	2012 年
销售收入(元)	100 000	120 000
减：成本费用(元)	90 000	94 000
营业利润(元)	10 000	26 000

要求：

（1）计算该公司的保本销售额和 2012 年的安全边际额及保本点作业率。

（2）该公司目标利润为 30 000 元，计算保利销售额应为多少。

（3）该公司 2013 年单位变动成本降低 20%，其他因素不变，计算保本点、保利点将分别下降多少。

（4）该公司 2013 年产品销售单价上升 10%，其他因素不变，计算保本点、保利点分别下降多少。

（5）该公司在增加投入 20 000 元广告费后，据市场预测，产品能比2012年扩销 20%，在其他因素不变的情况下，计算其保本点和保利点分别变动多少，以及 2013 年的营业利润将实现多少。

第五章 预 测 分 析

第一节 预测分析概述

预测是根据反映客观现象的信息资料,利用各种科学的方法和技术来预计和推断事物发展的可能性和必然性的行为,即根据过去和现在预计未来,对不确定的或不甚了解的事物作出叙述。

预测分析的应用范围极为广泛,已形成一门综合性的学科。随着经济体制改革不断深化,企业面临的竞争越来越激烈。为了求生存、谋发展,就需对市场的瞬息变化和经济形势的发展趋势进行深入的调查研究,在取得大量信息资料的基础上,作出科学的预测分析,为企业领导的决策提供真实有效的素材。

一、预测分析的基本步骤

预测分析是一项既复杂又细致的工作,一般可按以下步骤进行。

（一）确定预测目标

预测目标是根据企业经营的总体目标来设计和确定的,确定预测目标是做好预测分析的前提,是制定预测分析计划、确定信息资料来源、选择预测方法及组织预测人员的依据。

（二）收集和整理资料

预测目标确定后,应着手搜集有关经济的、市场的、技术的等方面资料。这些资料有过去的纵向资料,有现在的横向资料;有市场信息、同行业的竞争情况,有国内外经济发展趋势等。在占有大量资料的基础上,还要对这些资料进行整理、归纳、鉴别,去伪存真,去粗存精。尽量从中发现与预测目标有关的各因素之间的规律性和相互依存关系。

（三）选择预测方法

每种预测方法都有特定的用途,对于不同预测对象、内容和所掌握的资料,应采用不同的预测方法。如果选择的预测方法不适当,就不能达到预测的目的。如对于那些资料齐全、可以建立数学模型的预测对象,应在定量预测方法中寻找适当的方法。而对于资料缺乏的预测对象,应当根据经验去选择适当的定性预测方法。

（四）分析判断、检查验证

根据已建立的预测模型或预测中所掌握的未来信息,进行分析判断,充分揭示事物的变化趋势及发展结果。计算预测中产生的误差,检验预测结论与当前实际是否符合,并分析差异产生的原因,用以验证选用的预测方法是否适当有效,以便在预测过程中及时加以改正。

（五）修正预测值

由于数学模型不可能把非计量因素考虑进去,所以需要结合定性分析的结论对其预测值进行修正或补充说明,以提高预测的精度。

（六）报告预测结论

将修正后的预测结论通过报告形式上报给企业有关领导,作为决策的第一手资料。

二、预测分析的方法

预测的方法种类很多,大致可分为两大类,即定量分析法和定性分析法。

（一）定性分析法

定性分析法,又称非数量分析法,它是一种直观性的预测方法。主要依靠人们的主观分析判断来确定事物的未来状况和发展趋势。预测人员一般是有经验的管理人员、销售人员、财务人员和工程技术人员。他们按照过去积累的经验进行分析与判断,各自分别提出初步的预测意见,然后进行综合、补充和修正,得出最终预测结论。

在缺乏完整的历史资料或有关变量之间不存在较为明显的数量关系等情况下,适合采用此种方法。

（二）定量分析法

定量分析法,又称数量分析法,它是根据较为齐备的历史资料,采用统计推断的方法或建立数学模型,对所取得的数量资料进行科学的加工处理,以充分揭示各有关因素之间的规律性联系,作为对未来事物发展趋势预测的依据的方法。定量分析按照具体做法的不同,大致可以分为以下两种类型。

1. 趋势外推法

此方法又称时间序列法,它将某指标过去的变化趋势作为预测的依据,而把未来作为历史的自然延续的一种方法。属于这类方法的有:算术平均法,移动平均法,趋势平均法,平滑指数法和修正的时间序列回归分析法等等。

2. 因果预测法

此方法是根据预测对象与其他相关指标之间相互依存、相互制约的、有规律性的联系,来建立相应的因果数学模型所进行的预测分析方法。属于这类方法的有:回归分析法,指标建立法,投入产出法,经济计量法等等。

在实践中,定量分析法与定性分析法并不是相互排斥的方法,常常根据需要结合起来应用,才能达到预期的目的。

第二节　销　售　预　测

销售预测是以所搜集到的历史资料和能够获得的各种信息为

基础,运用科学的预测方法和管理人员的实际经验,预计市场对本企业产品在未来时期需求趋势的预测。在市场经济的"以需定销"、"以销定产"的条件下,企业销售预测处于先导地位,它对于指导利润预测、成本预测和资金预测,安排经营计划,组织生产和进行长、短期决策都起着重要作用。这是由于销售是企业经营管理的关键,企业汇集在产品的生产、质量、管理和经营上的各种努力,只有在产品销售后才能得以回报,所以离开了可靠的销售预测,企业所作的各种预测和决策就没有多大意义了。随着我国经济体制改革的不断深化,多种形式的经济实体并存和竞争使企业的销售预测显得更重要,也更复杂了。只有认真研究各种销售预测的方法,根据实际情况灵活运用,才能使销售预测的结果真实可靠,发挥应有的作用。

常用的销售预测的方法很多,现介绍其中的几种。

一、判断分析法

判断分析法是指根据熟悉市场变化情况的人员对产品未来的销售量作出判断的一种方法。参加判断的人员可以是本企业熟悉销售业务,对市场将来发展变化趋势较为敏感的领导人、销售人员、管理人员,也可以是企业外的专家。判断分析法具体又可分为以下三种。

1. 主观判断法

主观判断法又称意见汇集法,企业的每一个销售人员对他负责的产品的市场现状和发展前景、企业在市场竞争中所处的地位都很清楚,根据他们的经验,结合市场调查的情况,可以较快地作出判断。这种方法费时短、耗费小,具有较强的实用价值。在瞬息万变的市场中,运用这种方法也能很快对预测结果进行修正。

但就某一个销售人员来说,对问题理解的广度和深度往往受到一定的限制,而且他们对形势的估计可能过于乐观或悲观,从而干扰预测结论的准确性。因此，企业往往采用组织多人对同一产品或市场进行预测判断的方式，再将这些数据进行平均处理，以消除人为的偏差。

2. 特尔菲法

特尔菲法又称专家调查法，它主要是采用通讯的方式，通过向各有关专家发出预测问题调查表的方式来搜集专家们的意见，然后由企业有关部门把各专家意见综合、整理和归纳，作出预测判断的方法。

采用这一方法，在征询意见时，各专家之间应尽量做到互不通气，以使各位专家能真正根据自己的经验、观点和方法进行预测，避免受到特别权威专家的左右。有些复杂的问题涉及面较广，而每个专家所占有的资料总是有限的，如果由各位专家单独预测，则难免带有一些片面性，这就需要进行重复征询。同时，在每次重复征询过程中，都应注意把上次征询意见的结果进行加工整理后反馈给每位专家。特别要注意不应忽略少数人的意见，以使各专家在重复预测时能作出较全面的分析和判断。

3. 专家小组法

它是由企业组织各有关方面的专家组成小组，运用专家们的集体智慧进行判断的方法。小组中的专家们可以广泛讨论、相互启发，以弥补个人意见的不足，可以全面深入地分析研究问题。但是，这种方法的预测结果容易受少数特别权威人士意见的左右。有的碍于情面，难于畅所欲言；有的受别人观点的影响，放弃了自己有独到之处的观点。所以，采用这一方法，要求每一位专家要从企业的整体利益出发，充分表达自己的观点，不必受不同意见的约束和影响。

二、趋势外推法

趋势外推法在销售预测中的应用较为普遍，它是根据销售的历史资料,用一定的计算方法来推测未来的销售变动趋势的方法,其具体形式包括平均法和修正的时间序列回归法等。

1. 算术平均法

算术平均法是根据过去若干时期销售量(额)的算术平均数,作为未来的销售预测数的预测法,其计算公式如下:

$$预测销售量(额)=\frac{各期销售量(额)之和}{期数}$$

【例 5-1】 某企业 2013 年上半年实际销售额情况如表 5-1 所示。

表 5-1 　　　　　　　　　　**销售额情况表**

月　　份	1	2	3	4	5	6
销售额(万元)	1 030	1 200	1 100	1 210	1 240	1 300

要求按算术平均法预测 2013 年 7 月份的销售额。

$$\begin{aligned}7 月份预测\\销售额\end{aligned}=\frac{1\,030+1\,200+1\,100+1\,210+1\,240+1\,300}{6}$$

$$=1\,180(万元)$$

这种方法的优点是计算简单,缺点是没有考虑时间序列的变化趋势,且将各月份间的差异平均化,因而可能会使预测结果产生较大的误差,所以这种方法只适用于各期销售量基本稳定的产品的预测,如不存在季节性变动的食品和日常用品的预测。

2. 简单移动平均法

简单移动平均法是根据过去若干时期的实际资料,求其平均数的方法,但每次只用最近若干期的资料。所谓"移动",是指预测值随着时间的不断推移,计算的平均值也在不断向后顺延。

【例 5-2】 仍以[例 5-1]的资料,用简单移动平均法(移动期为 3),预测 4～7 月份的销售额。

$$4\text{ 月份的预测销售额}=\frac{1\,030+1\,200+1\,100}{3}=1\,110\text{(万元)}$$

$$5\text{ 月份的预测销售额}=\frac{1\,200+1\,100+1\,210}{3}=1\,170\text{(万元)}$$

$$6\text{ 月份的预测销售额}=\frac{1\,100+1\,210+1\,240}{3}=1\,183\text{(万元)}$$

$$7\text{ 月份的预测销售额}=\frac{1\,210+1\,240+1\,300}{3}=1\,250\text{(万元)}$$

3. 加权移动平均法

在简单移动平均法基础上,还可按照各期与销售预测期的远近加上不同的权数,求出加权移动平均数。具体地说,就是根据距离预测期的远近,按近大远小的原则确定各期权数,以加强近期数据在预测中的影响程度。在计算过程中通常采用自然数作为权数。

【例 5-3】 仍以[例 5-1]的资料,用加权移动平均法预测 4~7 月份的销售额。

$$4\text{ 月份的预测销售额}=\frac{1\,030\times1+1\,200\times2+1\,100\times3}{1+2+3}=1\,121.67\text{(万元)}$$

$$5\text{ 月份的预测销售额}=\frac{1\,200\times1+1\,100\times2+1\,210\times3}{1+2+3}=1\,171.67\text{(万元)}$$

$$6\text{ 月份的预测销售额}=\frac{1\,100\times1+1\,210\times2+1\,240\times3}{1+2+3}=1\,206.67\text{(万元)}$$

$$7\text{ 月份的预测销售额}=\frac{1\,210\times1+1\,240\times2+1\,300\times3}{1+2+3}=1\,265\text{(万元)}$$

加权移动平均法对越近预测期的资料越重视,相对前两种平均法,有较高的预测精度。

4. 趋势平均法

趋势平均法是指在按移动平均法计算移动平均值的基础上,进一步计算趋势值的移动平均值,然后利用某一特定的基期销售量移动平均值和趋势值来预测未来销售量(额)的一种方法。

【例 5-4】 某企业 2012 年各月实际销售量资料如表 5-2

所示。

表 5-2　　　　　　　　销售量资料表

月　份	1	2	3	4	5	6	7	8	9	10	11	12
实际销售量(吨)	100	120	130	160	190	230	260	300	280	290	300	320

要求根据以上资料测算 2013 年 1 月份销售量。

移动平均和趋势值移动平均计算如表 5-3 所示。

表 5-3　　　　　　　　计　算　表

月份	实际销售量(吨)	五期移动平均值	变动趋势值	三期趋势平均值
1	100			
2	120			
3	130	140		
4	160	166	26	
5	190	194	28	29.33
6	230	228	34	28.67
7	260	252	24	26.00
8	300	272	20	19.33
9	280	286	14	15.33
10	290	298	12	
11	300			
12	320			

根据表 5-3,可得到 2013 年 1 月份销售量为:

$$286＋15.33×4＝347.32(吨)$$

式中 286 是指 2012 年 9 月份计算的五期移动平均销售量,从 2012 年 9 月到 2013 年 1 月相距 4 个月,而 2012 年 8～10 月 3 个月平均增长 15.33 吨,所以根据上式可预测到 2013 年 1 月份的销售额可达到 347.32 吨。

趋势平均法的优点在于既考虑了销售量的移动平均,又考虑了趋势值的移动平均数,这样可以尽量消除一些偶然因素的影响。如果企业各期产品的生产量和销售量有逐渐增加的趋势,则适合使用这种方法。

5. 平滑指数法

平滑指数法是根据前期销售量的实际数和预测数,利用事先确定的平滑指数为权数,进行加权平均来预测下一期销售量(额)的一种方法,其计算公式如下:

$$\bar{Q}_t = \alpha Q_{t-1} + (1-\alpha)\bar{Q}_{t-1}$$

其中　$\bar{Q}_t$——预测销售量(额);

　　　Q_{t-1}——上期的实际销售量(额);

　　　$\bar{Q}_{t-1}$——上期的预测销售量(额);

　　　α——平滑指数。

平滑指数是一个经验数据,它具有修匀实际数所包含的偶然因素对预测值影响的作用。一般取值在 0.3~0.7 之间,由于平滑指数取值越大,则近期实际数对预测结果的影响就越大;平滑指数取值越小,则近期实际数对预测结果的影响就越小。所以,在进行近期预测或者销售量波动较大的预测时,平滑指数应取得适当大些;在进行长期预测或者销售量波动较小的预测时,平滑指数应取得适当小些。

【例 5-5】　仍以[例 5-1]的资料,假定 2013 年 1 月份的预测销售额为 1 050 万元,平滑指数 $\alpha = 0.4$,用平滑指数法预测2014年以后几个月份的销售额如表 5-4 所示。

平滑指数法实际上是一种分别以 α 和 $(1-\alpha)$ 为权数的特殊的加权平均法。采用这种方法可适当消除偶然因素引起的实际的波动,使预测更加精确,该方法适用面较广,但平滑指数的选择存在一定的随意性。

表 5-4 **销售额预测表**

月份	αQ_{t-1}	$(1-\alpha)\overline{Q}_{t-1}$	$\overline{Q}_t$
1			1 050
2	1 030×0.4＝412	1 050×0.6＝630.00	1 042
3	1 200×0.4＝480	1 042×0.6＝625.20	1 105.20
4	1 100×0.4＝440	1 105.2×0.6＝663.12	1 103.12
5	1 210×0.4＝484	1 103.12×0.6＝661.87	1 145.87
6	1 240×0.4＝496	1 145.87×0.6＝687.52	1 183.52
7	1 300×0.4＝520	1 183.52×0.6＝710.11	1 230.11

6. 修正的时间序列回归法

销售量(额)Q 与时间 t 之间的依存关系可用一元回归直线表达：

$$Q = a + bt$$

由于时间变量 t 是一个等差时间序列,因此可利用这一特点对时间值进行修正,简化回归系数的计算公式。

按照回归直线分析法,回归系数 a、b 的计算公式如下：

$$b = \frac{n\sum tQ - \sum t \cdot \sum Q}{n\sum t^2 - (\sum t)^2}$$

$$a = \frac{\sum Q}{n} - b\frac{\sum t}{n} = \overline{Q} - b\overline{t}$$

如果按照时间序列的特点对 t 值进行修正,使 $\sum t = 0$,则计算公式可以简化为：

$$b = \frac{\sum tQ}{\sum t^2} \qquad a = \frac{\sum Q}{n}$$

若 n 为奇数,则将预测期的中间数设为 0,以 1 为间隔期确定 t 值。若 n 为偶数,则取预测期的中间数分别为 -1 和 $+1$,以 2 为间隔期确定 t 值。这样就能使 $\sum t = 0$。

【例 5-6】　设某企业 2008 ～ 2012 年实际销售资料如表5-5 所示。

表 5-5　　　　　　　　　**实际销售量资料表**

年　份	2008	2009	2010	2011	2012
实际销售量(吨)	28	34	36	42	50

要求预测 2013 年的销售量。

根据资料，n 为奇数，先将有关数据计算如表 5-6 所示。

表 5-6　　　　　　　　　**有关数据计算表**

年　份	t	Q	t^2	tQ
2008	-2	28	4	-56
2009	-1	34	1	-34
2010	0	36	0	0
2011	1	42	1	42
2012	2	50	4	100
合　计	0	190	10	52

代入计算公式得到：

$$b=\frac{\sum tQ}{\sum t^2}=\frac{52}{10}=5.2$$

$$a=\frac{\sum Q}{n}=\frac{190}{5}=38$$

即有　　　　　　　　$Q=38+5.2t$

2013 年预测销售量为　　$Q=38+5.2\times3=53.6(吨)$

【例 5-7】　若[例 5-6]资料中增加 2013 年实际销售量为 56 吨，要求预测 2014 年和 2015 年的销售量。

根据资料，n 为偶数，同样将有关数据列表计算如表5-7

所示。

表 5-7 **有关数据计算表**

年 份	t	Q	t^2	tQ
2008	-5	28	25	-140
2009	-3	34	9	-102
2010	-1	36	1	-36
2011	1	42	1	42
2012	3	50	9	150
2013	5	56	25	280
合 计	0	246	70	194

代入计算公式得到：

$$b = \frac{\sum tQ}{\sum t^2} = \frac{194}{70} = 2.77$$

$$a = \frac{\sum Q}{n} = \frac{246}{6} = 41$$

即有 $\qquad Q = 41 + 2.77t$

2014 年的预测销售量为 $\qquad Q = 41 + 2.77 \times 7 = 60.39(吨)$

2015 年的预测销售量为 $\qquad Q = 41 + 2.77 \times 9 = 65.93(吨)$

三、因果预测法

因果预测法一般是根据历史资料，建立相应的因果关系的数学模型，用以描述预测对象的变量与相关联的变量之间的依存关系，然后通过数学模型的求解来确定预测对象在计划期的销售量（额）的方法。

1. 回归分析法

在现实经营活动中，回归分析法是因果预测分析中最常用的方法。例如轮胎与汽车，面料、辅料与服装，皮革与皮鞋，水泥与建筑之间存在着依存关系，而且都是前者的销售量取决于后者的销售量。所以可以利用后者现成的销售预测的信息，采用回归分析的方法来推测前者的预计销售量（额）。具体步骤如下：

（1）确定影响销售量（额）的主要因素 $x_i(i=1,2,\cdots,n)$，当 $i \geqslant 2$ 时，则需采用多元线性回归，自变量 x_i 越多，预测结果就越精确，但计算过程越复杂；x_i 越少，则预测误差越大。为了使计算过程简化，应做到尽量选择重要因素，而忽略不重要的非定量的、偶然的因素。

（2）根据有关资料确定销量 y 与自变量 x_i 之间的数量关系，建立因果预测模型。如只有一个自变量 x 的话，可以根据回归分析的原理建立直线方程 $y=a+bx$，其常数项 a 与系数 b 的值可按下面公式加以计算：

$$b=\frac{n\sum xy-(\sum x)(\sum y)}{n\sum x^2-(\sum x^2)}$$

$$a=\frac{\sum y}{n}-b\frac{\sum x}{n}$$

（3）根据未来有关自变量 x_i 变动情况，预测销售量。根据计划期预计销售量（额）x 代入 $y=a+bx$，即可求得预测对象 y 的预计销售量（额）。

【例 5-8】 假设某轮胎橡胶厂主要生产汽车轮胎，假设某地区各年份汽车实际销售量和轮胎实际销售量情况如表5-8所示。

表 5-8 　　　　　　　　　　　**销售量情况表**

年　　份	2007	2008	2009	2010	2011	2012
汽车销售量(万辆)	10	12	15	18	20	23
轮胎销售量(万只)	68	78	85	106	122	140

假定 2013 年汽车销售量的预测数为 28 万辆，该轮胎橡胶厂轮胎的市场占有率约为 30%，要求预测该厂 2013 年的轮胎销售量。

首先,设 y 为汽车轮胎的销售量,x 为汽车销售量。x 是影响汽车轮胎销售的主要因素。

其次,建立回归分析模型 $y=a+bx$,其中 a 表示原来社会上所有汽车对轮胎的每年需要量,b 表示汽车每销售 10 000 辆对轮胎的需要量。根据以上所给出的资料,将有关数据计算并列在表 5-9 中。

表 5-9　　　　　**计　算　表**

年　　份	x(万辆)	y(万只)	x^2	xy
2007	10	68	100	680
2008	12	78	144	936
2009	15	85	225	1 275
2010	18	106	324	1 908
2011	20	122	400	2 440
2012	23	140	529	3 220
合　　计	98	599	1 722	10 459

将计算结果代入计算公式得到:

$$b=\frac{n\sum x\cdot y-(\sum x)\cdot(\sum y)}{n\sum x^2-(\sum x)^2}=\frac{6\times10\ 459-98\times599}{6\times1\ 722-98^2}=5.57$$

$$a=\frac{\sum y}{n}-b\frac{\sum x}{n}=\frac{599}{6}-5.57\times\frac{98}{6}=8.85$$

最后,建立轮胎销售量与汽车销售量之间的关系:

$$y=8.85+5.57x$$

该地区 2013 年轮胎预计销售量为:

$$y=8.85+5.57\times28=164.81(万只)$$

该厂 2013 年轮胎预计销售量为:

$$y = 164.81 \times 30\% = 49.443(\text{万只})$$

2. 指标建立法

指标建立法所采用的预测模型,既可以是企业以前建立的,也可以借用其他企业所建立的经验模型。只要掌握模型中的各相关指标数据,代入模型中的计算公式即可得到预测值。

【例 5-9】 某企业需要预测生产自行车专用设备的销售量。

(1) 根据现有资料调查和分析,掌握自行车的增长趋势和它的专用设备需求之间的关系。

2012 年,我国共生产自行车 1 440 万辆,按自行车行业协会预测,今后几年内的年平均增长速度将达到 20%,则下年度要增产 288 万辆,从专用设备的加工能力得知,每生产 1 万辆自行车,需要 2.4 台专用设备。

$$\text{专用设备增加数} = \text{自行车增加数} \times \text{相关指标}$$

$$= 288 \times 2.4 = 691(\text{台})$$

(2) 从现有专用设备拥有量和设备更新情况,估算专用设备的更新数量。

假设,当时全国自行车厂拥有专用设备数量约为 4 500 台,该专用设备年更新率约为 8%,则年平均更新数为:

$$4\,500 \times 8\% = 360(\text{台})$$

该设备年需要量为: $691 + 360 = 1\,051(\text{台})$

(3) 按照以往的资料,以及企业发展趋势,该企业在今后一段时期内专用设备的市场占有率约为 30%,因此该企业专用设备的潜在需求量为:

$$1\,051 \times 30\% \approx 315(\text{台})$$

四、统计推断法

任何产品都要经历从试销开始,到打开销路,逐步扩销,一直到最后被淘汰的过程。这个过程通常称为产品的"寿命周期"。它一般可分为"试销"、"成长"、"成熟"、"饱和"、"衰退"五个阶段。处于不同阶段的销售水平是截然不同的。

统计推断法就是利用统计的方法,对市场进行抽样调查,结合研究产品的寿命周期,来推断企业产品的销售趋势的方法。

【例5-10】 假定某市拥有居民200万户,通过市场调查,得到资料如表5-10和表5-11所示。

表5-10 耐用消费品的市场阶段划分

寿命周期	试 销	成 长	成 熟	饱 和	衰 退
年数	1～5年	1～5年	1～3年	1～3年	1～3年
估计使用户数	5%以下	5%～50%	50%～75%	75%～90%	90%以上

表5-11

某市三种耐用消费品所处市场阶段及拥有户数统计表

产品名称	A	B	C
所处市场阶段	试销期(4年)	成长期(3年)	成熟期(2年)
拥有户数(万户)	3.6	41.2	124

另根据市场调查,计划期间本市兴业工厂生产的B产品在本市的市场占有率为40%,对外地区的供应量约为3万台。要求作出该市对三种耐用消费品平均每年需要量的预测和兴业厂在计划期间的销售预测。

某市三种耐用消费品平均每年需要量的预测计算如表5-12所示。

该市兴业厂计划期预计销售量为:

$$19.6 \times 40\% + 3 = 10.84(万台)$$

表 5-12 **预 测 计 算 表**

产品名称	单位	所处市场阶段	已拥有户数比重(%)	各阶段的潜在购买(以每户1辆或1台计)	平均每年需要量
A	辆	试销期(4 年)	1.8	200万户×(5%-1.8%)=6.4(万辆)	$\frac{6.4}{4}=1.6$(万辆)
B	台	成长期(3 年)	20.6	200万户×(50%-20.6%)=58.8(万台)	$\frac{58.8}{3}=19.6$(万台)
C	台	成熟期(2 年)	62	200万户×(75%-62%)=26(万台)	$\frac{26}{2}=13$(万台)

第三节 利 润 预 测

一、利润的敏感性分析在利润预测中的应用

（一）利润的敏感性分析

利润是一项综合性的指标，它受到销售单价、销售量、成本等因素的影响，在现实的经济环境中，这些因素经常发生变动。但有些因素增长会导致利润增长，而又有些因素下降才会使利润增长。有些因素只要有很小的变动就会使利润变化很大，而又有些因素变动很大对利润引起的变化却很微小。我们把对利润影响大的因素称为利润灵敏度高因素，把对利润影响小的因素称为利润灵敏度低因素。利润敏感性分析就是研究当影响利润的有关因素发生变动时对利润产生影响的一种定量的分析方法。分析时，用利润的灵敏度指标来衡量各因素的敏感性高低，并揭示各因素与利润之间的相对数关系，以此进行利润预测。

（二）利润灵敏度指标的计算

为了简化分析，在进行利润敏感性分析时，假定利润只受到单价 p、单位变动成本 b、销售量 x 和固定成本总额 a 的影响。而且假定它们均为独立变动的因素，即其中一个因素变动不会引起其他因素的变动。

单价和销售量增加引起利润增加,被称为正指标。单位变动成本和固定成本总额增加引起利润减少,被称为逆指标。为了使分析的结论具有可比性,假定正指标的变动率为增长率,逆指标的变动率为降低率,并且假定任一因素都向有利方向(使利润增长)变动1%。我们将 p、b、x、a 的序号按照排列次序分别编为1、2、3、4,即有:

第 i 个因素的变动率　$K_i=(-1)^{1+i}\times 1\%$　($i=1,2,3,4$)

即　$K_1=+1\%$　$K_2=-1\%$　$K_3=+1\%$　$K_4=-1\%$

我们把假定各因素分别向有利方向单独变动1%后使利润增长的百分比称之为某因素的利润灵敏度指标,其计算公式如下:

$$S_i=\frac{M_i}{P}\times 1\%\qquad (i=1,2,3,4)$$

其中　S_i——第 i 个因素的利润灵敏度指标;

　　　P——基年的利润;

　　　M_i——第 i 个因素的中间变量。

M_i 是指同时满足以下两个条件的计算替代指标:

第一,某因素的中间变量的变动率必须等于该因素的变动率。

第二,某因素的中间变量的变动额必须等于利润的变动额。

例如,基年利润为:

$$P=(p-b)x-a \qquad\qquad (1)$$

当下一年度销售单价增加 1%,假设利润增加额为 ΔP,则下一年度的利润为:

$$P+\Delta P=[p(1+1\%)-b]x-a \qquad (2)$$

公式(2)-公式(1)得到　$\Delta P=px\times 1\%$

两边同除 P,即有

$$S_1=\frac{\Delta P}{P}=\frac{px}{P}\times 1\%$$

所以有 $M_1 = px$，同样可得到：

$$M_2 = bx, \quad M_3 = Tcm, \quad M_4 = a$$

【例 5-11】 某企业只产销一种产品，销售单价为 75 元/件，单位变动成本为 45 元/件，固定成本总额为 20 000 元，基年销售量为 1 000 件。要求计算各因素的利润灵敏度指标，并进行分析。

基年利润 $P = (75 - 45) \times 1\,000 - 20\,000 = 10\,000$（元）

各因素的中间变量和灵敏度指标计算如下：

$$M_1 = px = 75 \times 1\,000 = 75\,000\text{（元）}$$

$$M_2 = bx = 45 \times 1\,000 = 45\,000\text{（元）}$$

$$M_3 = Tcm = (75 - 45) \times 1\,000 = 30\,000\text{（元）}$$

$$M_4 = a = 20\,000\text{（元）}$$

单价的利润灵敏度指标：

$$S_1 = \frac{75\,000}{10\,000} \times 1\% = 7.5\%$$

单位变动成本的利润灵敏度指标：

$$S_2 = \frac{45\,000}{10\,000} \times 1\% = 4.5\%$$

销售量的利润灵敏度指标：

$$S_3 = \frac{30\,000}{10\,000} \times 1\% = 3\%$$

固定成本的利润灵敏度指标：

$$S_4 = \frac{20\,000}{10\,000} \times 1\% = 2\%$$

由于单价的利润灵敏度指标为 $S_1 = 7.5\%$，说明当单价增加 1%，利润将增加 7.5%，单价降低 1%，利润将降低 7.5%。

由于单位变动成本的灵敏度指标为 $S_2=4.5\%$，说明当单位变动成本降低 1%，利润将增加 4.5%，单位变动成本增加 1%，利润将降低 4.5%。

同样可对销售量、固定成本的利润灵敏度指标作出分析。

由于 $px=bx+Tcm$，两边同乘 1%、同除 P，即可得到

$$\frac{px}{P}\times1\% = \frac{bx}{P}\times1\% + \frac{Tcm}{P}\times1\%$$

即有 $\qquad\qquad S_1=S_2+S_3$

又由于 $Tcm=a+P$，两边同乘 1%、同除 P，又可得到

$$\frac{Tcm}{P}\times1\% = \frac{a}{P}\times1\% + 1\%$$

即有 $\qquad\qquad S_3=S_4+1\%$

$$S_1=S_2+S_4+1\%$$

所以当企业在正常盈利的条件下，根据以上分析，各因素的利润灵敏度指标有如下规律：

（1）单价的利润灵敏度指标等于单位变动成本的利润灵敏度指标与销售量的利润灵敏度指标之和，即 $S_1=S_2+S_3$。

（2）销售量的利润灵敏度指标等于固定成本的利润灵敏度指标加上 1%，即 $S_3=S_4+1\%$。

（3）单价的利润灵敏度指标总是最大。

（4）销售量的利润灵敏度指标不可能最低。

（三）利润灵敏度指标的应用

1. 某一因素单独变动

当影响利润的四个因素中任一因素以任意幅度和任意方向单独变动时，对利润的影响可用以下公式计算：

$$K_0=(-1)^{1+i}\times100\times K_i\times S_i \quad (i=1,2,3,4) \qquad (3)$$

其中 K_0——利润变动率;

K_i——第 i 个因素的变动率;

S_i——第 i 个因素的利润灵敏度指标。

【例 5-12】 各因素的利润灵敏度指标如[例 5-11]所计算,假定该企业的单价、单位变动成本分别上升了 3%;销售量、固定成本分别下降了 5%,要求计算各个因素单独变动后对利润带来的影响。

单价上升 3%,即 $K_1 = +3\%$,又 $S_1 = 7.5\%$。

$$K_0 = (-1)^{1+1} \times 100 \times 3\% \times 7.5\% = +22.5\%$$

单位变动成本上升 3%,即 $K_2 = +3\%$,又 $S_2 = 4.5\%$。

$$K_0 = (-1)^{1+2} \times 100 \times 3\% \times 4.5\% = -13.5\%$$

销售量下降 5%,即 $K_3 = -5\%$,又 $S_3 = 3\%$。

$$K_0 = (-1)^{1+3} \times 100 \times (-5\%) \times 3\% = -15\%$$

固定成本下降 5%,即 $K_4 = -5\%$,又 $S_4 = 2\%$。

$$K_0 = (-1)^{1+4} \times 100 \times (-5\%) \times 2\% = +10\%$$

所以当单价、单位变动成本分别上升 3%,利润将分别上升 22.5% 和下降 13.5%。当销售量、固定成本分别下降 5%,利润将分别下降 15% 和上升 10%。

2. 多因素同时变动

当多个因素以任意幅度同时变动时,对利润的综合影响程度可用以下公式计算:

$$K_0 = 100 \times [(K_1 + K_3 + K_1 \times K_3)S_1 - (K_2 + K_3 + K_2 \times K_3)S_2 - K_4 \times S_4]$$

【例 5-13】 各因素的利润灵敏度指标如[例 5-11]所计算,各因素变动率如[例 5-12]所示,要求计算四个因素共同变动后利润的变动率。

由于　　　$S_1 = 7.5\%$　$S_2 = 4.5\%$　$S_4 = 2\%$

　　　　　　$K_1 = +3\%$　$K_2 = +3\%$　$K_3 = -5\%$　$K_4 = -5\%$

代入以上计算公式得：

$$K_0 = 100 \times [(3\% - 5\% - 3\% \times 5\%) \times 7.5\% - (3\% - 5\% - 3\% \times 5\%)$$

$$\times 4.5\% - (-5\%) \times 2\%] = 3.55\%$$

四个因素共同变动后利润将增长 3.55%。

　　3. 为实现目标利润增长可采取的措施

　　如果已知目标利润比基期利润增长百分比为 K_0，则为实现目标利润的增长率而应采取的单项措施可用以下公式计算。

$$K_i = (-1)^{1+i} \times \frac{K_0}{S_i} \times 1\% \quad (i = 1, 2, 3, 4) \tag{4}$$

公式(4)实际上是公式(3)的变形。

　　【例 5-14】　各因素的利润灵敏度指标如例[5-11]所计算，假设计划期的目标利润比基期利润增长 30%。要求计算为实现该目标利润变动率应采取的单项措施。

　　已知　$K_0 = 30\%$　$S_1 = 7.5\%$　$S_2 = 4.5\%$　$S_3 = 3\%$　$S_4 = 2\%$

　　单价的变动率 $K_1 = (-1)^{1+1} \times \dfrac{30\%}{7.5\%} \times 1\% = 4\%$

　　单位变动成本的变动率 $K_2 = (-1)^{1+2} \times \dfrac{30\%}{4.5\%} \times 1\% = -6.67\%$

　　销售量的变动率 $K_3 = (-1)^{1+3} \times \dfrac{30\%}{3\%} \times 1\% = 10\%$

　　固定成本的变动率 $K_4 = (-1)^{1+4} \times \dfrac{30\%}{2\%} \times 1\% = -15\%$

企业只要采取单价增长 4%、单位变动成本下降 6.67%、销售量增长 10%、固定成本下降 15%，其中任何一个单项措施，都能完成利润增长任务。

　　如果将 $K_0 = -100\%$ 代入公式(4)，即可计算出企业保本时的各项因素的变动率的极限,这对于衡量企业的经营风险,评价企业的经营业绩十分重要。

【例 5-15】 仍按[例 5-11]的资料,可计算得到

单价的变动率的极限 $=(-1)^{1+1} \times \dfrac{-100\%}{7.5\%} \times 1\% = -13.33\%$

单位变动成本变动率的极限 $=(-1)^{1+2} \times \dfrac{-100\%}{4.5\%} \times 1\% = 22.22\%$

销售量变动率的极限 $=(-1)^{1+3} \times \dfrac{-100\%}{3\%} \times 1\% = -33.33\%$

固定成本变动率的极限 $=(-1)^{1+4} \times \dfrac{-100\%}{2\%} \times 1\% = 50\%$

计算结果表明,当各因素单独变动时,只要单价的降低率不超过 13.33%,单位变动成本的增加率不超过 22.22%,销售量的降低率不超过 33.33%,固定成本的增加率不超过 50%,企业不至于亏本。

二、经营杠杆系数在利润预测中的应用

在单价、单位变动成本和固定成本不变的情况下,销售量的变动率一定会小于利润的变动率,这种现象称之为经营杠杆效应。产生这种效应的原因是:当产销量上升时,单位固定成本下降,导致利润的增加率大于产销量的增加率;反之,当产销量下降时,单位固定成本上升,导致利润的降低率大于产销量的降低率。

经营杠杆系数(DOL)是指在一定产销量基础上,利润的变动率是产销量变动率的倍数,即

$$DOL = \frac{K_0}{K_3} = \frac{P_1 - P_0}{P_0} \div \frac{x_1 - x_0}{x_0}$$

式中　　P_0——基期利润;

　　　　P_1——报告期(计划期)利润;

　　　　x_0——基期销售量;

　　　　x_1——报告期(计划期)销售量。

【例 5-16】 假设某企业 3 年有关资料如表 5-13 所示。

表 5-13   **有 关 资 料 表**

年 份	2010	2011	2012
销售量(件)	200	280	420
销售单价(元)	80	80	80
单位变动成本(元)	50	50	50
单位边际贡献(元)	30	30	30
固定成本总额(元)	4 000	4 000	4 000
税前净利(元)	2 000	4 400	8 600

要求计算 2011 年、2012 年的经营杠杆系数。

$$2011 \text{ 年的 } DOL = \frac{K_0}{K_3} = \frac{4\,400 - 2\,000}{2\,000} \div \frac{280 - 200}{200} = 3$$

$$2012 \text{ 年的 } DOL = \frac{K_0}{K_3} = \frac{8\,600 - 4\,400}{4\,400} \div \frac{420 - 280}{280} = 1.91$$

根据以上公式计算经营杠杆系数,必须掌握利润和销售量前后两个时期的资料,这不便于利用经营杠杆系数进行预测。为了只要掌握基期资料就能确定经营杠杆系数,其计算公式可简化如下:

$$DOL = \frac{\dfrac{P_1 - P_0}{P_0}}{\dfrac{x_1 - x_0}{x_0}} = \frac{\dfrac{[(p-b)x_1 - a] - [(p-b)x_0 - a]}{[(p-b)x_0 - a]}}{\dfrac{x_1 - x_0}{x_0}}$$

$$= \frac{\dfrac{(p-b)(x_1 - x_0)}{(p-b)x_0 - a}}{\dfrac{x_1 - x_0}{x_0}}$$

$$= \frac{(p-b)x_0}{(p-b)x_0 - a} = \frac{Tcm_0}{P_0}$$

从以上式子可以看到,在盈利条件下,分子大于分母,所以 DOL 总大于 1。

上例中的经营杠杆系数可以用以上简化公式计算得到：

$$2011 \text{ 年的 } DOL = \frac{6\,000}{2\,000} = 3$$

$$2012 \text{ 年的 } DOL = \frac{8\,400}{4\,400} = 1.91$$

此外，还可预测　2013 年的经营杠杆系数$(DOL) = \frac{12\,600}{8\,600} = 1.47$

若已知销售变动率和经营杠杆系数，可求得利润变动率，即

$$K_0 = K_3 \times DOL$$

所以计划期利润预测值可按以下公式得到：

$$P_1 = P_0(1 + K_0) = P_0 \cdot (1 + K_3 \cdot DOL)$$

第四节　成　本　预　测

成本是衡量一个企业经营状况的重要指标，是会计管理的主要对象之一。成本预测就是根据企业目前经营状况和发展目标，利用专门的方法对企业未来成本水平和变动趋势进行的推测。通过成本预测，有助于提高预见性，减少盲目性，有利于成本控制，提高经济效益，同时也为进行科学决策提供有效依据。

一、目标成本预测

目标成本是指在确保实现目标利润的前提下，企业在成本方面应达到的目标。进行目标成本预测是为了控制企业生产经营过程中的物质消耗和活劳动消耗，降低产品成本，保证目标利润的实现。目标成本的预测一般可采用以下两种方法。

第一，以某一先进的成本水平作为目标成本，它可以是本企业历史最好水平或国内外同类产品中的先进成本水平，也可以是标准成本或定额成本。

第二,根据事先制定的目标利润和销售预测的结果,充分考虑价格因素,按照预计的销售收入扣除目标利润就得到目标成本,即

$$目标成本=预计单价×预计销售量-目标利润$$

$$=预计销售收入-目标利润$$

目标成本可以作为衡量产品成本、费用支出的标准,以便在生产过程中及时监督和分析脱离目标成本的偏差。所以目标成本的确定既要考虑到先进性,又要注意到可行性。这样,才有利于调动各方面的积极性,从而保证目标的实现。

二、历史成本预测法

成本预测中的历史资料预测法是在掌握有关历史资料的基础上,建立总成本模型 $y=a+bx$,利用销售量的预测值 x,预测出未来总成本和单位成本水平的预测方法。模型中的 a 表示固定成本总额, b 表示单位变动成本,它们确定的常用方法主要有高低点法、直线回归分析法等。这些方法前面已经作过介绍,这里不再重复。

三、因素变动预测法

因素变动预测法是通过对影响成本的各项因素的具体分析,预测计划期成本水平的方法。

【例 5-17】 假定某企业从会计资料中查得,A 产品 2012 年 1~9 月份实际产量为 1 000 件,实际总成本为 42 000 元,预计 10~12 月份产量为 500 件,总成本为 20 505 元,则 A 产品 2012 年预计平均单位成本如下:

$$\frac{42\,000+20\,505}{1\,000+500}=41.67(元)$$

假定 A 产品 2012 年度预计平均单位产品成本和总成本的分项资料如表 5-14 所示。

表 5-14　　　　　　　　**分 项 资 料 表**

项　　目	单位成本(元)	总成本(元)
材料	24.8	37 200
燃料和动力	3.47	5 205
工资和福利费	4.8	7 200
制造费用	8.6	12 900
合　　计	41.67	62 505

假定材料、燃料和动力、工资和福利费为变动费用,制造费用全为固定费用,并假定 2013 年影响产品的主要因素及影响程度为:产量增加 25%;材料成本降低 1%,材料消耗降低 2%;燃料和动力消耗量降低 5%;制造费用增加 10%。要求用因素分析法预测 2013 年 A 产品的总成本和单位成本。

预测期材料费用 $= 37\,200 \times (1 + 25\%) = 46\,500$(元)

由于材料成本降低 1%,

$$\text{材料费用节约额} = 46\,500 \times (-1\%) = -465(\text{元})$$

由于材料消耗降低 2%,

$$\text{材料费用节约额} = 46\,500 \times (-2\%) = -930(\text{元})$$

预测期 A 产品材料费用 $= 46\,500 - 465 - 930 = 45\,105$(元)

$$\text{预测期燃料和动力费用} = 5\,205 \times (1 + 25\%) \times (1 - 5\%) = 6\,180.94(\text{元})$$

预测期工资和福利费用 $= 7\,200 \times (1 + 25\%) = 9\,000$(元)

预测期制造费用 $= 12\,900 \times (1 + 10\%) = 14\,190$(元)

所以

$$\text{预测期(2013 年)A 产品的总成本} = 45\,105 + 6\,180.94 + 9\,000 + 14\,190 = 74\,475.94(\text{元})$$

$$\text{预测期(2013 年)A 产品的单位成本} = \frac{74\,475.94}{1\,500 \times (1 + 25\%)} = 39.72(\text{元})$$

第五节　资　金　预　测

资金预测是企业生产经营预测中必不可少的组成部分。通过资金预测可以使企业保证资金供应,合理组织资金运用,不断提高资金利用的经济效果。

资金预测的前提是销售预测,这一节主要介绍在企业已经完成销售预测的基础上对资金需要量进行的预测。

资金需要量的预测方法很多,这里我们只介绍销售百分比法。所谓销售百分比法是指根据资产、负债各个项目与销售收入总额之间的依存关系,并假定这些关系在未来时期保持不变的情况下,根据计划期销售额的增长幅度来预测需要相应追加多少资金的一种方法。

销售百分比法一般可按下列三个步骤来进行预测:

首先,分析基期资产负债表上那些能随销售量变动而发生变动的项目,并分别将这些项目除以基期的销售额,将基期的资产负债表各项目用销售百分比的形式另行编表。

一般情况下,周转中的货币资金、正常的应收账款和存货等流动资产项目,一般都会由于销售收入的增长而相应地增长。而固定资产是否要增加,则需视基期的固定资产是否已被充分利用。如基期固定资产的利用已经达到饱和,增加销售额就需追加固定资产的投资,否则就不必追加。长期投资、无形资产以及长期负债和所有者收益等项目,一般不随销售额的增长而增长。应付账款、应交税金和其他应付款等流动负债项目则会因销售额的增长而增长。

其次,将资产以销售百分比表示的合计数减去负债以销售百分比表示的合计数,求出预测年度每增加 1 元的销售额需要追加资金的百分比。

最后,以预测年度的销售额乘以每增加 1 元销售额需追加资金的百分比,然后再扣除企业内部形成的资金来源(如未分配利润的增加额等),即可得出预测年度需追加资金的预测值。

【例 5-18】 某公司 2012 年度的实际销售额为 1 000 000 元,获得税后净利 40 000 元,并发放了普通股股利 20 000 元,假定该公司固定资产利用率已经饱和。该公司 2012 年年底的资产负债表(简表)如表 5-15 所示。

表 5-15

资 产 负 债 表(简表)

2012 年 12 月 31 日 单位:元

资 产		负债和所有者权益	
1. 货币资金	50 000	1. 应付账款	120 000
2. 应收账款	160 000	2. 应交税费	80 000
3. 存货	200 000	3. 长期借款	220 000
4. 固定资产(净值)	320 000	4. 实收资本	300 000
5. 无形资产	50 000	5. 未分配利润	60 000
合 计	780 000	合 计	780 000

若该公司在计划期间(2013 年)销售额增至 150 000 元,并仍按 2012 年股利发放率支付股利。要求预测计划期(2013 年)需要追加资金的数量。

首先,根据 2012 年年末资产负债表各项目与当年销售额的依存关系编制该年度用销售百分比形式反映的资产负债表(简表)如表 5-16 所示。

其次,计算预测年度每增加 1 元的销售收入需要追加资金的百分比,即

$$73\% - 20\% = 53\%$$

表 5-16

资 产 负 债 表(简表)
(用销售百分比形式表示)
2012 年 12 月 31 日

资　　产		负债和所有者权益	
1. 货币资金	5%	1. 应付账款	12%
2. 应收账款	16%	2. 应付税费	8%
3. 存货	20%	3. 长期借款	不适用
4. 固定资产(净额)	32%	4. 实收资本	不适用
5. 无形资产	不适用	5. 未分配利润	不适用
合　　计	73%	合　　计	20%

表明每增加 1 元销售收入,全部资产将增加 0.73 元,负债将增加 0.2 元,因此需要追加资金 0.53 元。

再次,计算企业内部形成的资金来源。

按计划期销售收入及基期销售利润率计算的净利润与预计发放股利之间的差额(预计未分配利润的增加额)为:

$$1\ 500\ 000 \times \frac{40\ 000}{1\ 000\ 000} \times \left(1 - \frac{20\ 000}{40\ 000}\right) = 30\ 000(元)$$

最后,计算 2013 年预计需追加资金的数额为

$$(1\ 500\ 000 - 1\ 000\ 000) \times 53\% - 30\ 000 = 235\ 000(元)$$

销售百分比法在资金需用量预测过程中假定有关各项资产、负债项目同销售收入成比例增长,所以较适用于近期追加资金量的预测,如要作较长期的资金预测,将各年销售收入作为 x,资金需要量作为 y 进行回归分析,可提高预测的精度。

习　　题

一、判断题

1. 销售预测常用方法中的趋势外推法和因果预测法属于定

性分析法。　　　　　　　　　　　　　　　　　　　（　　）

2. 平滑指数数值越大,则近期实际数对预测结果的影响越小。　　　　　　　　　　　　　　　　　　　　　　（　　）

3. 某因素的利润灵敏度指标即为该因素按有关假定单独变动1%后,使利润增长的百分比指标。　　　　　　　　（　　）

4. 在利润的敏感性分析中,销售量的灵敏度指标与固定成本的灵敏度指标之差等于1。　　　　　　　　　　　（　　）

5. 在同一产销量水平上,经营杠杆系数越大,利润变动幅度就越大,从而风险也就越大。　　　　　　　　　　　（　　）

6. 当利润变动率为+80%、销售变动率为+50%时,则经营杠杆系数为1.5。　　　　　　　　　　　　　　　（　　）

7. 由于经营杠杆系数随产销量变动而成正方向变动。因此,提高产销量,会增加经营风险。　　　　　　　　　（　　）

8. 当产品销售增长率小于零时,可以认为产品已经进入衰退期。　　　　　　　　　　　　　　　　　　　（　　）

9. 在其他条件不变的情况下,利润的变动率总是大于产销量的变动率,其原因在于固定成本的存在。　　　　　（　　）

10. 经营杠杆系数与销售量的利润灵敏度指标没有必然联系。　　　　　　　　　　　　　　　　　　　　（　　）

二、单项选择题

1. 在利润敏感性分析中,最为敏感的因素是(　　)。

　　A. 销售单价　　　　　　　B. 单位变动成本

　　C. 固定成本　　　　　　　D. 全部成本

2. 在企业预测中,处于先导地位的是(　　)。

　　A. 利润预测　　　　　　　B. 资金预测

　　C. 销售预测　　　　　　　D. 成本预测

3. 销售百分比预测法是用来预测(　　)的。

　　A. 现金流量　　　　　　　B. 资金需要量

C. 资金运动状况　　　　　D. 投资效果

4. 只要固定成本不等于零,经营杠杆系数恒(　　)。

    A. 大于1　　　　　　　B. 小于1

    C. 等于1　　　　　　　D. 等于0

5. 未来利润变动率等于产销变动率与经营杠杆系数(　　)。

    A. 相加　　　　　　　　B. 相减

    C. 相乘　　　　　　　　D. 相除

6. 平滑指数取值越大,则近期实际数对预测结果的影响(　　)。

    A. 越大　　　　　　　　B. 越小

    C. 不大　　　　　　　　D. 不明显

7. 单价的变动与经营杠杆率的变动方向(　　)。

    A. 相反　　　　　　　　B. 一致

    C. 相同　　　　　　　　D. 无关

8. 在资金需要量的预测中,可作为内部周转资金来源的项目是(　　)。

    A. 应收账款　　　　　　B. 存货

    C. 折旧、摊销额　　　　D. 周转中的货币资金

9. 已知某产品的销售收入总额为 80 000 元,边际贡献率为 35%,固定成本总额为 8 000 元,则经营杠杆系数为(　　)。

    A. 1.1　　　　　　　　B. 1.4

    C. 0.7　　　　　　　　D. 10

10. 按目标利润进行成本预测,目标成本等于预计销售收入(　　)。

    A. 加上目标利润　　　　B. 扣除目标利润

    C. 扣除销售费用　　　　D. 扣除管理费用

三、多项选择题

1. 在缺乏完全可靠的历史资料时,可采用(　　)进行销售

预测。

  A. 趋势外推法   B. 主观判断法

  C. 统计推断法   D. 特尔菲法

2. 销售预测的常用定量分析法有(   )。

  A. 判断分析法   B. 趋势外推法

  C. 统计推断法   D. 因果预测法

3. 在前后期单价、单位变动成本和固定成本不变的情况下(   )。

  A. 产销量越大,经营杠杆系数越小

  B. 产销量越大,经营杠杆系数越大

  C. 产销量越小,经营杠杆系数越大

  D. 产销量越小,经营杠杆系数越小

4. 成本预测方法中的历史成本分析法包括(   )。

  A. 定额测算法   B. 因素变动预测法

  C. 高低点法   D. 直线回归分析法

5. 预测未来销售量所采用的平滑指数法是一种(   )。

  A. 判断分析法   B. 趋势外推法

  C. 定量分析法   D. 平均法

6. 在同一产销水平上,经营杠杆系数越大,则(   )。

  A. 利润变动幅度越大   B. 利润变动幅度越小

  C. 风险越大   D. 风险越小

7. 根据经营杠杆率进行利润预测时,还必须利用的指标有(   )。

  A. 基期利润   B. 产销变动率

  C. 单位变动成本   D. 固定成本总额

8. 当预测比较平稳的产品销量时,较好的预测方法有(   )。

  A. 算术平均数   B. 加权平均法

C. 判断分析法　　　　D. 因果预测法

9. 下列因素的变动会使经营杠杆系数呈同方向变化的有(　　)。

　　A. 固定成本　　　　　B. 单位变动成本

　　C. 产销量　　　　　　D. 利润

10. 下列说法正确的有(　　)。

　　A. 趋势平均法考虑了趋势值的移动平均数,但未考虑销售量的移动平均数

　　B. 从理论上看,移动平均法和加权平均法没有本质的区别

　　C. 进行近期预测或销售量波动较大时,应采用较大的平滑指数

　　D. 移动平均法考虑了趋势值的移动平均数,但未考虑销售量的移动平均数

四、计算题

1. 资料:某公司以销定产,上半年度的销售额如表 5-17 所示。

表 5-17　　　　　　　　　　销售额资料表

月　　份	1	2	3	4	5	6
销售额(万元)	600	500	700	800	900	800

要求:

(1) 用简单移动平均法、加权移动平均法预测 4~7 月份的销售额。

(2) 用平滑指数法预测 2~7 月份的销售额(1 月份预测数为 580 万元,加权因子为 0.3)。

(3) 用修正的时间序列回归法预测 7 月份的销售额。

2. 资料：某公司 2012 年各月的销售额如表 5-18 所示。

表 5-18   **销售额资料表**

月份	1	2	3	4	5	6	7	8	9	10	11	12
销售额(万元)	100	120	130	160	190	230	260	300	280	290	300	320

要求：根据上述资料，试用趋势平均法预测该公司下年度 1 月份的销售额。

3. 资料：某企业经营一种产品，单价 90 元，单位变动成本 50 元，固定成本 300 000 元，本期销售 10 000 件，获利 100 000 元。

要求：

(1) 计算各因素的利润灵敏度指标及经营杠杆系数。

(2) 各因素分别向有利方向变动 10% 时的利润额。

(3) 假定下期目标利润比本期实际增长 20%，测算为保证目标利润实现的销售量变动百分比。

4. 资料：某公司 2012 年 12 月销售某产品 200 台，单价 30 000 元，已知该公司固定成本利润灵敏度指标为 3%，公司该月获利 120 万元。

要求：

(1) 计算该公司某产品的保本销售量。

(2) 计算当公司各有关因素同时向有利方向变动 2%，公司利润应上升多少？

5. 资料：已知某企业基期实际利润为 80 000 元，基期产销量为 5 000 件，基期单价为 120 元，基期单位变动成本为 80 元，计划期销售增长率为 8%。

要求：计算计划期的利润。

6. 资料：假定某公司 2012 年度生产能力只利用了 65%，实际销售收入总额为 850 000 元，获得税后净利 42 500 元，并以

17 000元发放了股利。该公司 2012 年末的资产负债表(简式)
如表 5-19 所示。

表 5-19 　　　　　　　**资产负债表(简式)**

2012 年 12 月 31 日　　　　　　　　　单位:元

资　　　产		负债和所有者权益	
现金	20 000	应付账款	100 000
应收账款	150 000	应付税金	50 000
存货	200 000	长期借款	230 000
固定资产(净额)	300 000	普通股股本	350 000
长期投资	40 000	留存收益	40 000
无形资产	60 000		
资产总计	770 000	权益总计	770 000

若该公司计划年度(2013 年)预计销售收入总额将增至
1 000 000元,并仍按 2012 年度股利发放率支付股利。

要求:采用销售百分比法为该公司预测计划年度需要追加多
少资金。

第六章 短期经营决策

第一节 决策分析的含义、分类和程序

一、决策分析的含义

决策是企业在达到同一目标的若干个可行性方案中,选择最优方案的过程。

对企业未来经营活动所面临的各种问题,各级管理人员作出的有关经营战略、方针、目标、措施和方法的决策过程,也就是管理会计中的决策分析。

例如:企业通过销售预测,知道了未来年度的目标利润和达到目标利润的销售额,但是目前的利润水平和销售水平与目标有差距,管理人员可以提出各种改进方案,如降低售价,实行薄利多销;合理安排生产,争取最佳利润;采取各种措施,降低产品成本等等。对于各种不同的改进方案,要进行分析、筛选,以便取得最优效果。

在市场经济条件下,企业必须根据市场需求来决定企业生产什么产品、生产多少、如何组织生产、如何合理安排人财物,以求得企业的生存与发展。决策分析贯穿于企业生产经营活动的整个过程。

二、决策分析的分类

决策分析贯穿于生产经营活动的始终,涉及的内容较多,按照不同的标志可将其分为若干不同的种类。

（一）确定型决策、风险型决策和非确定型决策

决策分析时,如果有关因素都是确定的和已知的,不包括某些

不确定的因素,这一类决策称为确定型决策,且一个方案只有一个确定的结果,决策比较容易,只要进行比较分析即可。但实际情况并不完全如此,有关数据往往难以完全确定,即往往带有某种程度的"风险"或"非确定性"。当决策者对未来的情况不能完全确定,但知道将出现哪几种结果,并且它们出现的可能性——概率的具体分布是已知的,这种情况下的决策,称为风险型的决策。此时每一方案的执行都会出现两种或两种以上的不同结果,由于结果的不唯一性,使决策存在一定的风险。如果决策者对未来的情况不能完全确定,或者虽然知道将会出现哪几种结果,但不知道它们出现的概率,这种情况下的决策,称为非确定型决策。

(二)战略决策与战术决策

涉及企业未来发展方向、大政方针的全局性重大决策,就称为战略决策。如经营目标的制定、新产品的开发、生产能力的扩大等问题的决策正确与否,对企业的经营成败就具有决定性意义。

战术决策是指为达到预期的战略决策目标,对日常经营活动所采用的方法和手段的局部性决策。如生产产品的组合安排,零部件的自制与外购等,这类决策主要是考虑将企业的人、财、物得到最充分、最合理的利用,创造最佳的效果。战术决策的正确与否,不会对企业的大局产生决定性影响。

(三)短期决策和长期决策

短期决策通常只涉及 1 年(或一个营业周期)以内的收支和盈亏的决策;长期决策是指那些产生报酬的期间超过 1 年(或一个营业周期),并对较长时间的收支盈亏产生影响而进行的决策。长期决策一般是对需要投入大量资金项目的决策,故也称投资决策或称资本支出的决策。

(四)独立性方案决策、互斥方案决策、组合方案决策

独立性方案决策,通常是指不影响其他方案的决策,即对其他决策方案的采纳与否不加考虑的决策。互斥方案决策是指需要在

两个或两个以上的备选方案中选出一个最优方案的决策,如开发新产品的品种决策以及转产或增产某种产品的决策等。组合方案决策是指在多个备选方案中选出一组最优的组合方案的决策。

（五）决策的其他分类

决策除以上分类外,还可以按其他标志进行分类。如按决策的内容不同可分为生产决策、定价决策、成本决策、存货决策等;按决策者所处的管理层不同可分为高层决策、中层决策、基层决策;按决策的基本职能不同又可分为计划决策和控制决策;按决策的作用和范围不同可分为经营性决策、管理性决策和业务性决策。

三、决策分析的程序

在企业的经营活动中,企业的决策过程是发现问题、分析问题、解决问题的过程。首先要进行调查研究,掌握大量与决策问题有关的信息,深入分析有关信息之间的相互关系,把握住问题的实质。其次要明确决策目标,根据目标制订和选择解决问题的方案。再次要对备选方案进行评价分析,选出最优方案。最后要落实方案,并在执行中做好信息反馈工作。整个决策过程,每个程序之间是紧密衔接、相互依存的。每个程序的具体方法如下。

（一）调查研究,发现问题,确定决策目标

对企业所处的环境和内部条件进行调查研究,特别是要对市场形势进行调查研究和预测,收集和分析有关市场动态的信息,以及对产品需求情况的影响。根据获得的信息和有关资料,进行综合分析,弄清当前与未来企业产品在市场竞争中的地位,掌握企业在生产经营上的实际情况,找出与应当达到或者希望达到的状况之间存在的差距。决策分析是为了解决企业已经发生或者将要发生的问题。如企业的产品在市场上滞销,经调查研究得知,主要原因是产品的质量存在问题,那么,是进一步改进产品质量还是转而生产其他产品?它们各对企业将有什么影响?要很好地解决这些问题,就要确定决策目标。决策目标是决策分析的出发点和归宿点,要确定决策目标,就要把目标建立在需要与可能的基础上,同时,还要分清必须达到的目标与希望达到的目标。

（二）提出可供决策备选的可行性方案

所谓"可行",必须是技术上先进、经济上合理的,这就要求管理人员开阔思路,从不同方面提出几个可供选择的方案,要在几个方案中确定一个基本方案作为基础,在对现行生产经营活动提出改进方案时,一般可以将现行生产经营情况作为基本方案。

（三）收集各方案有关的资料供决策时参考

收集尽可能多的与选择方案有关的各种可计量的因素,以便于决策人员去评价分析。如有关方案的预期收入和预期支出,而且要求各项预测的数据力求准确,如果没有确切的数据,应尽可能请专家估计。

（四）将备选方案进行比较分析,确定最优方案

评价分析决策方案,是对可行性方案所进行的全面详尽的评价与分析,以便从若干个可行性方案中选出最优的方案。一般先将各备选方案的经济效益计算出来,编制比较分析表,再进行比较。通过对备选方案的经营目标、作用、效果的比较分析,从中选出最优决策方案,并提出落实最优决策方案的措施,以保证其付诸实施。

（五）落实方案,做好信息反馈

以上的决策程序是通过预算来组织实施的,在实际工作中,决策分析与生产经营计划是交叉进行的,决策的结果要变成预算体现出来,然后用预算与实际比较,将发生的差异与存在的问题及时反馈出来,以便及时采取改进措施,使决策目标得以实现。

第二节　短期经营决策的特征和常用方法

短期经营决策是指决策结果只会影响或决定企业近期（1年

或一个经营周期)经营实践的方向、方法和策略,侧重于收入、成本、利润、产品生产等方面,对如何充分利用企业现有规模、人财物资源,尽可能取得最大的经济效益而实施的决策。

短期经营决策的具体内容很多,归纳起来主要包括定价决策和生产决策两大类。

定价决策是指短期(如1年或一个生产周期)内,在流通领域中,围绕产品的销售价格,对产品的销售量、成本和利润等因素的影响而展开的决策。一般地说,产品的单位售价越高,实现的销售收入和销售利润也就越多;反之,则越少。但是,产品售价的高低,对产品的供求关系影响也很大,提高产品售价,需求量将会下降;反之,则上升。因此,确定产品的最佳售价,必须考虑市场供求趋势,确定适当的售价,以保证企业目标利润的实现。

生产决策是指短期(如1年或一个生产周期)内,在生产领域中,围绕如何利用企业现有的人力、物力和财力资源,创造最大的经济效益,侧重于是否生产、生产什么、怎样生产,以及生产多少等方面问题展开的决策。

一、短期经营决策的特征

(一)短期决策涉及面较小

短期决策一般不涉及固定资产投资问题。因为固定资产投资通常需要投入大量资金,在较长时间内有持续影响,而不能由当年的销售收入补偿,需要在将来较长时间内收回,如扩建厂房、更新设备,因此,固定资产投资问题不属于短期决策。

(二)短期决策影响小

短期决策的决策结果对企业的影响较小,因此承担的风险小,即使失误,也只影响当年收益,并可以在第二年的决策中加以纠正。长期决策则关系到企业生产经营的长远规划,企业的未来经营方向、规模、资金总额和对利润水平的要求等,一旦失误,将会给企业带来重大损失,甚至会出现企业破产和倒闭。因此,长期决策的风险比较大,短期决策相对来说风险较小。

二、短期经营决策的常用方法

短期决策分析所采用的专门方法,因决策的具体内容不同而各有所异,但常用的有以下几种。

(一)差量法

差量法就是将备选方案的有关金额(收入、成本)进行比较,选出最优方案的方法。在管理会计中,不同备选方案之间的差额,叫做"差量"。差量一般包含"差量收入"与"差量成本"两类,差量收入是一个备选方案的预期收入与另一个备选方案的预期收入的差异数,差量成本是两个备选方案的预期成本的差异数。只要差量收入大于差量成本,那么前一个方案就是较优的;相反,如差量收入小于差量成本,则后一个方案是较优的。

【例6-1】 光明公司用同一台机器可以生产甲产品,也可以生产乙产品,它们的预计销售单价、数量和单位变动成本资料如表6-1所示。要求作出该企业究竟生产哪一种产品较为有利的决策。

表6-1 **资 料 表**

产 品 名 称	甲 产 品	乙 产 品
预计销售数量(件)	160	120
预计销售单价(元)	18.50	30.80
单位变动成本(元)	12.50	26.40

首先,计算差量收入:

$$\begin{array}{l}\text{制造乙产品与制造} \\ \text{甲产品的差量收入}\end{array}=120\times30.80-160\times18.50$$

$$=3\ 696-2\ 960=736(元)$$

其次,计算差量成本:

$$\begin{array}{l}\text{制造乙产品与制造} \\ \text{甲产品的差量成本}\end{array}=120\times26.40-160\times12.50$$

$$=3\ 168-2\ 000=1\ 168(元)$$

最后,计算差量损益:

$$\begin{array}{l}\text{制造乙产品而非}\\ \text{甲产品的差量损失}\end{array}=736-1\ 168=-432(元)$$

从计算结果说明,生产甲产品比生产乙产品的方案较为有利,可多获利 432 元。具体分析如表 6-2 所示。

表 6-2 　　　　　　　　　　**差 量 分 析 表**

单位:元

摘　　　要	乙产品	甲产品	差　量
差量收入			
乙产品 30.80×120	3 696		
甲产品 18.50×160		2 960	736
差量成本			
乙产品 26.40×120	3 168		
甲产品 12.50×160		2 000	1 168
制造乙产品而非甲产品的差量损失			－432

必须指出,在有些情况下,不用计算"差量",只需将总额比较一下,也可以得出结论,且既简单,又明了。例如,向明公司需要 A 零件 3 000 只,该零件自制成本为:单位变动成本 18 元,固定成本(专属)25 000 元;如果该零件市场上有供应,每只 36 元。试问应自制还是外购?

$$自制总成本=18×3\ 000+25\ 000=79\ 000(元)$$

$$外购总成本=36×3\ 000=108\ 000(元)$$

外购总成本 108 000 元大于自制总成本 79 000 元,因此,应该自制。

如果上例中的 A 零件年需用量为 1 000 只,则:

$$自制总成本＝18×1\,000＋25\,000＝43\,000（元）$$

$$外购总成本＝36×1\,000＝36\,000（元）$$

自制总成本大于外购总成本，应该外购。

（二）平衡分析法

平衡分析法是通过计算不同方案某个指标值相等时的特定产量（需要量），即平衡点来选择最优方案的方法。

【例6-2】 永兴工厂准备添置一台机床，现有两个方案可供选择，一个方案是向国外购买，需花费 180\,000 元，估计可用 10 年，每年支付维修保养费 10\,640 元，预计有残值 20\,000 元，该机床每天营运成本约为 100 元。另一个方案是向租赁公司租用，每天租金为 180 元。要求决策分析决定哪个方案最优。

这项决策分析就是计算两个不同方案的成本相等时的开机天数（业务量），根据这个平衡点来看实际的业务量范围，从而决定哪个方案较优。

购入方案：

$$固定成本\ a_1＝\frac{180\,000－20\,000}{10}＋10\,640＝26\,640（元）$$

$$变动成本\ b_1＝100（元）$$

设开机天数为 x，则总成本

$$y_1＝a_1＋b_1x＝26\,640＋100x$$

租赁方案：

$$固定成本\ a_2＝0$$

$$变动成本\ b_2＝180＋100＝280（元）$$

$$总成本\ y_2＝a_2＋b_2x＝0＋280x＝280x$$

假设两个方案年使用总成本相等，需开机天数

$$y_1 = y_2$$

$$26\ 640 + 100x = 280x$$

$$x = 148(天)$$

所以,当机床需要开动时间为 148 天时,两个方案成本相等,当需要开动机床的天数大于 148 天时,购入机床的方案成本低于租赁方案的成本,购入好;当需要开动机床的天数小于 148 天时,租赁机床方案的成本低于购入方案的成本,租赁好。

（三）数学模式法

数学模式法是通过建立一定的数学模式,再借助于求解这些数学模式来判断哪个方案最优的决策方法。

例如在成批生产的企业里,经常会碰到"究竟每批生产多少数量,全年分几批生产才经济合理"的问题,对这些问题进行决策分析,主要考虑有关因素之间的关系,如调整准备成本、储存成本与生产批量的关系,建立数学模式,通过求解来判断哪个方案最优。

第三节　影响短期经营决策的因素

决策分析的最终目的是选出最优方案,选优的标准主要看经济效益的高低,而影响经济效益高低的决定性因素则是收入、成本等指标,短期经营决策必须通盘考虑的三大因素为相关业务量、相关收入和相关成本。

一、相关业务量

相关业务量是指在短期经营决策中必须重视的、与特定决策方案相联系的产量或销量。对相关业务量的判断错误,会影响相关收入与相关成本计算出错,造成决策失误。比如在是否增产某种产品的决策中,相关业务量是指增产的数量。在是否接受特殊订货的决策中,当追加订货量大于企业现有的剩余生产能力时,需计算接受订货方案的相关收入和相关成本,但计算相关收入时所采用的相关产量,与计算相关成本中的增量成本时所采用的相关产量是不一致的。因此,不能忽视相关业务量的确定。

二、相关收入

相关收入是指与特定决策方案相联系的、在短期经营决策中必须予以充分考虑的收入。如果某项收入因某个经营决策方案的存在而存在,即若有这个方案存在就会发生这项收入,若这个方案不存在,这项收入也就不会发生,那么,这项收入就是相关收入。相关收入的计算是以特定决策方案的单价和相关业务量为依据的。

与相关收入对应的概念是无关收入。某项收入的发生与某决策方案的存在与否无关,即某方案无论是否存在,这项收入均会发生,那么该项收入是某方案的无关收入。无关收入在短期经营决策中不予考虑。

三、相关成本

相关成本指受决策影响而在决策过程中必须考虑的成本。如果某项成本只属于某个经营决策方案,即这个方案存在,就会发生这项成本,若这个方案不存在,就不会发生这项成本,那么,这项成本就是相关成本。相关成本包括:重置成本、付现成本、可避免成本、边际成本、增量成本、差别成本、估算成本、专属成本、机会成本、加工成本、可分成本、可延缓成本等。

与相关成本对应的概念是无关成本。无关成本指不受决策影响而在决策中不必考虑的成本,包括历史成本、沉落成本、不可避免成本、共同成本、联合成本和不可延缓成本等。

1. 重置成本

重置成本指以现在的市场价格取得某项现有资产所需支付的全部费用。

财务会计以历史成本作为资产的计价并入账,管理会计在对某项资产进行决策时,一般着重于该项资产的重置成本。如:某企业要对现在正生产并出售的某种库存产品进行产品的定价决策,该产品的账面单位成本(历史成本)是 10 元,而其重置成本是 12 元,若售价确定为 11 元,按历史成本计算,每单位可获利 1 元,按重置成本计算反而会亏损 1 元。显然,在确定该种产品的售价时,不能以历史成本为依据,而必须以重置成本为定价基础。

2. 付现成本

付现成本亦称现金支出成本,是指某项决策方案如果实施,必须立即以现金付出的成本。在决策过程中,全面衡量各个备选方案在经济上是否真正有利时,不能仅比较各备选方案的总成本,还应对付现成本予以必要的考虑。在企业资金比较拮据的情况下,有时候选择总成本稍高而付现成本比较低的方案或许更为有利。例如,某企业为扩大生产能力,急于添置一台新的设备,可向甲、乙两位供货商洽购,甲商开价 10 万元,要求一次付清,乙商开价 12 万元,但只要求购买时付 50% 的款项,其余部分可分期付清,尽管乙商价格高于甲商 2 万元,但付现成本却低于甲商 4 万元,购买企业在目前资金比较拮据的情况下,决定向乙商购买。这样做,不仅能避免由于购买新设备使资金更加紧张、影响企业正常的生产经营活动的局面,又能尽快将设备投产,扩大生产规模,以其所增加的利润偿还负债。

3. 可避免成本

可避免成本是指同某备选方案直接相联系的成本,其发生与否,取决于该方案的选择与否。如果选择某项方案,该方案的某项成本随之发生,反之则不发生,那么该项成本就是可避免成本。相对应的不可避免成本,指无论选择何种方案都不会改变的成本,其发生与否、数额的大小,都与决策方案的选择无关。例如,某台机器既可生产甲产品,也可生产乙产品,如果生产乙产品需另外购入一种专用材料,这种专用材料的消耗发生与否,取决于是否生产乙产品,因而专用材料成本属于可避免成本;但是无论生产何种产品,按直线法计提的折旧费都会发生,而且其数额大小同方案的选择无关,所以它是一种不可避免成本。

4. 边际成本

从理论上讲,边际成本是指产品产量(或销量)的无穷小变动后引起的成本变动额。由于产量(或销量)的最小变动只能是一个单位量,所以边际成本实际上是指产量(或销量)增减一个单位量所引起的成本变动额。在生产能力相关范围内,边际成本就是产品的单位变动成本。在决策分析中,边际成本的概念可用以评价产品增产扩销是否有利的问题。在生产能力未充分利用的情况下,一般只要产品的售价高于边际成本,任何扩销方案都会增加利润或减少亏损。

边际收入是同边际成本紧密相连的一个收入概念,它是指产销量变动一个单位所引起的销售收入的变动额。边际成本和边际收入之间一种非常重要的关系是:当边际成本等于边际收入时,产品的利润额达到最高,此时所达到的产品产销量为最佳,产品的售价为最优售价。这是企业进行产品生产最优化决策的一个重要依据。

5. 增量成本

增量成本是指产量(或销量)增加一定数量后引起的成本增加额。在生产能力的相关范围内,增量成本依据变动成本的变动而确定,其数据大小与变动成本的变动额相等。相应地,增量收入是指产销量增加一定数量后取得的收入增加额。当产销量增加一个单位时,增量成本同边际成本,增量收入同边际收入达到一致。增量收入和增量成本的概念及其关系可用以降价扩销方案的决策分析,如果增量收入大于增量成本,降价可行,且可继续降价扩销,最优的选择是当增量收入同增量成本相同,因为此时利润最高。

从广义上说,增量成本和边际成本属于差别成本,相应地,增量收入和边际收入属于差别收入。

6. 差别成本

差别成本是指两个备选方案的成本差额。差别收入是同差别成本相联系的一个收入概念，它是指两个备选方案的收入差额。不同方案的优劣，在收入相等的情况下，要通过差别成本的比较来判断。如果差别成本为正，说明两个比较方案中前者成本高，则选择后者；反之则选择前者。在收入不等的情况下，可以通过差别收入是否大于差别成本来选择最优方案。如果在两个方案的比较中，差别收入大于差别成本，则选择前者；反之，则选择后者。差别成本、差别收入的概念及其相互关系是企业进行经营决策分析的重要内容之一，在诸如零部件自制或外购的选择、是否接受某项订货的选择或某种产品应否停产的选择等等方面，都是不可忽视的。

7. 估算成本

估算成本又叫假计成本，是指与某项经济活动有关联、需要经过估算才能确定，但又不引起实际支出的假设性成本。它是机会成本的一种特殊表现形态。因为一般的机会成本直观、易计量，而假计成本则需经过特殊的估算才能表现出来。例如，企业用自有资金购买一台设备，从财务会计的角度分析，其预期成本只包括购价、运输、安装等费用，但若不购入该设备，这笔资金存放在银行，就能够取得利息收入。因此，在决策中，为了正确分析、评价各方案的优劣，最有效地运用企业有限的资金，尽管实际上并未发生利息收入损失，却应当将其纳入预期的成本之中，以正确计算各方案的收益，作出最优选择。

8. 专属成本

专属成本是指那些能够明确归属于特定决策方案的固定成本和混合成本。它往往与增加有关装置、设备、工具相联系，它的确认与取得有关装置、设备、工具的方式有关。若采用租入的方式，专属成本就是指相关联的租金成本；若采用购买方式，则还需考虑这些装置、设备、工具是专用的,还是通用的。若用于特定方案,就是专用的,专属成本就是指全部取得成本;若是通用的,专属成本就是与使用这些装备有关的主要使用成本(如折旧费、摊销费等)。

9. 机会成本

机会成本指选择某一方案而放弃另一方案后所丧失的被弃方案的潜在收益。它可以理解为决定利用某种方案而付出的代价,或者说是由于放弃某一机会而失去的收益。机会成本并非实际支出,财务会计不予确认,但在决策分析中必须加以考虑。因为企业的资产有限而用途广泛,用在这一方面就不能用在那一方面,用在某一方面所获得的利益必然是以放弃其他收益获得的机会为代价的。只有在决策过程中全面权衡各种方案的"得"与"失",方可选定最优方案,使企业以有限的资产获得尽可能多的经济利益。

机会成本通常是在备选方案的比较时,通过评价某一方案的可行性而表现出来的,如果某项方案在考虑了机会成本后,其收入仍然高于成本,则该方案较优。假如某厂有台设备,如果生产甲产品,每年成本支出 12 000 元,收入 18 000 元,如果用来生产乙产品,每年成本支出 15 000 元,收入 19 500 元。在评价生产甲产品方案的优劣时,必须将放弃生产乙产品方案而丧失的乙产品的潜在收益考虑进去。这样,生产甲产品方案的成本为 16 500 元,它由甲产品生产成本 12 000 元和机会成本 4 500 元(乙产品收益 19 500-15 000)两部分构成。生产甲产品要比生产乙产品多获利 1 500 元(18 000-16 500),生产甲产品方案较优。当然,也可以通过评价生产乙产品方案的优劣来作出选择。生产乙产品方案的成本为 21 000 元(生产成本 15 000 元加机会成本 6 000 元),计算表明,生产乙产品要比生产甲产品少获利 1 500 元(19 500-21 000),因此应选择生产甲产品。

10. 加工成本

加工成本是在半成品是否继续加工决策中所考虑的成本,即对半成品继续加工而追加发生的变动成本。它的计算一般要考虑单位加工成本与加工的业务量两大因素。继续加工所需追加的固定成本,在经营决策中列作专属成本。

11．可分成本

可分成本是在联产品生产决策中所考虑的,指对已经分离的联产品进行继续加工而追加发生的变动成本。它的计算一般要考虑单位加工成本与加工的业务量两大因素。

12．可延缓成本

可延缓成本是指在短期经营决策中对其暂缓开支不会对企业未来的生产经营产生重大不利影响的那部分成本。这类成本具有一定弹性,在决策中应充分予以考虑。

另外,在决策分析中,还会涉及一些上述成本以外的因素,如无关成本、历史成本、沉落成本、共同成本等等。

无关成本是与相关成本相对立的概念。这类成本与决策关系不大,指已经发生或必定要发生的成本。

历史成本指过去为取得现有资产而实际发生的全部支出。例如企业目前所拥有的固定资产、存货在过去购置或建(制)造时所发生的全部支出,即为这些固定资产、存货的历史成本。历史成本通常是财务会计注意的成本,财务会计以历史成本作为资产的计价并入账。管理会计在对某项资产进行决策时,不考虑历史成本而只考虑重置成本。

沉落成本是指过去发生而现时无法收回,或不再收回,或不再补偿的成本。该种成本与企业的未来决策无关,可不考虑。例如,某台闲置设备的原价200万元,已提折旧180万元,设备的账面净值为20万元。现对该设备的处理有两种方案,出售或出租。由于该设备不再使用,无论选择何种方案,设备的账面净值20万元都无法收回,是沉落成本,在决策中不必考虑。

共同成本是指应当由多个方案共同负担的必定要发生的固定

成本或混合成本。它与特定方案的选择无关,在决策中可以不予考虑。

联合成本与可分成本相对立,是指联产品在未分离前的生产过程中发生的、应由所有联产品共同负担的成本。

不可延缓成本是与可延缓成本相对立的成本,指在短期经营决策中若对其暂缓开支就会对企业未来的生产经营产生较大不利影响的那部分成本。由于不可延缓成本具有较强的刚性,即必定要发生,因此没有什么选择的余地。

第四节　短期经营决策的具体应用

一、生产决策

（一）生产或增产某种产品的选择

1. 生产产品的选择

如现有生产设备可用于生产产品 A 或产品 B,则应以生产哪种产品能为企业提供较多的边际贡献为决策的依据。

【例 6-3】　向明公司现有设备可生产产品 A 或产品 B,有关产品的生产资料如表 6-3 所示。

表 6-3　　　　　　　　　　**产品生产资料表**　　　　　　　单位:元

项　　　目	产　品　A	产　品　B
可销量数量（台）	22 000	30 000
单位售价	14	12
单位制造变动成本	6	4
固定制造成本	78 000	78 000
单位变动销管成本	3	3
固定销管成本	8 900	8 900

生产哪种产品提供的边际贡献较多,可通过表 6-4 进行具体

的计算。

表 6-4 　　　　　　　**计　算　表**　　　　　单位：元

项　　　　目	产品 A	产品 B	差　　额
销售收入			
22 000 台@14	308 000		
30 000 台@12		360 000	52 000
变动制造成本			
22 000 台@6	132 000		
30 000 台@4		120 000	(12 000)
变动销管成本			
22 000 台@3	66 000		
30 000 台@3		90 000	24 000
边际贡献	110 000	150 000	40 000

　　表 6-4 的计算表明，该厂现有的生产设备用于生产产品 B 比用于生产产品 A 可多获边际贡献 40 000 元，因此以生产产品 B 为宜。

　　如果决策方案中涉及追加专属成本时，同样可以采用差别损益分析法进行决策。

　　2. 增产产品的选择

　　为了把剩余的生产能力充分利用起来，企业决定增加生产。但增产哪一种产品为宜，则应以分析比较每一机器小时用于生产不同的产品能提供多少边际贡献作为决策的依据。

　　【例 6-4】　某企业目前生产甲、乙、丙三种产品，有关资料如表 6-5 所示。目前生产能力（用机器小时表示）的利用程度只达到 85％，为把剩余的 15％ 的生产能力充分利用起来，需决定以增产哪种产品为宜。

表 6-5　　　　　　　　　**资　料　表**　　　　　　单位:元

项　　　目	产 品 甲	产 品 乙	产 品 丙
售价	30	34	20
变动成本	15	22	12
边际贡献	15	12	8
固定成本	5	3	1
净收益	10	9	7

固定成本按机器小时分配,每小时 1 元。

从表 6-5 中可以看出,产品甲每单位能提供较多的利润。那么,剩余的生产能力是否就用于增加产品甲的生产? 其实并不是。因为甲产品每单位需用的机器小时较多,将剩余的生产能力用来生产甲产品,并不一定能为企业带来较多的利润。要作出正确的判断,就要分析比较每一机器小时用于生产不同的产品能提供的不同边际贡献,如表 6-6 所示。

表 6-6　　　　　　　　　**分　析　表**

项　　　目	产 品 甲	产 品 乙	产 品 丙
单位产品边际贡献	15	12	8
每单位产品需用机器小时	5	3	1
每机器小时能提供的边际贡献	3	4	8

由于每一机器小时用于生产产品丙能提供较多的边际贡献,所以剩余的生产能力用于增产产品丙为宜。

(二)不同加工设备的选择

同一种产品(或零件)往往可以用不同类型的设备来加工制造,但加工的成本却有较大的差别。选用哪种类型的设备较为合算,则需要比较不同批量下的加工成本来决定。一般讲,普通简易的设备一次调整所需的费用较少,但加工一件产品或零件所需的加工费较多;而比较高级的专用设备则相反,一次调整所需的费用较多,但加工一件产品或零件的加工费较少。从一件产品或零件完整的加工成本(包括它本身的加工费和分摊的调整准备费)看,选用哪种类型的设备较为合算,同一次加工的批量的大小有直接联系。如一次加工的批量较小,用普通简易的设备进行加工就比较合算;一次加工的批量大到一定程度,用专用设备就经济多了。所以,选用不同的设备要与产品的批量结合起来考虑,才能得到比较正确的结果。

【**例 6-5**】 某厂生产一种零件,可以用普通车床、专用车床或自动化专用车床进行加工,不同类型加工的成本资料如表 6-7 所示。

表 6-7 　　　　　　　　　**成 本 资 料 表**　　　　　　单位:元

加工类型	一次调整的调整准备费	一件零件的加工费
普通车床	8.00	1.20
专用车床	15.00	0.85
自动化专用车床	25.00	0.60

根据表 6-7 提供的资料,不同类型的车床加工批量的成本平衡点是不同的,可分别设 x_1 为普通车床与专用车床之间加工批量的成本平衡点,x_2 为专用车床与自动化专用车床之间加工批量的成本平衡点,x_3 为普通车床与自动化专用车床之间加工批量的成本平衡点,那么就有

$$8+1.2\ x_1 = 15+0.85x_1$$

$$15+0.85x_2 = 25+0.6\ x_2$$

$$8+1.2\ x_3 = 25+0.6\ x_3$$

计算结果如下：$x_1 = 20$ 件　$x_2 = 40$ 件　$x_3 = 28$ 件

也就是说，一次加工的批量小于 20 件，用普通车床进行加工一件零件的加工成本较低；一次加工的批量大于 20 件、小于 40 件，用专用车床进行加工；如果加工的批量超出 40 件，则用自动化专用车床进行加工。适当的灵活安排也可以，它们之间的关系，可通过图 6-1 集中而形象地进行反映。

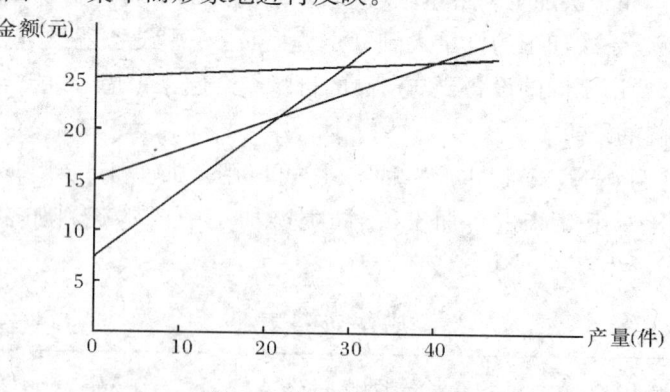

图 6-1　产量与成本的关系

图 6-1 所列示的基本关系，对于根据正常加工批量的大小合理安排现有不同类型车床的加工任务，或合理选购不同类型的车床，都有一定的指导意义。

（三）特殊订货的决策

特殊订货的决策是指管理当局是否接受客户低于正常购价的追加订货的选择。一般决策时要结合生产能力的范围来考虑。

1. 在生产能力允许范围内的特殊订货

企业在满足正常渠道的销售后，生产能力尚有富余，而有时会遇到一些出价特别低的订货。由于这些订单的出价往往接近甚至低于产品的工厂成本，在用工厂成本为基础定价时，这种订货往往是不会接受的。但在以变动成本为基础定价时，我们仍应考虑这些订单。决策的原则是将售价与变动成本相比较，只要生产能力有余,售价高于变动成本就可以接受。这样,对企业的利润将产生有利的影响。

只要特殊订货的价格不会对企业正常渠道的销售产生影响,即它们是两个相互隔绝的销售市场,则该特殊订货是可取的。这是由于企业在正常销售中制造的边际贡献已全部补偿了固定成本,这笔特殊订货所增加的边际贡献就是净利增加额。

【例 6-6】 某企业生产能力 400 000 单位,目前只生产和销售 300 000 单位,单位售价 4 元,固定成本 240 000 元,变动成本每单位 2.50 元,损益表如表 6-8 所示。

表 6-8	损 益 表	单位:元
销售收入(300 000×4)		1 200 000
变动成本(300 000×2.50)		750 000
边际贡献		450 000
固定成本		240 000
税前净利		210 000
单位成本		3.30

若该企业按照当前的生产情况,每年有 25% 的剩余生产能力未被利用,现有一客户订货 80 000 单位,每单位出价 3.10 元,要不要接受这笔订货。

从传统会计的观点来看,接受该项订货是不合算的。但从管理会计的观点来看,由于接受该项订货是在企业有剩余生产能力的情况下作出的,至于原有产品的固定成本,并非该项决策的相关成本,无需加以考虑,只要对方出价略高于单位变动成本即可接受。

接受特殊订货后的损益表如表 6-9 所示。

表 6-9 损　益　表 单位：元

销售收入（300 000×4）	1 200 000	
（80 000×3.10）	248 000	1 448 000
变动成本（380 000×2.50）		950 000
边际贡献		498 000
固定成本		240 000
税前净利		258 000

从表 6-9 的计算中我们可以得出一个结论，即应接受特殊订货。因为接受订货后的利润比原来增加了 48 000 元（258 000－210 000）。也可以用边际贡献直接计算。

（售价－变动成本）×订货量＝（3.10－2.50）×80 000＝48 000（元）

特殊订货的价格，往往是国际市场上制订竞争价格的依据。

2. 超越生产能力允许范围的特殊订货

超越生产能力允许范围的特殊订货，如果接受订货就存在两种情况：一种是压缩正常订货，满足特殊订货；另一种是扩大生产能力，增加一定数量的固定成本。

无论哪种情况，决策原则都是将特殊订货前后的利润进行比较，对企业有利的就可以接受。现分述如下：

（1）特殊订货的边际贡献大于压缩正常订货所损失的边际贡献。

【例 6-7】 某企业原有生产能力可以生产 25 000 只甲产品，原销售量 20 000 只，单位售价 20 元，单位变动成本 12 元，现有一客户提出订货 9 000 只，每只售价 18 元，是否要接受这批订货？

因为客户的特殊订货是 9 000 只，加上原有 20 000 只，销售量超过了生产能力 4 000 只，这样一来，如果接受特殊订货，就必须

压缩正常的销售量 4 000 只,在决策时:

首先,算出特殊订货的边际贡献:

$$(18-12)\times 9\,000=54\,000(元)$$

其次,压缩正常订货所损失的边际贡献:

$$4\,000\times(20-12)=32\,000(元)$$

最后,将两者进行比较:

$$54\,000-32\,000=22\,000(元)$$

由于特殊订货的边际贡献大于压缩正常订货所损失的边际贡献,所以这批特殊订货可以接受。

(2) 特殊订货的边际贡献大于新增固定成本(专属成本)。

如果上例中该企业不准备压缩正常订货,而是添加新的设备,扩大生产能力以满足特殊订货的需求量,由于特殊订货创造的边际贡献为 54 000 元,因此,只要新增加的固定成本小于 54 000 元,就应接受特殊订货;反之,不应接受。

压缩正常订货与扩大生产能力两种方法各有利弊。前者,比较省事,但可能受正常订货的合同制约;后者,不受正常订货合同的制约,但比较费劲,并可能受时间的限制和约束。

(3) 当剩余能力可以转移时(以上两种情况均假定无法转移),则应将与此有关的可能收益作为追加订货方案的机会成本综合考虑。

【例 6-8】 某企业本年计划生产甲产品 1 000 件,生产能力为 1 200 件,正常价格为 100 元/件,产品的单位成本为 55 元,其中直接材料 24 元,直接人工 15 元,变动制造费用 6 元,固定性制造费用 10 元,现有一客户要向该企业追加订货 300 件甲产品,特殊定价为 70 元/件,追加订货要求追加 1 200 元专属成本。若不接受追加订货,剩余能力可以转移,对外出租可获租金收入 300 元。要求决策是否接受特殊订货。

首先,算出特殊订货的边际贡献:

$$(70-45)\times300=7\,500(元)$$

其次,计算压缩正常订货所损失的边际贡献:

$$(100-45)\times100=5\,500(元)$$

再次,考虑需追加专属成本 1 200 元,机会成本 300 元。

最后,将以上因素综合考虑,接受特殊订货可增加利润 500 元 (7 500—5 500—1 200—300),可以接受。

(四)自制或外购零部件的决策

专业化生产和分工协作是现代工业发展的客观规律和必然趋势。专业化程度越高,产品品种就越多,质量越好,劳动生产率越高,成本也就越低。随着经济体制的改革,今后企业必然会经常面临着产品的零部件是自制合算还是外购合算的决策问题。对这类问题的决策,主要是比较成本的高低。外购部件进货成本包括购价、运费、订货费、验收费等,自制部件成本包括直接材料、直接人工、变动制造费用等,将这两部分成本进行比较,哪一种成本高就放弃哪一种。

1. 零部件需用量已知情况下的决策

【例 6-9】 某企业每月需用 A 零件 640 个,如在市场上购买,每个进货价格 30 元(包括各种采购费用);若该企业目前有剩余生产能力可以制造这种零件,经生产技术部门与财务部门共同核算,预计制造该零件每个需支付直接材料 12 元,直接人工 6 元,变动制造费用 5 元,固定制造费用 4 元。又假定企业如不制造该项零件,生产设备也没有其他用途,要求作出该项零件是自制还是外购的决策分析。

由于该企业有剩余生产能力可以利用,它原有的固定成本不会因自制而增加,也不会因外购而减少,该项成本属无关成本。因此,我们只需比较两者的其他成本,具体见表 6-10 所示。

表 6-10   **成 本 比 较 表**   单位:元

项 目	自制成本	外购成本	差 量
差量成本			
自制:直接材料	12×640＝7 680		
直接人工	6×640＝3 840		
变动制造费用	5×640＝3 200		
小计	14 720		
外购:			
购入成本		30×640＝19 200	
自制而非外购的差量利益			4 480

根据以上分析可见,A 零件如采用自制方案可节约成本 4 480 元,因此以自制为宜。

【例 6-10】 某企业产品中有一零件甲以前一直是自制的,年需要量 4 000 件,生产甲零件的有关自制成本如下:4 000 件甲零件的变动成本总额为 192 000 元,专属固定成本为 12 000 元,分配固定成本为 8 000 元。现有一专门生产甲零件的厂商,愿以每件 58 元的价格供应 4 000 件甲零件。若用于生产甲零件的生产能力可用于生产乙零件 2 000 件,其有关成本如下:变动成本 16 000 元,专属固定成本 2 000 元,分配固定成本 8 000 元,乙零件售价 28 元,要求决策甲零件应自制还是外购。

这种零件外购后,设备可以被利用生产另一种零部件的,则将两种零部件的生产总成本进行比较即可决策,现计算如表 6-11 所示。

表 6-11　　　　　　　　　　　　　计　算　表　　　　　　　　　　单位：元

项　　　　目	自 制 成 本	外 购 成 本
变动成本	192 000	
专属固定成本	12 000	
外购（单价58元）		232 000
机会成本	38 000	
合计	242 000	
差别成本	10 000	

　　表格中的机会成本是指自制甲零件，就放弃了自制乙零件所能获得的利润。

$$机会成本＝[(28-8)\times 2\,000-2\,000]=38\,000(元)$$

　　对分配的固定成本8 000元，在此决策中是无关成本，无论是自制甲零件，还是外购甲零件或生产乙零件都将发生，因此不必考虑。

　　2. 在零件需用量未知情况下的决策

　　在零部件需用量未知情况下，先求出成本平衡点（亦称成本无差别点），再根据零件不同的需用量，合理地安排自制或外购。

　　【例6-11】　某种零件外购价每件12元，如果自制，单位变动成本为6元，生产该零件须追加固定成本30 000元，要求进行自制还是外购的决策。

　　一般我们设生产 x 件零件时，自制成本刚好等于外购成本，则

$$6x+30\,000=12x$$
$$6x=30\,000$$
$$x=5\,000(件)$$

　　因此，当生产量大于5 000件，应自制该零件，当生产量小于5 000件，应外购该零件。

【例 6-12】　某种零件自制变动成本每件 2 元,另需购置一台专用设备的购价为 4 000 元,该零件在 10 000 件以内,外购价每件 2.50 元,超过 10 000 件,外购单价 2.25 元,要求进行自制或外购的决策。

当产量在 10 000 件以内,设 x_1 为成本平衡点产量,则

$$2x_1 + 4\ 000 = 2.5x_1$$
$$0.5x_1 = 4\ 000$$
$$x_1 = 8\ 000(件)$$

当产量小于 8 000 件时宜外购,大于 8 000 件宜自制。

当产量在 10 000 件以外,设 x_2 为成本平衡点产量,则

$$2x_2 + 4\ 000 = 2.25x_2$$
$$0.25x_2 = 4\ 000$$
$$x_2 = 16\ 000(件)$$

当产量小于 16 000 件时宜外购,大于 16 000 件宜自制。

(五)继续加工的决策

1. 半成品进一步加工的决策

有些企业的产品完成了一定的加工程度后就可以出售,但也可以继续加工后再出售,当然后者的售价比前者高一些。在这种情况下,企业就面临着出售或进一步加工的选择问题,对这类决策问题,可采用差量分析法,比较哪种做法更为有利,从而决定取舍。但必须注意的是,在进一步加工前所发生的成本,无论是变动成本或是固定成本,在决策分析中都属于无关成本,不必加以考虑,主要是研究进一步加工后所增加的收入是否超过进一步加工时所追加的成本。如果收入大于成本,则进一步加工的方案较优;反之,则以出售半成品为宜。

【例 6-13】　某公司每年生产 A 产品 5 000 件,单位变动成本 12 元,单位固定成本为 4 元,销售单价为 24 元,如果把 A 产品进

一步加工为 B 产品,销售单价可以提高到 36 元,但需追加单位变动成本 8 元,专属固定成本 10 000 元。请分析该公司应决定生产 A 产品,还是生产 B 产品。

根据上述有关资料编制差量分析表如表 6-12 所示。

表 6-12　　　　　　　　　　　　**差 量 分 析 表**　　　　　　　　单位:元

项　　　　目	进一步加工方案	出售半成品方案	差　　量
差量收入			
进一步加工为 B 产品	36×5 000=180 000		
出售 A 半成品		24×5 000=120 000	60 000
差量成本			
进一步加工为 B 产品			
追加变动成本	8×5 000=40 000		
追加固定成本	10 000		
小计	50 000		
出售 A 半成品		0	50 000
生产 B 产品而非 A 产品的差量盈利			10 000

从表 6-12 计算结果可以看出,进一步加工为 B 产品再出售,比出售半成品 A 可多获利 10 000 元,企业应选择进一步加工的方案。

2. 联产品是否继续生产的决策

凡在同一生产过程中可同时生产出若干种主要产品的,称为联产品。有些企业的联产品可在分离后立即出售,也可以在分离后继续加工再出售,究竟哪种方案的经济效益大,也可采用差量分析法进行比较。但必须注意分离前的"联合成本",那是按售价或其他标准分配给有关联产品的,在决策分析中属于"无关成本",不必考虑。至于分离后继续加工的追加变动成本和专属固定成本,称为可分成本,在决策中属于相关成本。决策时,主要研究继续加工后所增加的收入是否超过可分成本。如果前者大于后者,则以进一步加工的方案较优;反之,则以分离后立即出售较为有利。

【例 6-14】 某化学公司在生产过程中同时生产 A、B、C、D 四种联产品,其中 B、D 两种产品可在分离后立即出售,亦可继续加工后再行出售,其有关产量、售价成本的资料如表 6-13 所示。要求作出 B、D 两种产品是否进一步加工的决策分析。

表 6-13

资 料 表

联产品名称		B 产 品	D 产 品
产 量		4 000 千克	8 000 千克
销售单价	分离后	16 元	6 元
	加工后	24 元	12 元
联合成本		85 000 元	24 500 元
可分成本	单位变动成本	14 元	4 元
	专属固定成本	0	9 000 元

根据上述有关资料,分别编制 B、D 产品的差量分析如表6-14和表 6-15 所示。

表 6-14

B 产品差量分析表

单位:元

项 目	继续加工后出售	分离后立即出售	差 量
差量收入			
继续加工后出售	24×4 000＝96 000		
分离后立即出售		16×4 000＝64 000	32 000
差量成本			
继续加工的可分成本	14×4 000＝56 000		
分离后立即出售的追加成本		0	56 000
继续加工后出售的差量亏损			(24 000)

表 6-15 **D 产品差量分析表** 单位:元

项 目	继续加工后出售	分离后立即出售	差 量
差量收入			
继续加工后出售	12×8 000=96 000		
分离后立即出售		6×8 000=48 000	48 000
差量成本			
继续加工的可分成本			
追加变动成本	4×8 000=32 000		
专属固定成本	9 000		
小计	41 000		
分离后立即出售追加成本		0	41 000
继续加工出售的差量盈利			7 000

从表 6-14 和表 6-15 的差量分析中得知,B 产品以分离后立即出售为佳,D 产品继续加工后出售可多获 7 000 元盈利,宜继续加工。

（六）亏损产品是否生产的决策

1. 亏损产品分类

企业在日常经营过程中,往往会由于某些产品质量较差,款式陈旧等原因造成市场滞销、仓库积压、发生亏损,这就引出了亏损产品是否要停产的问题。对于这方面的决策分析,主要应考虑有关亏损产品能否提供边际贡献。

亏损产品按其亏损情况可分为两种情况:一种为实亏损产品;另一种为虚亏损产品。两者的主要区分是看该产品有否边际贡献。一般来说,亏损产品无论是否生产,其发生的固定成本总是存在的,在决策时属无关成本。如果亏损产品无边际贡献,那么该产品应属实亏损产品。实亏损产品由于无边际贡献,那么生产得越多,也就亏损得越多。因此,实亏损产品是不宜再生产的。虚亏损产品是有边际贡献的,只要能达到一定的数量,还是能转亏为盈的。

2. 虚亏损产品是否生产的决策

(1) 剩余生产能力无法转移时,虚亏损产品是否生产。

【例 6-15】 某企业生产甲、乙、丙三种产品,其中甲、丙两种产品发生亏损,有关资料如表 6-16 所示。现要求确定,该企业亏损的甲、丙产品是停产,还是继续生产。

表 6-16　　　　　　　　**资 料 表**　　　　　　单位:元

项　　　　目	甲 产 品	乙 产 品	丙 产 品	合　　计
销售收入	300 000	560 000	400 000	1 260 000
变动成本	336 000	240 000	340 000	916 000
边际贡献	(36 000)	320 000	60 000	344 000
固定成本	34 000	80 000	70 000	184 000
利润(亏损)	(70 000)	240 000	(10 000)	160 000

从表中数据可见,甲产品的边际贡献为负数,意味着该产品无盈利能力,故应停止生产。甲产品停产后,企业利润将从目前的160 000 元增加到 196 000 元(240 000－10 000－34 000)。

至于丙产品,虽然产生亏损,但它仍可提供边际贡献 60 000元,这表明它还是有一定的盈利能力,故不应停止生产。如果把它跟甲产品同样对待,马上停止生产,企业利润不仅不会增加,反而会有所减少,其减少的数额正好就是丙产品所能提供的边际贡献。丙产品停产后,该企业的盈亏情况为:乙产品的边际贡献为320 000元,减去固定成本总额 184 000 元,利润为 136 000 元,下降额为 60 000 元(即丙产品的边际贡献)。由此可见,虚亏损的产品应该继续生产。

(2) 剩余生产能力可以转移,虚亏损产品是否继续生产。

【例 6-16】 某企业生产 A、B、C 三种产品,其中 C 产品发生亏损 10 000 元,已知该年 C 产品的完全成本为 30 000 元,其变动成本率为 80%,剩余生产能力可以转移,若将闲置设备对外出租,一年可获租金 5 000 元。

要求作出 C 产品是停产还是继续生产的决策。

C 产品的销售收入: $30\,000+(-10\,000)=20\,000$(元)

C 产品的变动成本: $20\,000\times80\%=16\,000$(元)

C 产品的边际贡献: $20\,000-16\,000=4\,000$(元)

C 产品的机会成本: $5\,000$(元)

比较两者:$4\,000<5\,000$

由于继续生产 C 产品的边际贡献为 4 000 元,小于其机会成本(即可望获得的租金收入)5 000 元,因而应当停止生产 C 产品,这样可以多获利 1 000 元。

(七) 产品最优组合的决策

1. 两种产品的合理组合

(1) 简单条件下两种产品的组合。一个企业生产两种产品,如果这两种产品之间在企业的生产能力上或市场需要上都互不相关,则不存在两种产品之间生产的决策问题。

如果两种产品在企业生产能力上互不相关,但在市场需要上却相互影响,例如同一等级的香皂,市场需要量基本是固定的,一种香皂多销了必然影响另一种香皂的销售。在这种情况下,企业应尽可能生产和销售边际贡献比较高的那一种香皂。

如果两种产品在企业生产能力上相互影响,一种产品增产了,必然影响另一种产品的生产。决策时不仅要考虑两种产品边际贡献的大小,还要考虑产品的加工能力。

【例 6-17】 某企业生产 A、B 两种产品,其有关单位售价、变动成本和加工小时资料如表 6-17 所示。

表6-17 　　　　　　　　**资 料 表**

项　　　目	A产品(x)	B产品(y)
销售单价	12	20
变动成本(元)	5	10
边际贡献(元)	7	10
加工时间(小时)	2	4

如果企业的生产能力是 100 小时,则两种生产能力之间的关系如下:

$$2x+4y=100$$

如果用图表示两种生产能力之间的关系,则如图 6-2 所示。

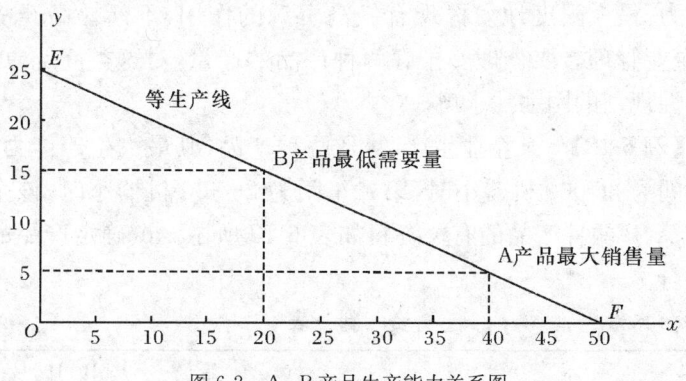

图 6-2　A、B产品生产能力关系图

图中 E 点表示如果不生产 A 产品,B 产品能生产 25 件;F 点表示如果 B 产品不生产,A 产品能生产 50 件。EF 线为等生产线,在 EF 线上的任何一点作平行于 x 轴的直线相交于 y 轴的一点为 B 产品产量,作平行于 y 轴的直线相交于 x 轴的另一点为 A 产品产量。A、B 产品产量分别乘加工时间,其加工时间总数始终等于 100 小时。现加工 A 产品每小时的边际贡献为 $\frac{7}{2}$ 即 3.5 元,B 产品为 $\frac{10}{4}$ 即 2.5 元,应尽可能多安排 A 产品生产。具体安排有:一是先满足 A 产品的最大可能销售量,余下生产能力生产 B 产品。假设 A 产品最大销售为 40 件,见图 6-2 所示,B 产品生产 5 件。二是先安排 B 产品的最低需要量,余下生产能力全部安排 A 产品。假如 B 产品至少生产 15 件,则 A 产品生产 20 件。

前一种方法适用于 A、B 两种产品都是非必需品,企业可以自由选择。后一种方法适用 B 产品是某种必需品,在我国至少应满足最低的需要量。

(2) 复杂条件下的两种产品组合。当企业同时生产两种产品,常常要受到企业现有经济资源,如产品加工能力、原材料或电力供应、市场销售等方面的限制。为了充分利用企业的人力、物力和财力,最大限度地发挥现有经济资源的作用,不断提高经济效益,企业管理者要合理安排好两种产品的产量,对这类问题,可以用线性规划的图解法求解。

【例 6-18】 某企业生产 A、B 两种产品,其最大生产能力,第一车间为 36 000 机器小时,第二车间为 26 400 机器小时,该企业生产 A、B 两种产品的有关资料如表 6-18 所示。试确定产品的最优组合。

表 6-18　　　　　　　　资　料　表

项　　目		A　产　品	B　产　品
加工时间	第一车间	15	5
(机器小时)	第二车间	6	12
单位边际贡献(元)		14	8
预测销售数量(件)		2 400	1 800

首先,确定目标函数与约束条件的方程。

设 x_1 和 x_2 为最优组合的 A、B 两种产品产量,设 S 为可提供的边际贡献,则其目标函数如下:

$$\text{Max}S = 14x_1 + 8x_2$$

约束方程有：

$$15x_1 + 5x_2 \leqslant 36\ 000 \tag{1}$$
$$6x_1 + 12x_2 \leqslant 26\ 400 \tag{2}$$
$$x_1 \leqslant 2\ 400 \tag{3}$$
$$x_2 \leqslant 1\ 800 \tag{4}$$
$$x_1 \geqslant 0 \tag{5}$$
$$x_2 \geqslant 0 \tag{6}$$

其次，根据约束方程在平面直角坐标系中绘制图式，确定产品组合的"可行性面积"，即解决问题的区域，在这个区域内任何产品组合都是可行的，如图 6-3 所示。

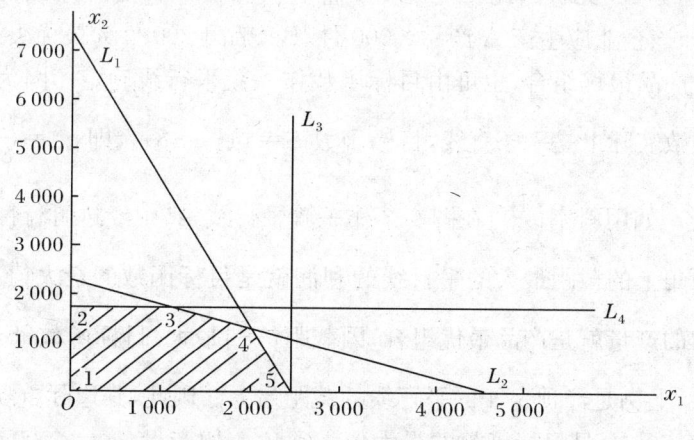

图 6-3　产品组合图

最后，确定产品最优组合，即找出使目标函数值最大的点。

在图的"可行性面积"之内共有 5 个顶角，要用不同方法求出每个顶角的 x_1 和 x_2 数值。顶角 1 为 $(0,0)$，顶角 2 为 $(0,1\ 800)$，顶角 3 为 $(800,1\ 800)$，顶角 4 为 $(2\ 000,1\ 200)$，顶角 5 为 $(2\ 400,0)$。

有了各顶角 $(x_1$ 和 $x_2)$ 的数值就可分别计算各种可行性组合的边际贡献总额如表 6-19 所示。

表 6-19

计 算 表

顶角	产 品 组 合		目标函数（$14x_1 + 8x_2$）	边际贡献总额
	x_1	x_2		
1	0	0	$14 \times 0 + 8 \times 0$	0
2	0	1 800	$14 \times 0 + 8 \times 1\ 800$	14 400
3	800	1 800	$14 \times 800 + 8 \times 1\ 800$	25 600
4	2 000	1 200	$14 \times 2\ 000 + 8 \times 1\ 200$	37 600
5	2 400	0	$14 \times 2\ 400 + 8 \times 0$	33 600

由上计算结果表明，顶角 4 的目标函数值最大（其边际贡献总额为 37 600 元），因此，$x_1 = 2\ 000$ 件、$x_2 = 1\ 200$ 件是产品最优组合，即该企业应生产 A 产品 2 000 件、B 产品 1 200 件为最优决策。

产品最优组合，也可由目标函数作一簇平行线确定。因为目标函数实际上是一条直线，目标函数 $S = 14x_1 + 8x_2$，即 $x_2 = \dfrac{S}{8} - \dfrac{14}{8}x_1$。如用斜率$\left(\dfrac{14}{8}\right)$在图 6-3 作一簇平行线，其中经过可行性面积顶角上的截距最大的平行线的利润就是目标函数的最大值，该顶角的产量就是产品最优组合，因截距$\left(\dfrac{S}{8}\right)$最大，目标函数（$S$）也最大，上例是经顶角 4 的平行线的截距最大。因此，其边际贡献总额 37 600 元是目标函数的最大值。顶角 4 的产量 $x_1 = 2\ 000$ 件、$x_2 = 1\ 200$ 件，是产品的最优组合。

2. 两种以上产品的合理组合

如果企业生产两种以上的产品，就要用单纯形法进行合理安排，以取得最佳效果。单纯形法是用线性代数解联立方程时在迭代法的基础上发展起来的，它是用来求解具有线性联系的极值问题的最一般而有效的专门方法。

【例 6-19】 假定有 A、B 两种产品，它的目标函数和约束条件如下：

目标函数：$S = 5x_1 + 4x_2$，求最大值。

约束条件：

$$5x_1 + 2x_2 \leqslant 15\ 000 \qquad (1)$$
$$2x_1 + 4x_2 \leqslant 12\ 000 \qquad (2)$$
$$x_1 \leqslant 2\ 500 \qquad (3)$$
$$x_2 \leqslant 2\ 500 \qquad (4)$$
$$x_1、x_2 \geqslant 0 \qquad (5)$$

首先，加松弛变量 x_3、x_4、x_5、x_6，使原方程不等式化为等式：

$$5x_1 + 2x_2 + x_3 \qquad\qquad = 15\ 000 \qquad (1)$$
$$2x_1 + 4x_2 \quad + x_4 \qquad\quad = 12\ 000 \qquad (2)$$
$$x_1 \qquad\qquad + x_5 \quad = 2\ 500 \qquad (3)$$
$$x_2 \qquad\qquad\quad + x_6 = 2\ 500 \qquad (4)$$

接着，计算列表如表 6-20 所示。

表 6-20　　　　　　　　**计　算　表**

方程	x_1	x_2	x_3	x_4	x_5	x_6		比值
(1)	5	2	1	0	0	0	15 000	3 000
(2)	2	4	0	1	0	0	12 000	6 000
(3)	1	0	0	0	1	0	2 500	2 500
(4)	0	1	0	0	0	1	2 500	∞
(5)	⑤	4	0	0	0	0	S	

因为求目标函数最大值，所以迭代从目标函数最大值 5 开始，也就是首先考虑 x_1 列。先求各项比值：$\dfrac{15\ 000}{5} = 3\ 000$，$\dfrac{12\ 000}{2} = 6\ 000$，$\dfrac{2\ 500}{1} = 2\ 500$，$\dfrac{2\ 500}{0} = \infty$，最小值为第 3 行，就从这一行着手变换。将这一行这一列的值化为 1，这列的其他各行的数字化为 0，如表 6-21 所示。

表 6-21

计 算 表

方　　程	x_1	x_2	x_3	x_4	x_5	x_6		比值
(6)=(1)−(3)×5	0	2	1	0	−5	0	2 500	1 250
(7)=(2)−(3)×2	0	4	0	1	−2	0	7 000	1 750
8=(3)	1	0	0	0	1	0	2 500	∞
(9)=(4)	0	1	0	0	0	1	2 500	2 500
(10)=(5)−(3)×5	0	④	0	0	−5	0	S−12 500	

然后,考虑(10)行中 x_2 列,用同样方法计算如表 6-22 所示。

表 6-22　　　　　**计 算 表**

方　　程	x_1	x_2	x_3	x_4	x_5	x_6		比值
(11)=(6)÷2	0	1	0.5	0	−2.5	0	1 250	−500
(12)=(7)−(6)×2	0	0	−2	1	8	0	2 000	250
(13)=(8)	1	0	0	0	1	0	2 500	2 500
(14)=(9)−(11)	0	0	−0.5	0	2.5	1	1 250	500
(15)=(10)−(6)×2	0	0	−2	0	⑤	0	S−17 500	

最后,考虑(15)行中 x_5 列,用同样的方法计算如表 6-23 所示。

表 6-23　　　　　**计 算 表**

方　　程	x_1	x_2	x_3	x_4	x_5	x_6	
(16)=(11)+(17)×2.5	0	1	−0.125	0.3125	0	0	1 875
(17)=(12)÷8	0	0	−0.25	0.125	1	0	250
(18)=(13)−(17)	1	0	0.25	−0.125	0	0	2 250
(19)=(14)−(17)×2.5	0	0	0.125	−0.3125	0	1	625
(20)=(15)−(17)×5	0	0	−0.75	−0.625	0	0	S−18 750

现在,(20)行中目标函数都是负号,说明最优方案已经得到。
x_1=2 250,x_2=1 875,目标函数 S=18 750 元。单纯形法不受两种产品限制,两种以上产品可以用同样方法求解,不过计算较麻烦,如果用计算机就容易多了。

二、定价决策

产品价格的决策,就是确定什么样的产品价格,才能使企业的利润最大。

在资本主义制度下,大多数产品在所谓"自由"竞争的形势下,按照供求规律在市场上进行销售,产品的价格也是在市场上自发形成的,完全受市场调节。产品定价过高将会影响销路,甚至会被市场所摈弃;定价过低,则不能保证企业有足够的利润,致使投资者裹足不前。因此,确定产品最佳售价的决策分析,关系到企业的盛衰兴亡,影响极大。必须注意,影响产品售价的因素是多方面的,除产品的质量以外,产品的销售量、销售成本(包括变动成本和固定成本),以及最终的目标利润等等都与售价的高低有密切联系,我们必须全面考虑各有关因素的影响。根据售价的连续与否,可以分两种情况来决策。

(一)"连续型"售价的定价

销售价格高低和销量、成本、利润有关。如果成本水平不变,产品售价高,企业的利润就多。但价格高要影响销售数量,而销售数量减少,又会使成本增大,销量和成本都会影响利润,它们之间的关系可以用图6-4表示。

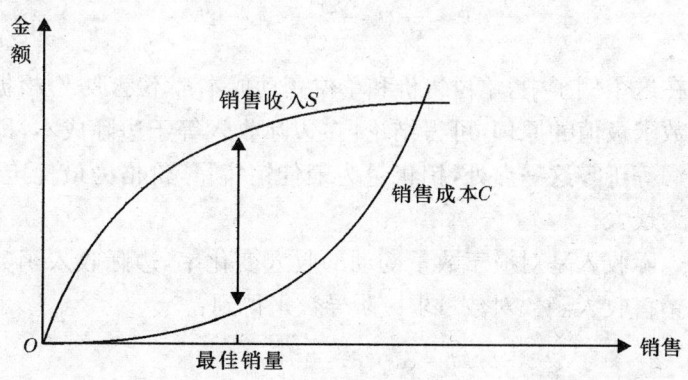

图 6-4　销量、成本和利润的关系

图中曲线 V 表示需求曲线，当售价高时，销售量比较少，随着价格的下降，销售量相应增加。曲线 S 表示销售收入，价格高时，由于销售量少，总的销售收入比较少。当价格下降，销售数量增加，销售量增加的销售收入大于价格下降的损失，所以总的销售收入是增加的。当价格下降到一定的程度，销售量增加缓慢，价格下降损失大于销售量增加的收入，总的销售收入反而呈现出下降的趋势。曲线 C 表示销售成本，当销售量很低的时候，产品成本比较高，随着销售量增加，产品单位成本逐步下降，但成本下降有一定限度，超过这一限度，单位成本又会提高，呈现一个下凹的曲线。在 S 曲线和 C 曲线之间有一个距离最大的销售点，就是最佳利润点。与此点相应的销售量和价格水平是最优的。

　　【例 6-20】　某企业的销售收入和销售成本的函数如下，其中 x 表示销售量。

$$S = 104x - 4x^2$$

$$C = \frac{x^3}{3} - 4x^2 + 40x + 250$$

利润函数 P 是：

$$P = S - C = -\frac{x^3}{3} + 64x - 250$$

　　在这个例子中，单位售价和单位变动成本都不是常数，根据一元函数求极值的原理，可得结论：在边际收入等于边际成本，即边际利润等于零这一点处，销售量为最佳销售量，价格为最优定价，利润为最大。

　　边际收入是对应于数量变动的收入变化率，边际收入函数可通过销售收入函数对数量求一阶导数来得到：

$$M_s = (\mathrm{d}s)/\mathrm{d}x = 104 - 8x$$

　　同样，边际成本是对应于数量变动的成本变化率，边际成本同样可以求导得到：

$$M_c=(\mathrm{d}s)/\mathrm{d}x=x^2-8x+40$$

令边际收入等于边际成本，并解出 x，即可求得最大利润的销售量：

$$104-8x=x^2-8x+40$$
$$x^2=64$$
$$x=\pm8$$

也可直接对利润 P 求极值，

$$M_P=(\mathrm{d}P)/\mathrm{d}x=-x^2+64$$

令其为 0，即 $$-x^2+64=0$$
$$x=\pm8$$

因为产量不能负数，最佳利润点应销售 8 件，定价为 72 元。

（二）"离散型"售价的定价

如果价格与成本不能用连续函数来表示，则只能通过编制表格来确定最优定价，通过比较不同的价格水平的边际收入、边际成本、边际利润来确定售价，即边际利润最接近（等于）零的时候。

【例 6-21】 某产品售价 20 元，现在每月销售 240 只，单位变动成本 10 元，固定成本共 400 元，如果价格逐步下降到 18 元、16 元、14 元、12 元，预计销售量分别增加为 310 只、390 只、460 只、540 只，求应定价多少元，使企业的利润最高。

根据上述资料，可编制分析计算表如表 6-24 所示。

下述中的边际收入是指增加销售量所增加的收入，边际成本是指增加销售量所增加的成本，边际利润是指增加销售量所净增的边际利润，即边际收入减去边际成本数，也就是净增加利润数。

表 6-24 **分 析 计 算 表** 单位: 元

销售单价	预计销售量(只)	销售收入	变动成本	固定成本	成本合计	边际收入	边际成本	边际利润	利润
20	240	4 800	2 400	400	2 800	—	—	—	2 000
18	310	5 580	3 100	400	3 500	780	700	80	2 080
16	390	6 240	3 900	400	4 300	660	800	−140	1 940
14	460	6 440	4 600	400	5 000	40	600	−560	1 440
12	540	6 480	5 400	400	5 800	40	800	−760	680

在计算过程中,当边际收入大于边际成本时,边际利润为正数,降价有利;当边际收入等于边际成本,即边际利润等于零时,降价没有意义;当边际收入小于边际成本时,边际利润为负数,降价不利。由此可知,销售价格下降的最大限度是边际收入等于边际成本的地方,最佳价格应该是边际利润等于零(或最接近零)的地方。本例最佳售价为 18 元,预计销售量可达 310 只,利润为 2 080 元。

(三) 调 价 决 策 的 方 法

在市场经济条件下,不可能指望某种产品的价格一成不变,在一定条件下,对某些产品的价格进行适当调整是企业定价决策需要认真考虑的。一般有以下几种调价决策方法。

1. 价格弹性的作用

价格弹性是价格影响需求量的一个弹性系数,它反映需求量受价格变化率影响的变动程度。

$$价格弹性 = \frac{需求量变化的百分比}{价格变化的百分比}$$

其数学定义是:

$$弹性(Q) = \lim_{\Delta p \to 0} \frac{\dfrac{\Delta x}{x}}{\dfrac{\Delta p}{p}} = \left(\lim_{\Delta p \to 0} \frac{\Delta x}{\Delta p} \right) \cdot \frac{p}{x} = f'(p) \cdot \frac{p}{x}$$

式中的 x 为需求量，p 为价格，$x=f(p)$ 为需求函数。从数学意义上看，由于 $x=f(p)$ 是单调减函数，所以，价格弹性 $Q=f'(p)\dfrac{p}{x}$ 恒为负值，表明价格每增加（或减少）1%时，需求量所降低（或增加）的百分比。

价格弹性的绝对值可以反映出需求与价格变化水平的关系。$|Q|>1$ 表明价格以较少幅度变动时，可使需求量产生较大幅度的反弹，弹性大。$|Q|=1$ 表明需求量受价格变动影响的幅度与价格本身变动幅度一致。$|Q|<1$ 说明价格变动幅度即使很大，需求量的变化幅度也不会太大，弹性小。

价格弹性的大小，说明了商品价格与需求之间反方向变动的水平大小。弹性大的商品应采取调低价格的方法，采用薄利多销；弹性小的商品，不仅不应调低价格，相反，在条件许可的范围内还可以适当调高价格。对于 $|Q|=1$ 的商品，如何调价应具体分析，这种根据价格弹性确定调价方向的方法也叫弹性定价策略。

2. 利润无差别点法

在实际经济生活中，有时很难确定价格弹性，那就要应用利润无差别点法进行调价决策。

利润无差别点法是指利用调价后预计销量与利润无差别点销量之间的关系进行调价决策的一种方法。

利润无差别点销量是指某种产品为确保原有盈利能力在调价后应至少达到的销售量指标。

$$\text{利润无差别点销量}(x_0)=\frac{\text{固定成本}+\text{调价前可获利润}}{\text{拟调单价}-\text{单位变动成本}}$$

$$=\frac{a_0+T}{p_1-b_0}$$

若调价后预计销量大于利润无差别点销量，则可考虑调价；若调价后预计销量小于利润无差别点销量，则不能调价；若调价后预计销量等于利润无差别点销量,则调价与不调价效益一样。

【例6-22】 某企业生产 A 产品,其售价为 20 元/件时,可销售 2 000 件,固定成本 6 000 元,变动成本为 12 元/件,企业现有最大生产能力为 3 800 件。要求用利润无差别点法评价以下各不相关条件下的调价方案的可行性。

(1) 若 A 产品售价调低为 17 元/件,预计销量可达到 3 310 件。

(2) 若 A 产品售价调低为 16 元/件,预计销量可达到 4 000 件。

(3) 若 A 产品售价调低为 16 元/件,预计最大销量可达到 4 600 件,但企业必须追加 1 000 元固定成本才能具备生产 4 600 件产品的能力。

(4) 若 A 产品售价调高为 22 元/件,只能争取到 1 400 件订货(剩余生产能力无法转移)。

(5) 若 A 产品售价调高为 22 元/件,销量订货 1 400 件,剩余生产能力可以转移,可获边际贡献 2 200 元。

已知:$p_0 = 20$ $x_0 = 2\,000$ $b_0 = 12$ $a_0 = 6\,000$ $x = 3\,800$

$$P = (20 - 12) \times 2\,000 - 6\,000 = 10\,000(元)$$

方案(1):已知 $p_1 = 17$ $x_1 = 3\,310$

$$无差别点销量(x_0) = \frac{6\,000 + 10\,000}{17 - 12} = 3\,200(件)$$

∵ 3 800>3 310>3 200

∴ 调价方案可行

方案(2):已知 $p_1 = 16$ $x_1 = 4\,000$

$$x_0 = \frac{6\,000 + 10\,000}{16 - 12} = 4\,000(件)$$

∵ 4 000=4 000>3 800

∴ 调价方案不可行

方案（3）：已知 $p_1=16$　$x_1=4\,600$　$a_1=1\,000$　$x=4\,600$

$$x_0=\frac{(6\,000+1\,000)+10\,000}{16-12}=4\,250（件）$$

∵　$4\,600=4\,600>4\,250$

∴　调价方案可行

方案（4）：已知 $p_1=22$　$x_1=1\,400$

$$x_0=\frac{6\,000+10\,000}{22-12}=1\,600（件）$$

∵　$1\,400<1\,600<3\,800$

∴　调价方案不可行

方案（5）：已知 $p_1=22$　$x_1=1\,400$　$P=10\,000-2\,200=7\,800$

$$x_0=\frac{6\,000+7\,800}{22-12}=1\,380（件）$$

∵　$1\,400>1\,380$

∴　调价方案可行

从上例可见，在调价决策时，当售价下调时，应注意预计销量与利润无差别点及最大生产能力的关系；当售价上调时，除要注意预计销售量与利润无差别点外，还要考虑剩余生产能力是否可转移的问题。

3. 利润增量法

如果调价在成本水平不变、生产能力许可，且生产能力又不能转移的前提下，可通过计算调价后的利润增量来判断方案的可行性。利润增量 ΔP 可计算如下：

$$\Delta P=\binom{价格调低（高）后销量变动量带}{来的边际贡献增加（减少）额}+\binom{按调价前销量计算的因价格变动}{而带来的销售收入减少（增加）额}$$

$$\Delta P=(P_1-b)\cdot\Delta x+\Delta p\cdot x$$

式中　Δx——销量变动量；

Δp——价格变动量。

利润增量法是通过判断 ΔP 是否大于或小于零，来取舍调价方案的。

当价格调低时，$\Delta x > 0$，$\Delta p < 0$，若 $\Delta P > 0$，即调价可行，说明调价增加的边际贡献大于因调价减少的销售收入；反之，调价不可行。

当价格调高时，$\Delta x < 0$，$\Delta p > 0$，若 $\Delta P > 0$，即调价可行，说明调价增加的销售收入大于调价减少的边际贡献；反之，不可行。

利润增量法不仅可以进行调价可行性分析，还可提供调价前后效益变动情况，有其实用价值，但只适用成本不变的情况，有一定局限性。

【例 6-23】 仍用［例 6-22］资料中的有关内容及第（1）、（4）两种调价方案。要求用利润增量法进行调价决策。

方案（1）：已知 $p_0 = 20$　　$p_1 = 17$　　$x_0 = 2\,000$　　$x_1 = 3\,310$
$b_0 = 12$

$$\Delta x = 3\,310 - 2\,000 = 1\,310$$
$$\Delta p = 17 - 20 = -3$$
$$\Delta P = (17 - 12) \times 1\,310 + (-3) \times 2\,000$$
$$= 6\,550 - 6\,000 = 550 > 0$$

调价方案可行。

方案（4）：已知 $p_0 = 20$　　$p_1 = 22$　　$x_0 = 2\,000$　　$x_1 = 1\,400$

$$\Delta x = 1\,400 - 2\,000 = -600$$
$$\Delta p = 22 - 20 = 2$$
$$\Delta P = (22 - 12) \times (-600) + 2 \times 2\,000$$
$$= -6\,000 + 4\,000 = -2\,000 < 0$$

调价方案不可行。

习　题

一、判断题

1. 亏损产品是因为销售收入小于销售成本,所以亏损产品不宜再生产。　　　　　　　　　　　　　　　　　　（　　）

2. 历史成本和沉落成本都是指过去发生的成本,与企业的未来决策无关,均属无关成本。　　　　　　　　　　（　　）

3. 增量成本和边际成本从广义上说属于差别成本。（　　）

4. 机会成本并非实际支出,不记入会计账簿,因此在决策中也不必考虑。　　　　　　　　　　　　　　　　　　（　　）

5. 半成品进一步加工的决策主要是研究进一步加工后所得的收入是否超过进一步加工时所追加的成本。　　　（　　）

6. 短期经营决策时只考虑变动成本不需考虑固定成本。
　　　　　　　　　　　　　　　　　　　　　　　　（　　）

7. 如果亏损产品创造的边际贡献大于零就不应该停产。
　　　　　　　　　　　　　　　　　　　　　　　　（　　）

8. 在半成品是否继续加工后出售还是立即出售的决策中,对进一步加工前的成本属于无关成本。　　　　　　　（　　）

9. 当边际收入大于边际成本,且边际利润开始下降时,产品价格为最佳价格。　　　　　　　　　　　　　　　　（　　）

10. 企业在零部件自制与外购的决策分析时,可把自制的差别成本与外购的差别成本进行对比,选择成本较低的作为最优方案。　　　　　　　　　　　　　　　　　　　　（　　）

二、单项选择题

1. 下列属无关成本的成本是(　　　　)。

A. 联合成本　　　　　　　B. 可延缓成本

C. 估算成本　　　　　　　D. 可分成本

2. 应增产哪一种产品的选择,主要考虑(　　)。

　　A. 产品的销售收入　　　B. 产品的利润

　　C. 每小时产品的边际贡献　D. 产品的单位边际贡献

3. 在生产能力允许范围内考虑接受特殊订货的条件是(　　)。

　　A. 特殊订货所增加边际贡献大于压缩正常订货的边际贡献

　　B. 特殊订货所增加边际贡献大于所增加的固定成本

　　C. 特殊订货有新增加的边际贡献

4. 用利润增量法进行调价只适用(　　)情况下进行。

　　A. 生产能力许可　　　　B. 成本水平不变

　　C. 生产能力不能转移　　D. 生产能力可转移

5. 在离散型售价的定价决策时,最优价格是(　　)时候的产品价格。

　　A. 边际利润最接近零　　B. 边际利润等于零

　　C. 边际利润最接近或等于零

　　D. 边际利润大于零

6. 在新产品开发决策中,如果不需追加专属成本,且生产能力不确定时,应采用的指标是(　　)。

　　A. 单位边际贡献　　　　B. 单位变动成本

　　C. 边际贡献总额　　　　D. 利润总额

7. 某零件的外购单价是 10 元,自制单位变动成本为 6 元,自制增加专属成本 2 000 元,则该部件的成本平衡点的业务量为(　　)件。

　　A. 200　　　　　　　　B. 500

　　C. 400　　　　　　　　D. 800

8. 在薄利多销的定价决策时,最优价格是(　　)时候的产品价格。

A. 边际利润最接近零　　B. 边际利润等于零

C. 边际利润最接近或等于零

D. 边际利润大于零

9. 某企业同时生产 A、B、C 三种产品,它们的单位边际贡献分别为 300 元、220 元和 230 元,年利润分别为 6 000 元、6 300 元和一1 000 元,这时企业的最佳选择是(　　)。

A. 继续生产亏损 C 产品　　B. 将亏损的 C 产品停产

C. 将产品停产转而生产利润最高的 B 产品

D. 将 C 产品停产转而生产边际贡献超过 C 的 A 产品

10. 某公司生产一种产品 A,进一步加工可生产另一种产品 B。A、B 两种产品在市场的销售价分别为 50 元/件和 120 元/件。生产 B 产品每年需要追加固定成本 20 000 元,变动成本为 10 元/件。若每 5 个单位的 A 产品可加工成 3 个单位的 B 产品,则该公司应(　　)。

A. 直接出售 A 产品,不应进一步加工

B. 当 B 产品市场需求超过 750 件时,就应将 A 产品进一步加工为 B 产品

C. 进一步加工生产 B 产品

D. 直接出售 A 产品或进一步加工并无差别

三、多项选择题

1. 根据决策问题所处的条件不同,决策可分为(　　)。

A. 非确定型决策　　　　B. 概率型决策

C. 风险型决策　　　　　D. 确定型决策

2. 属相关成本的成本有(　　)。

A. 不可避免成本　　　　B. 假计成本

C. 边际成本　　　　　　D. 账面成本

3. 短期决策的常用方法有(　　)。

A. 差量法　　　　　　　B. 差别法

C. 平衡分析法　　　　　　D. 数学模式法

4. 短期经营决策必须通盘考虑的因素有(　　　)。

   A. 相关利润　　　　　　　B. 相关业务量

   C. 相关收入　　　　　　　D. 相关成本

5. 根据售价的连续与否,可以分(　　　)情况来决策定价。

   A. 连续型售价的定价　　　B. 利润无差别点的定价

   C. 利润增量的定价　　　　D. 离散型售价的定价

6. 半成品是否进一步加工决策时应考虑的成本有(　　　)。

   A. 半成品自制成本

   B. 半成品进一步加工的变动成本

   C. 半成品进一步加工的机会成本

   D. 半成品加工的专属成本

7. 在下列情况中,亏损产品应该停产的有(　　　)。

   A. 剩余生产能力无法转移,但亏损产品的边际贡献大
      于零

   B. 剩余生产能力可转移,但亏损产品的边际贡献大于机
      会成本

   C. 剩余生产能力可转移,但亏损产品的边际贡献小于机
      会成本

   D. 剩余生产能力无法转移,且亏损产品的边际贡献小
      于零

8. 下列说法中,属于机会成本的正确说法有(　　　)。

   A. 如果接受追加订货,由于加工能力不足而占用正常订
      货所放弃的有关收入为接受追加订货方案的机会成本

   B. 如果不接受追加订货,由于加工能力不足所放弃的有
      关收入为不接受追加订货方案的机会成本

   C. 不接受追加订货可将设备出租,接受追加订货就不能出
      租设备,则设备出租租金为接受订货方案的机会成本

D. 亏损产品如果停产,可以转产其他产品,转产可以获得的边际贡献是继续生产亏损产品方案的机会成本

9. 在是否接受特殊追加订货的决策时,下列说法中正确的有( )。

A. 在简单条件下,只要特殊订货单价大于单位变动成本就应该接受追加订货

B. 在追加订货冲击正常产销量时,当接受追加订货增加的边际贡献大于由此减少的正常收入时,则应该接受追加订货

C. 当接受订货需要追加专属成本时,只要追加订货的边际贡献大于专属成本,就应该接受订货

D. 如果不接受追加订货可以将闲置设备出租,只要追加订货的边际贡献大于出租设备租金就应该接受追加订货

10. 零部件自制与外购决策分析中,下列正确的有( )。

A. 自制成本应包括直接材料、直接人工与制造费用

B. 专属成本、机会成本等也是决策时应考虑的成本

C. 当生产量大于成本无差别点业务量时应选择自制

D. 当生产量大于成本无差别点业务量时应选择外购

四、计算题

1. 资料:某工厂用同一台机器可以生产 A 产品,也可以生产 B 产品,它们的预计销售单价、数量和单位变动成本资料如表 6-25 所示。

表 6-25   **资 料 表**

产品名称	A 产品	B 产品
预计销售数量(台)	180	168
预计销售单价(元)	47.80	56
单位变动成本(元)	38	42

要求:用差量法分析该工厂究竟生产哪一种产品较为有利。

2. 资料：南洋公司生产孔雀牌衬衫，年产销量 50 000 件，只达到生产能力 50%，最近收到一份来自国外的订单，要求订购30 000件，单价为 6 元，接受这一特殊订单后，总的销售量从 50 000 件增加到 80 000 件。预计成本如表 6-26 所示。

表 6-26 　　　　　　　　　**预计成本表**　　　　　　　　单位：元

销售量	50 000件	80 000件
直接材料	75 000	120 000
直接人工	75 000	120 000
间接费用	200 000	260 000
总成本	350 000	500 000
单位成本	7	6.25

销售科长认为，这笔特殊订货的定价每件 6 元，虽然每件亏本 1 元（7—6），仍应接受这笔订货，理由是能挤入国外市场，为今后打开销路。

生产科长认为售价还不够成本（6.25—6），不应接受。

会计科长作了一番计算，认为不但不亏本，反而能够盈利。

要求：

（1）说明为什么销售从 50 000 件增加到 80 000 件时，单位成本从 7 元下降到 6.25 元。

（2）用数据说明生产科长有理还是会计科长有理。

3. 资料：假定晨光机器厂只生产甲机床，全年最大生产能力为 100 台，正常产销数量为 80 台，甲机床的销售单价为 1 000 元，其单位产品成本如下：

直接材料	300 元
直接人工	200 元
制造费用	
变动制造费用	100 元
固定制造费用	200 元
单位产品成本合计	800 元

要求：

（1）决策当有外商前来订货 20 台，只愿出价每台 700 元时，订货能否接受。

（2）若外商前来订货 40 台，这时晨光厂如接受该项订货就将减少正常的产品销售 20 台，但对方出价仍为每台 700 元，决策此项订货能否接受。

4．资料：假定祥茂公司所需用的某种零件的自制单位成本与外购单价的资料如表 6-27 所示。

表 6-27   **方案资料表**

自 制 方 案		外 购 方 案
单位直接材料	2 元	600 件以内单位购价 6 元
单位直接人工	1 元	
单位变动制造费用	1 元	600 件以上单位购价 5 元
固定制造费用总额（专属）	800 元	

要求：根据上述资料，确定该零件全年需要量在何种情况下采用外购方案为宜，又在何种情况下采用自制方案为宜。

5．资料：西湖电冰箱厂年产电冰箱 20 000 台，单价 600 元，单位变动成本 440 元，年固定成本 1 200 000 元，冰箱配套用的电动机自制成本如下：

单位直接材料成本	80 元
单位直接人工成本	25 元
单位变动制造费用	35 元
单位固定制造费用	20 元

今有东山电机厂向该厂推销电动机，保证质量，送货上门，每台 150 元。

要求：

（1）西湖厂外购电动机，原有设备可出租，每年租金收入

150 000 元(但每年增加 10 000 元维修费由西湖厂负担),决定应否外购电动机。

(2) 如果外购电动机,利用原设备可增产电冰箱 2 000 台(成本水平不变),决定应否外购电动机。

6. 资料:华新公司生产落地电扇,年产量 10 000 台,单价 200 元,单位变动成本 120 元,年固定成本 200 000 元,今有松江五金厂可供应电扇底座,送到本厂仓库每只价格 18 元,原来自制底座成本如下:

单位直接材料成本	6 元
单位直接人工成本	5 元
单位变动制造费用	3 元
单位固定制造费用	8 元
单位成本合计	22 元

要求:根据下列情况分别作出决策。

(1) 如该公司外购底座,原有设备别无他用,应否外购。

(2) 如果外购底座,可将原有设备出租,每月租金收入 1 000 元,底座应否外购。

(3) 如果外购底座,省下的人力和设备可以增产落地电扇 1 000 台,电扇供不应求,销路无问题,底座应否外购。

(4) 如果外购底座,多余能力可以制造新型壁灯与壁扇的组合新产品,因而获得 95 000 元的边际贡献,但需另外开支 10 000 元的试制费用,底座应否外购。

如果聘请你为公司经理,让你对上述四个方案作出最后的决策,你认为何方案为优?说明你的理由。

7. 资料:大成机床厂金工车间下设三条生产线。加工同一类型的 A 零件,甲生产线机械化程度低,乙生产线的机械化程度比甲高,而次于丙生产线,丙生产线自动化程度最高。三条生产线的固定成本不一样,单位变动成本也不一样,它们的有关历史资料如表6-28所示。

表 6-28 **成 本 资 料 表** 单位:元

生产线名称	每月固定成本	加工 A 零件的单位变动成本
甲	2 000	3
乙	3 500	2
丙	8 000	0.50

要求:车间主任判断在多少产量情况下、安排哪条生产线生产最为合适,生产成本最低。

8. 资料:南京炼油厂从原油中提炼出来的煤油,既可作为煤油出售,也可进一步通过裂化加工形成汽油和柴油后再行出售。煤油经过裂化加工的收得率是:汽油 85%,柴油 5%,损失 10%。假定裂化加工的加工费是每加仑 0.80 元,三种油每加仑的售价分别为煤油 2.20 元、汽油 3.80 元、柴油 1.90 元,假定该厂现有煤油 20 000 加仑,煤油的提炼成本是每加仑 1.10 元。

要求:对煤油裂化加工的方案进行决策分析,判断是否可行。

9. 资料:安康工厂制造甲、乙两种产品,原料由第一车间生产后分离为甲、乙两种半成品,联合成本按产量比例分配,甲产品由第二车间完成,乙产品由第三车间完成,有关资料预计如表 6-29 所示。

表 6-29 **预 计 资 料 表**

项　　　目	第 一 车 间	第 二 车 间	第 三 车 间
甲产品完工数量(只)	25 000	25 000	
乙产品完工数量(只)	75 000		75 000
成本:直接材料(元)	150 000		
直接人工(元)	80 000	30 000	40 000
变动制造费用(元)	20 000	10 000	20 000
固定制造费用(元)	90 000	25 000	35 000

甲产品成品售价每只 10 元,在第一车间生产后分离点的半成品售价为 8 元。

乙产品成品售价每只 5 元,在第一车间生产后分离点的半成品售价为 3 元。

要求:测算后决定以成品出售还是在第一车间加工后的分离点出售。

10. 资料:设某厂生产甲、乙两种产品,有关项目数据如表 6-30 所示。

表 6-30   **资 料 表**

项　　目	甲 产 品	乙 产 品	合　计
单位利润(元)	7	4	
机器加工时间(小时)	3	1	1 800
最高销售量(件)		600	
最低销售量(件)	100	0	

要求:建立数学模式,并用图解法计算甲、乙产品产量的最佳组合与最大利润。

11. 资料:假定永生公司生产甲、乙、丙三种产品,其中甲、乙两种产品是盈利产品,丙产品是亏损产品,有关销售及成本资料如表 6-31 所示。

表 6-31   **销售及成本资料表**   单位:元

项　　目	甲产品	乙产品	丙产品	合　计
销售收入	6 000	8 000	4 000	18 000
生产成本				
直接材料	800	1 400	900	3 100
直接人工	700	800	800	2 300
变动制造费用	600	600	700	1 900
固定制造费用	1 000	1 600	1 100	3 700
非生产成本				

项　　　目	甲产品	乙产品	丙产品	合　计
变动销售费用	900	1 200	600	2 700
固定销售费用	600	800	400	1 800
销售成本合计	4 600	6 400	4 500	15 500
利润	1 400	1 600	(500)	2 500

要求：

(1) 作出丙产品是否应停产的决策(假定丙产品停产后,其生产设备不能移作他用)。

(2) 假定丙产品停产后,其生产设备可以出租给别的工厂,预计每年可获得租金净收入1 800元,作出丙产品是否应停产的决策。

12. 资料：假设某厂A产品的每月销售量为x件。

销售单价为(元)：　　　$P(x) = 208 - 8x$

销售总成本为(元)：　　$T_c(x) = \frac{2}{3}x^3 - 8x^2 + 80x + 500$

要求计算：

(1) 该企业每月销售A产品多少件?

(2) 每件售价是多少?

(3) 最大利润额是多少?

13. 资料：某企业基期销售甲产品1 000件,单价20元,单位变动成本12元,固定成本5 000元。

要求：根据下列情况分别作出是否调价的决策。

(1) 如果单价为17元,预计销量为1 500件,企业最大生产能力1 800件。

(2) 如果单价为17元,预计销量可达2 000件,企业最大生产能力1 000件,但如果追加专属成本1 000元,生产量可达2 000件。

(3) 企业最大生产能力1 000件,如果单价为22元,预计销量可达800件,但剩余生产能力(200件)可得转移收入800元。

第七章　长期投资决策基础

第一节　长期投资决策的特征和程序

长期投资决策就是关于长期投资方案的选择。长期投资主要指固定资产增加、扩建、改造等方面的资金投入；有时也指购买长期债券、股票等证券方面的资金投入，在通常情况下专指前者。目前，我国的项目建设都要进行技术上、财务上、经济上的可行性分析。财务上与经济上的可行性分析，实际上就是长期投资决策。

一、长期投资决策的特征

（1）它涉及企业生产（或服务）能力的变动，而短期决策一般不涉及生产能力的变动。

（2）由于长期投资一般数额巨大，而其效益往往要经历较长时期才能实现。因此，决策的结果对企业有着较长的影响，一般至少在 1 年以上。而短期决策的结果对企业的影响较短，一般在 1 年（或一个营业周期）以内。

二、长期投资决策的程序

鉴于长期投资本身所具有的投入金额大、影响持续时间长、回收慢的特点，从而决定了长期投资直接影响着企业未来的长期效益与发展，甚至关系到企业的生死存亡。因此，企业通常对长期投资的决策比较慎重，有一套较为严密的程序。

1. 项目规划

项目规划就是根据市场情况以及自身发展的需要，提出项目建设的构想。

2. 编制项目建议书

对项目建设的必要性以及在技术上、财务上、经济上的可行性进行初步分析,并按管理权限报批后,分别列入各级前期工作计划,也就是对项目作出初步决策。

3. 编制可行性研究设计任务书

对项目建议书已批准并已列入前期工作计划的项目,由上级部门、企业单位委托设计或咨询单位按规定进行可行性研究,具体研究分析项目的产品市场和产、供、销情况及地点、技术设计方案、财务、经济效益等,编出可行性研究报告与设计任务书。

4. 确立项目

可行性研究报告及设计任务书应按管理权限报经有关部门批准,对项目作出最后决策。

以上程序是对基建项目的要求。至于更新改造项目,大中型的应比照基建项目办理;小型的则可根据具体情况简化程序。

会计人员参与长期投资决策,其重点在于可行性研究报告的财务、经济效益分析。

第二节　货币的时间价值

一、货币时间价值的含义

所谓货币时间价值,是指不同时点上的货币具有不同的价值。货币时间价值有两方面因素:一是利息因素;二是通货膨胀因素。由于后者变化不规则,不易计量,因此在长期投资决策中一般不予考虑。在通常情况下,货币时间价值专指利息。所以,货币时间价值也可这样表述:放弃现在使用货币的机会,可以换取按一定利率与时间计算的报酬。货币时间价值的一般表现形式从相对量来看就是在没有风险与通货膨胀条件下社会平均的资本利润率,在一定条件下可视同贷款利率;从绝对量来看,就是使用货币资本的机会成本或假计成本,即利息。

二、货币时间价值的计算制度

(一)单利与复利

1. 单利

单利是指只对最初的本金计息,而对每一计息期的应得利息在以后的期间中不予计息的一种计息方法。

【例7-1】 某人在银行存入1年期定期存款100元,假定年利率为10％,采用单利计息。则1年后的应计利息为10元(100×10％),2年后的应计利息为20元(100×10％×2)。显然,第一年的应得利息10元并未参加第二年的计息。

2. 复利

复利俗称"利滚利",即在每一计息期后,再将利息加入本金一起计息。

在一个计息期后,单利与复利计算的本利和是相同的,但在两个及两个以上计息期后,两者的结果是不同的,而且复利计算的本利和一定大于以单利计算的本利和。仍以上例资料作一比较如下:

	单利	复利
1年后的本利和	110元	110元
2年后的本利和	120元	121元
3年后的本利和	130元	133.1元

复利的计算比单利复杂,但比较合理,在长期投资决策中利息均采用复利计算。在本书的后面章节中,我们提到的利息均指复利。

(二)终值与现值

1. 终值

终值又称将来值,是指现在的一笔钱(即现值)在一定的利率下,若干年后的本利和。

设：S 为终值，P 为现值，i 为利率，n 为年数，则终值的计算公式如下：

第一年年初　　$S_0 = P$

第一年年末　　$S_1 = P + P \cdot i = P(1+i)$

第二年年末　　$S_2 = [P(1+i)](1+i) = P(1+i)^2$

第三年年末　　$S_3 = [P(1+i)^2](1+i) = P(1+i)^3$

　　　　……

第 $n-1$ 年年末　　$S_{n-1} = P \cdot (1+i)^{n-1}$

第 n 年年末　　$S_n = P \cdot (1+i)^n$

其中，$(1+i)^n$ 是一元的终值，通常称为终值系数，记作 $(S/P, i, n)$，在终值计算中，终值系数不一定需要计算，可查表（见附表一）得到。当 n 与 i 已知的情况下，就可查出相应的终值系数，然后乘以现值，就求得终值。

【**例 7-2**】　存入银行一年期定期存款 10 000 元，假定年利率为 10%，问 5 年后的终值是多少？

$$S = 10\,000 \times (S/P, 10\%, 5)$$

查表可知　　　　　$(S/P, 10\%, 5) = 1.611$

所以　　　　　$S = 10\,000 \times 1.611 = 16\,100（元）$

即，在年利率为 10% 情况下，现在的 10 000 元相当于 5 年后的 16 110元。

2. 现值

现值又称当前值，是指将若干年后的一笔钱，根据一定的利率折算成现在的价值。这个折算过程称为贴现或折现，所采用的利率称为贴现率或折现率。

根据终值的计算公式可以推出现值的计算公式：

$$P = \frac{S}{(1+i)^n} = S \times (1+i)^{-n}$$

其中，$(1+i)^{-n}$ 是 1 元的现值，通常称为现值系数，记作 $(P/S,i,n)$。在实际工作中，现值系数不用计算，可查表(见附表二)得到。

【例 7-3】 假定某人拟在 5 年后获得本利和 10 000 元，如果年利率 10%，那他现在应存入银行多少钱？

$$P=10\ 000\times(P/S,10\%,5)$$

查表可知 $(P/S,10\%,5)=0.621$

所以 $P=10\ 000\times0.621=6\ 210(元)$

即，在年利率为 10% 的情况下，5 年后的 10 000 元相当于现在的 6 210 元。

(三) 实际利率与名义利率

复利的计息期并不一定是 1 年，有可能是季度、月或日。当利息在 1 年内要复利 n 次时，给出的年利率叫做名义利率。由于 1 年要复利 n 次，计息基础在不断增大，因此得到的利息要比按名义利率计算的利息高。实际利率与名义利率的换算有两种方法。

1. 公式法

用公式表示，实际年利率与名义利率之间的关系是：

$$i=\left(1+\frac{r}{M}\right)^{M}-1$$

式中 r——名义利率；

　　　 M——每年复利次数；

　　　 i——实际利率。

【例 7-4】 本金 50 000 元，存入银行，年利率 8%，每季复利一次，5 年后可获本利和多少？

$$i=\left(1+\frac{r}{M}\right)^{M}-1=\left(1+\frac{8\%}{4}\right)^{4}-1=8.24\%$$

$$S_{5}=50\ 000\times(1+8.24\%)^{5}=50\ 000\times1.486=74\ 300(元)$$

2. 测试法

测试法是将一个实际问题转化为一个以年为单位的复利问题的方法，即建立一个等式，最终通过查表并利用插入法求得实际利率。

【例7-5】 仍以［例7-4］资料为例，

$$每季利率=8\%÷4=2\%$$

$$复利次数=5×4=20（次）$$

$$(1+2\%)^{20}=(1+i)^5$$

$$(1+i)^5=1.486$$

$$(S/P,i,5)=1.486$$

查表可得

$$(S/P,8\%,5)=1.469$$

$$(S/P,9\%,5)=1.538$$

用插入法求实际年利率。为了便于计算，先画一个线段图如图7-1所示。

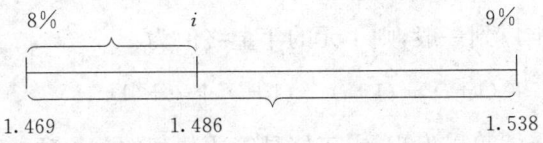

图7-1 利率线段图

$$i=8\%+\frac{1.486-1.469}{1.538-1.469}×(9\%-8\%)=8.25\%$$

本方法的计算结果 8.25% 与公式法的结果 8.24% 相差 0.01%，是由于四舍五入造成的，两种方法计算的结果是一致的。

（四）年金

每间隔相等的时间收入（或支出）一系列等额的款项，称为年金。年金在现实生活中有广泛的应用。普遍存在的如折旧、租金、保险费、零存整取的存款等都表现为年金。

年金的形式有四种：

1. 普通年金

普通年金又称后付年金，是指各期期末收付的年金。

(1) 普通年金终值。年金终值是指各年年金的终值之和。

【例7-6】 每年年末存入1元钱，年利率为10%，5年的年金终值如图7-2所示。

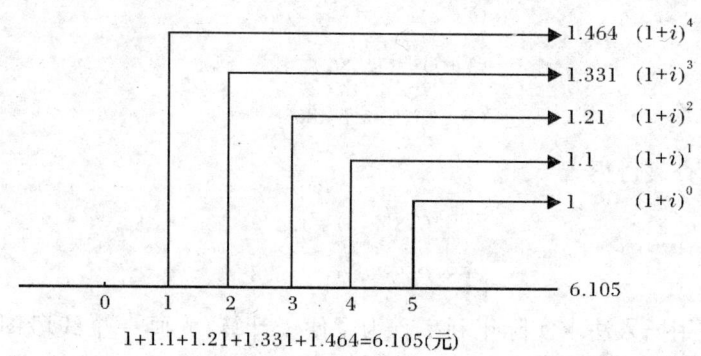

$1+1.1+1.21+1.331+1.464=6.105(元)$

图7-2 普通年金终值

如果推广到一般，则1元的年金终值为：

$$(1+i)^0+(1+i)^1+(1+i)^2+\cdots+(1+i)^{n-1}$$

观察上式可以发现，它正好是等比数列的前n项的和，其中，

首项 $a_1=(1+i)^0=1$

公比 $q=\dfrac{(1+i)^2}{(1+i)}=\dfrac{(1+i)^3}{(1+i)^2}=(1+i)$

因此，可由等比数列前n项求和公式求得年金终值系数。

∵ 等比数列前n项求和公式 $S_n=\dfrac{a_1(1-q^n)}{1-q}$

$$\therefore \text{年金终值系数} = \frac{1-[1-(1+i)^n]}{1-(1+i)} = \frac{1-(1+i)^n}{-i} = \frac{(1+i)^n-1}{i}$$

将[例7-6]的 $i=10\%$，$n=5$ 代入公式，得

$$\frac{(1+10\%)^{-5}-1}{10\%} = 6.105$$

可见，分别计算终值再求和与利用公式计算的结果是一致的。

通常将1元的年金终值称为年金终值系数，记作 $(S/A,i,n)$。在实际工作中，年金终值系数可查表(见附表三)得到。因此，每年等额的存入(或付出)A 的年金终值可表述为：

$$S_A = A \cdot (S/A,i,n)$$

【例7-7】 每年年末存入银行1 000元，年利率为8％，5年后可获本利和多少？

$$S_A = 1\,000 \times (S/A,8\%,5) = 1\,000 \times 5.866 = 5\,866(元)$$

与年金终值相关的一个概念是偿债基金。偿债基金是指为了使年金终值达到既定金额每年应支付的年金数额。由于年金终值 $S_A = A \cdot (S/A,i,n)$，因此偿债基金 $A = S_A \cdot \dfrac{1}{(S/A,i,n)}$，通常将年金终值系数的倒数 $\dfrac{1}{(S/A,i,n)}$ 称为偿债基金系数，记作 $(A/S,i,n)$。

【例7-8】 拟在3年后偿还20 000元的债务，从现在起每年等额存入银行一笔款项，如果银行存款年利率为10％，每年应存入多少钱？

$$A = S_A \cdot (A/S,i,n) = 20\,000 \times \frac{1}{3.31} = 6\,042(元)$$

（2）普通年金现值。年金现值是指各年年金的现值之和。

【**例 7-9**】 每年年末收入 1 元,年利率为 10%,5 年的年金现值如图 7-3 所示。

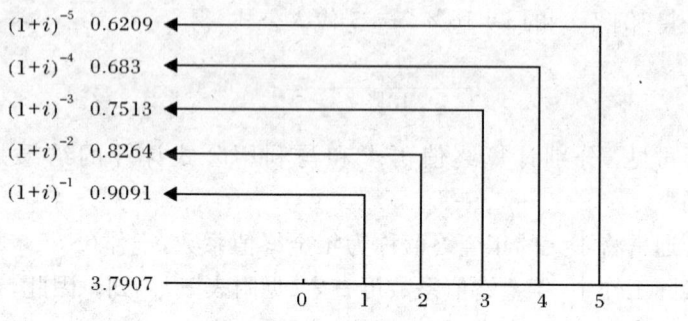

$$0.6209+0.683+0.7513+0.8264+0.9091=3.7907\approx3.791$$

图 7-3 普通年金现值

如果推广到一般,则 1 元的年金现值为:

$$(1+i)^{-1}+(1+i)^{-n}+\cdots+(1+i)^{-n}$$

同理,也可利用等比数列前 n 项求和公式推出 1 元的年金现值计算公式。

其中,首项 $\qquad a_1=(1+i)^{-1}$

公比 $\qquad q=\dfrac{(1+i)^{-2}}{(1+i)^{-1}}=\dfrac{(1+i)^{-3}}{(1+i)^{-2}}=(1+i)^{-1}$

$$1 元的年金现值=\dfrac{(1+i)^{-1}[1-(1+i)^{-n}]}{1-(1+i)^{-1}}$$

$$=\dfrac{1-(1+i)^{-n}}{(1+i)-1}=\dfrac{1-(1+i)^{-n}}{i}$$

将[例 7-9]的 $i=10\%$、$n=5$ 代入公式可得

$$\dfrac{1-(1+10\%)^{-5}}{10\%}=3.7907\approx3.791$$

通常,将 1 元的年金现值称为年金现值系数,记作 $(P/A,i,n)$。在实际工作中,年金现值系数可查表(见附表四)得到。因此,每年等额的存入(或付出)A 的年金现值可表述为:

$$P_A=A\cdot(P/A,i,n)$$

【例 7-10】 某企业打算连续 5 年在每年年末取出 20 000 元,如果年利率是 10％,现在应一次性存入银行多少钱?

$$P_A = 20\,000 \times (P/A, 10\%, 5) = 20\,000 \times 3.791 = 75\,820(元)$$

与年金现值相关的一个概念是回收额。回收额是指为了使年金现值达到既定金额每年应支付的年金数额。由于年金现值 $P_A = A \cdot (P/A, i, n)$,因此,回收额 $A = P_A \cdot \dfrac{1}{(P/A, i, n)}$,通常将年金现值系数的倒数 $\dfrac{1}{(P/A, i, n)}$ 称为回收系数,记作 $(A/P, i, n)$。

【例 7-11】 假设以 10％的利率借得 20 000 元,投资于某个寿命为 5 年的项目,每年至少要收回多少现金才是有利的?

$$A = 20\,000 \times \frac{1}{(P/A, 10\%, 5)} = 20\,000 \times \frac{1}{3.791} = 5\,276(元)$$

因此,每年至少要收回 5 276 元才行。

2. 预付年金

预付年金又称先付年金与即付年金,是每期期初支付的年金。

(1) 预付年金终值。预付年金终值的计算公式如下:

$$S_A = A \cdot [(1+i) + (1+i)^2 + \cdots + (1+i)^n]$$

上式中,中括号内是指 1 元的预付年金终值,表现为一个等比数列求和问题,其中首项为 $(1+i)$,公比为 $(1+i)$,根据等比数列求和公式可知:

$$\frac{(1+i) \cdot [1 - (1+i)^n]}{1 - (1+i)} = \frac{(1+i) - (1+i)^{n+1}}{-i}$$

$$= \frac{(1+i)^{n+1} - (1+i)}{i} = \frac{(1+i)^{n+1} - 1}{i} - 1$$

观察上式可以发现,1 元的预付年金终值即预付年金终值系数 $\left[\dfrac{(1+i)^{n+1} - 1}{i} - 1\right]$ 与普通年金终值系数 $\left[\dfrac{(1+i)^n - 1}{i}\right]$ 相比,期

数加 1,而系数减 1,可记作 $[(S/A,i,n+1)-1]$,并可利用普通年金终值系数表查得 $(n+1)$ 期的值,减去 1 后得到预付年金终值系数。

【例 7-12】 某企业连续 5 年于每年年初存入银行 5 000 元,年利率为 8%,到第五年年末可获本利和多少?

$$S_A = 5\,000 \times [(S/A,8\%,5+1)-1] = 5\,000 \times [(S/A,8\%,6)-1]$$

$$= 5\,000 \times (7.336-1) = 31\,680(元)$$

(2) 预付年金现值。预付年金现值的计算公式如下:

$$P_A = A \cdot [1+(1+i)^{-1}+(1+i)^{-2}+\cdots+(1+i)^{-(n-1)}]$$

上式中,中括号内是指 1 元的预付年金现值,表现为一个等比数列求和问题,其中首项为 1,公比为 $(1+i)^{-1}$,根据等比数列求和公式可知:

$$\frac{1-(1+i)^{-n}}{1-(1+i)^{-1}} = \frac{1-(1+i)^{-n}}{\dfrac{1+i}{1+i}-\dfrac{1}{1+i}} = \frac{1-(1+i)^{-n}}{\dfrac{1+i-1}{1+i}}$$

$$= \frac{[1-(1+i)^{-n}](1+i)}{i}$$

$$= \frac{(1+i)-(1+i)^{-n+1}}{i}$$

$$= \frac{1-(1+i)^{-(n-1)}}{i}+1$$

观察上式可以发现,1 元的预付年金现值即预付年金现值系数 $\left[\dfrac{1-(1+i)^{-(n-1)}}{i}+1\right]$ 与普通年金现值系数 $\left[\dfrac{1-(1+i)^{n}}{i}\right]$ 相比,期数减 1,系数加 1,可记作 $[(P/A,n-1)+1]$。预付年金现值系数可利用普通年金现值系数表查得 $(n-1)$ 期的值,然后加 1 得到。

【例 7-13】 5 年分期付款购物,每年年初付 500 元,如果年利率为 10%,该分期付款相当于一次性付款的购价是多少?

$$P_A = 500 \times [(P/A, 10\%, 5-1)+1] = 500 \times [(P/A, 10\%, 4)+1]$$
$$= 500 \times (3.17+1) = 2\,085(元)$$

3. 递延年金

递延年金是第一次收付款项发生在第二期或第二期以后的年金。显然,凡不是第一年年末开始的年金都是递延年金。递延年金的终值大小与递延期无关,因此计算方法与普通年金终值相同。

递延年金的现值计算有两种方法。

第一种方法,是把递延年金看作 n 期(有收付款项的期数)的普通年金,求出递延期末的现值,然后再将此现值调整到第一期期初。

【例 7-14】 某企业年初存入银行一笔钱,从第四年年末起每年取 10 000 元,至第八年年末取完。如果年利率为 10%,现在一次性应存入多少?

为了便于说明,作线段图如图 7-4 所示。

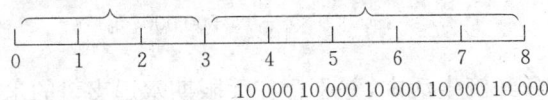

图 7-4　年取款线段图

$$P_A = 10\,000 \times (P/A, 10\%, 5) \times (P/S, 10\%, 3)$$
$$= 10\,000 \times 3.791 \times 0.751 = 28\,470.41(元)$$

第二种方法,是假设递延期中也存在收付款项,先求出所有期数年金现值,然后再扣除递延期实际并未发生的年金现值,即得到递延年金现值。

根据[例 7-14]的资料可得

$$P_A = 10\,000 \times [(P/A, 10\%, 8) - (P/A, 10\%, 3)]$$
$$= 10\,000 \times (5.335 - 2.487) = 28\,480(元)$$

需要说明的是,上述两种方法的计算结果有所差异,是由于货币时间价值系数表中系数四舍五入造成的,并不影响两种方法的正确性。

4. 永续年金

无限期定额支付的年金,即当期数 $n \to +\infty$ 时的普通年金称为永续年金。

永续年金没有终止的时间,因此不存在终值。永续年金现值的计算公式可以通过普通年金现值的计算公式推导后得:

$$P_A = A \cdot \frac{1-(1+i)^{-n}}{i}$$

当 $n \to +\infty$ 时,$(1+i)^{-n}$ 的极限为零,因此,永续年金的现值为

$$P_A = A \cdot \frac{1}{i}$$

【例 7-15】 拟建立一项永久性奖励基金,每年计划颁发50 000元的奖金。若年利率为 10%,现在应存入多少钱?

$$P_A = 50\,000 \times \frac{1}{10\%} = 500\,000(元)$$

在实际经济生活中,并不存在无限期永远支付的永续年金,但可以将利率较高、持续期限较长的年金视为永续年金。

第三节 现 金 流 量

一、现金流量的含义与内容

在长期投资决策中,投资收入与投资支出都是以现金实际收支为基础的。在未来一定时期内的现金流入量与现金流出量统称为现金流量,反映了广义现金(货币资金)的运动。具体地说,在现金流量中有三个概念。

1. 现金流出量

现金流出量通常包括四个方面。

(1)建设投资,指在建设期内发生的各种固定资产、无形资产

和递延资产的投资。

（2）为制造和销售产品所发生的各种料、工、费付现成本。这里的付现成本是指从产品成本中扣除固定资产折旧后的差额。其理由在于折旧费作为生产产品所必不可少的一项费用已计入产品成本，但实际上这笔折旧费并不是当期的现金开支，而是以前期间的开支在本期的摊销额。所以在计算现金流出量时，必须予以剔除，以真实反映现金流出的情况。

（3）垫支的流动资金。固定资产投资扩大了生产能力，引起了对流动资产需求的增加，因此需要垫付一笔流动资金以满足日常的周转，只有当项目终止时，才能收回这笔流动资金用于其他目的。

（4）所得税支出。从企业的角度出发，只有税后现金流量才真正属于自己，因此将所得税支出看作一种现金流出量。

2．现金流入量

现金流入量通常包括三个方面。

（1）项目投产后每年的营业收入（或付现成本节约额）。

（2）项目终止时，固定资产的变价收入。

（3）项目终止时，回收的流动资金。

3．现金净流量

现金净流量，是指"现金流入量"扣除"现金流出量"后的余额。通常以年为单位，称为"年现金净流量"，记作 NCF。在评价项目时主要以 NCF 为基础。

二、项目计算期

项目计算期是指投资项目从投资建设开始到最终清理结束的全部时间，用 n 表示。

项目计算期通常以年为单位，第 0 年称为建设起点，建设期的最后一年末称为投产日，若建设期不足半年，可假定建设期为零；项目计算期最后一年第 n 年称为终结点，可假定项目最终报废或清理均发生在终结点，但更新改造除外。

项目计算期包括建设期和生产经营期,从项目投产日到终结点的时间间隔称为生产经营期,也叫寿命期,由此可得:

$$项目计算期(n)=建设期+经营期$$

三、现金净流量的计算

（一）项目建设期内的现金净流量的计算

由于项目建设期内通常没有现金流入,因此现金净流量表现为投资额的相反数。即

$$NCF=0-当年投资额=-当年投资额$$

（二）项目经营期内的现金净流量的计算

1. 经营期经营现金净流量的计算

$$经营现金净流量(NCF)=销售收入-付现成本 \qquad (1)$$

$$经营现金净流量(NCF)=利润+折旧额及摊销额 \qquad (2)$$

2. 经营期终结点现金净流量的计算

$$终结点现金净流量(NCF)=经营现金净流量+回收额 \qquad (3)$$

公式(1)是根据现金流入量减去现金流出量的原则得到的;公式(2)是将权责发生制的结果调整为收付实现制的结果,由于利润中已扣除了所有成本,而折旧是沉落成本,并没有发生现金流出,不该扣除,因此要加回去。

需要注意的是,如果存在着无形资产与递延资产的摊销额,应与折旧作相同的处理。通常在经营期的最后1年,会发生固定资产变价收入以及流动资金的回收,应在上述公式的基础上加上去。

【例7-16】 某企业拟新建一条流水线,投资200万元,预计可用8年(假定直线法折旧,无残值),每年可生产产品2 000件,产品售价700元,单位变动成本300元,除折旧以外的固定成本400 000元。请计算各年的现金净流量。

$$NCF_0=-2\,000\,000$$

按公式(1)计算：

$$NCF_{1\sim8}=700\times2\,000-(300\times2\,000+400\,000)$$

$$=400\,000(元)$$

按公式(2)计算：

$$NCF_{1\sim8}=\left[2\,000\times(700-300)-\left(400\,000+\frac{2\,000\,000}{8}\right)\right]+\frac{2\,000\,000}{8}$$

$$=400\,000(元)$$

【例 7-17】 某企业拟更新已用了 2 年的旧设备。旧设备原值 42 000 元，账面价值 26 000 元，尚可使用 3 年，期满有残值 2 000 元，变现价值为 10 000 元。旧设备每年收入 70 000 元，付现成本 55 000 元。新设备买价 60 000 元，可用 3 年，使用新设备后每年可增加收入 10 000 元，并降低付现成本 15 000 元，期满无残值。

要求：(1) 分别计算两个方案的现金净流量。

(2) 计算更新方案的差量净流量。

(1) 继续使用旧设备的现金净流量：

$$NCF_0=-10\,000(元)$$

第 0 年无付现成本，其变现价值为机会成本。

$$NCF_{1\sim2}=70\,000-55\,000=15\,000(元)$$

$$NCF_3=15\,000+2\,000=17\,000(元)$$

采用新设备的现金净流量：

$$NCF_0=-60\,000(元)$$

$$NCF_{1\sim3}=(70\,000+10\,000)-(55\,000-15\,000)$$

$$=40\,000(元)$$

(2) 更新方案的差量净流量：

$$\Delta NCF_0=-60\,000-(-10\,000)=-50\,000(元)$$

$$\Delta NCF_{1\sim2} = 40\ 000 - 15\ 000 = 25\ 000(元)$$

$$\Delta NCF_3 = 40\ 000 - 17\ 000 = 23\ 000(元)$$

(三)考虑所得税因素

以往在长期投资决策中,人们较多地以税前利润为基础来确定现金流量,因为利税均是新创造的价值,都是为国家作出的贡献。随着社会主义市场经济的发展,企业越来越注意自己的微观效益,因此所得税作为一项费用,必须在确定现金净流量时予以考虑。所得税对现金净流量的影响主要表现在两个方面。

1. 经营期的现金净流量

经营现金净流量的计算公式可表述为:

$$NCF = 销售收入 - 付现成本 - 所得税 \tag{4}$$

$$NCF = 税后利润 + 折旧 \tag{5}$$

$$NCF = 销售收入 \times (1 - 税率) - 付现成本$$
$$\times (1 - 税率) + 折旧 \times 税率 \tag{6}$$

终结点的现金净流量的计算同上述公式(3)。

在上述三个公式中,公式(4)与公式(5)比较容易理解。公式(6)较难理解,但应用范围比较广。因为采用公式(4)、公式(5)计算 NCF,必须先将税前利润算出来,而有时候收入与支出的情况比较复杂,计算税前利润比较困难,这时就可采用公式(6)来计算。公式(6)共分三项:第一项可称为税后收入,其含义是假定后两项不变,收入增加多少,利润就增加多少,而企业只得到税后部分;第二项可称为税后付现成本,其含义与第一项相同,但方向正好相反;第三项可称为折旧抵税,其含义是折旧本身既不增加现金流量,也不减少现金流量,但折旧的发生将减少税前利润,从而可以少交所得税,流出的减少视同流入。

【例 7-18】 某企业投资 130 000 元购买机器一台,可用 5 年。期满有残值 10 000 元。该设备投入使用后每年可增加营业收入 80 000 元,同时付现成本将增加 36 000 元。假定按直线法计提折旧,所得税税率为 25%,计算经营期的现金净流量。

1. 经营现金净流量计算

按公式(4)计算:

$$NCF_{1\sim4}=80\,000-36\,000-\left[80\,000-\left(36\,000+\frac{130\,000-10\,000}{5}\right)\right]\times25\%$$

$$=80\,000-36\,000-5\,000$$

$$=39\,000(元)$$

按公式(5)计算:

$$NCF_{1\sim4}=\left[80\,000-\left(36\,000+\frac{130\,000-10\,000}{5}\right)\right]\times(1-25\%)$$

$$+\frac{130\,000-10\,000}{5}$$

$$=15\,000+24\,000$$

$$=39\,000(元)$$

按公式(6)计算:

$$NCF_{1\sim4}=80\,000\times(1-25\%)-36\,000\times(1-25\%)$$

$$+\frac{130\,000-10\,000}{5}\times25\%$$

$$=60\,000-27\,000+6\,000$$

$$=39\,000(元)$$

2. 终结点现金净流量计算

$$NCF_5=39\,000+10\,000=49\,000(元)$$

由上计算可知,三个公式的结果是一致的。在具体应用时,可视占有的资料,采用比较合适的方法。

3. 建设期的现金净流量

如果是新建项目,所得税对现金流量没有影响。年现金净流

量 $NCF=-$当年投资额；但如果是更新改造项目，固定资产的清理损益也应考虑所得税问题。

【例 7-19】 某企业甲机器原值 150 000 元，可用 5 年，期满无残值，直线法折旧，所得税税率为 25%。假定 3 年后，该企业花费 200 000 元以乙机器更换甲机器，甲机器的变现价值为 18 000 元。计算第 0 年的差量现金净流入量。

若不考虑所得税因素，那么

$$\Delta NCF_0 = 18\,000 - 200\,000 = -182\,000(元)$$

若考虑所得税因素，那么

$$\Delta NCF_0 = 18\,000 - 200\,000 + \left[\left(150\,000 - \frac{150\,000}{5} \times 3\right) - 18\,000\right] \times 25\%$$

$$= 18\,000 - 200\,000 + 10\,500$$

$$= -171\,500(元)$$

上述第三项 10 500 元的含义是营业外支出抵税部分。由于该机器已用 3 年，尚可使用 2 年。因此更新时的净值为

$$150\,000 - \frac{150\,000}{5} \times 3 = 60\,000(元)$$

而变现价值只有 18 000 元，于是就发生了 42 000 元的固定资产清理损失，记入"营业外支出"账户，减少了税前利润，可少交所得税 10 500 元。

第四节　长期投资决策的其他因素

一、投资项目的回收年限

投资回收的期限，是确定一项投资支出首先要考虑的问题，尤其是在市场竞争的情况下，不确定因素很多，回收期限越长，企业所承担的风险越大。所以，企业在进行投资决策时，都应确

定一个回收期限的标准。确定投资回收年限可考虑两个标准：一个是项目的自然寿命；另一个是项目的经济寿命。前者只考虑了固定资产的有形磨损，没有考虑无形磨损，不利于固定资产更新，跟不上技术发展的要求。此外，由于时间越长，变化越大，以及考虑贴现的因素，项目的回收年限不应定得太长。因此，从理论上讲，投资的回收年限应采用项目的经济寿命标准。在实际工作中，不同的行业有着不同的标准，可参照中国投资银行关于项目评估方面的年限标准。

二、贴现率

动态法中的贴现率，在国外是按照资本的机会成本确定的，通俗一点讲，贴现率是以一般市场利率或一般企业盈利率为基础，结合国家或银行在选择项目时的政策确定的。在我国，项目评估的贴现率一般采用正常的银行贷款利率计算，即使是该项目使用的是低息贷款或自筹资金，也应按正常的贷款利率计算，以反映资金的机会成本。在教材的实例与习题中，为了简化起见，通常贴现率是设定的整数利率。

三、投资与回收的时间确定

在动态法中，贴现的计算题是以年为单位的，但是投资与回收却往往是 1 年之中逐渐发生的，或在年内的某一时刻发生的。为了简化计算且出于稳健原则的考虑，在长期投资决策中，假定投资都是年初发生的，回收都是年末发生的，即同 1 年的投资与回收相差 1 年的利息。

习　　题

一、判断题

1. 在利率和计息期数相同的条件下，复利现值系数与复利终值系数互为倒数。　　　　　　　　　　　　　　　　（　　）

2. 在本金和利率相同的情况下,若只有一个计息期,单利终值与复利终值是相同的。　　　　　　　　　　　　（　　）

3. 货币时间价值的一般表现形式从相对量来看就是社会平均的资本利润率。　　　　　　　　　　　　　　　（　　）

4. 企业每月初支付的等额工资叫做预付年金。（　　）

5. 普通年金现值系数加1等于同期、同利率的预付年金现值系数。　　　　　　　　　　　　　　　　　　　（　　）

6. 现金流量与利润的主要区别是,前者的计算以收付实现制为基础,后者的计算以权责发生制为基础。　　　　　（　　）

7. 计算回收系数,可根据年金终值系数求倒数确定。（　　）

8. 在计算现金流量时,无形资产摊销额的处理与折旧额相同。　　　　　　　　　　　　　　　　　　　　（　　）

9. 凡不是第一年开始的年金都是递延年金。（　　）

10. 沉落成本是指已被指定用途的支出,在投资分析时应该特别予以考虑。　　　　　　　　　　　　　　（　　）

二、单项选择题

1. 某人年初存入银行1 000元,假设银行按每年10%的复利计息,每年年末提出200元,则最后一次能够足额(200元)提款的时间是(　　)。

　　A. 6年年末　　　　　　　　　B. 8年年末
　　C. 7年年末　　　　　　　　　D. 9年年末

2. 某投资项目年营业收入140万元,年付现成本60万元,年折旧40万元,所得税率25%,则该方案经营期的年现金净流量为(　　)万元。

　　A. 40　　　　　　　　　　　B. 70
　　C. 78　　　　　　　　　　　D. 52

3. 在计算预付年金终值时,应采用下列公式中的(　　)。

　　A. $S_A = A \cdot (S/A, i, n)$

B. $S_A = A \cdot [(S/A, i, n+1) - 1]$

C. $S_A = A \cdot [(S/A, i, n-1) + 1]$

D. $S_A = A \cdot (S/A, i, n+1) \cdot (1+i)$

4. 下列公式中用于计算偿债基金系数的是(　　)。

A. $\dfrac{i}{(1+i)^n - 1}$ 　　　　B. $\dfrac{(1+i)^n - 1}{i}$

C. $\dfrac{1 - (1+i)^{-n}}{i}$ 　　　　D. $\dfrac{i}{1 - (1+i)^{-n}}$

5. 某项存款年利率为 6%,每半年复利一次,其实际利率为(　　)。

A. 6.51% 　　　　　　B. 6.09%

C. 8.24% 　　　　　　D. 7.23%

6. 某项借款的利率为 10%,期限为 5 年,其投资回收系数为(　　)。

A. 0.16 　　　　　　B. 0.62

C. 0.26 　　　　　　D. 1.61

7. 与年金终值系数互为倒数的是(　　)。

A. 年金现值系数 　　　　B. 投资回收系数

C. 偿债基金系数 　　　　D. 现值系数

8. 分期付款购物,每年初付款 500 元,一共付 5 年,如果利率为 10%,相当于现在一次性付款(　　)元。

A. 1 895.5 　　　　　　B. 2 085

C. 1 677.5 　　　　　　D. 1 585

9. 某旧设备原值 50 000 元,账面价值 30 000 元,变现价值 10 000 元,继续使用旧设备第 0 年的相关成本为(　　)元。

A. 50 000 　　　　　　B. 30 000

C. 20 000 　　　　　　D. 10 000

10. 对于一个年金问题,如果没有强调是每期期初还是每期期末收到或支付的,通常可认为是( )。

    A. 普通年金   B. 预付年金

    C. 递延年金   D. 永续年金

三、多项选择题

1. 下列项目中,属于年金的有( )。

    A. 定期发放的固定奖金   B. 每年的固定工资

    C. 各种方法计算的折旧额   D. 每年的固定租金

2. 以下的公式中,表示年金现值系数或与年金现值系数等价的有( )。

    A. $(P/A,i,n)$ B. $(A/P,i,n)$

    C. $\dfrac{1}{(S/A,i,n)}$ D. $\dfrac{1}{(A/P,i,n)}$

3. 下列项目中,属于现金流出的项目有( )。

    A. 折旧费   B. 设备更新支出

    C. 开办费支出   D. 所得税

4. 偿债基金系数等于( )。

    A. 年金现值系数的倒数   B. 年金终值系数的倒数

    C. $\dfrac{1}{1-(1+i)^{-n}}$ D. $\dfrac{1}{(1+i)^{n}-1}$

5. 计算税后现金净流量的公式有( )。

    A. 营业收入－付现成本－所得税

    B. 税后利润＋折旧额

    C. 收入×(1－税率)－付现成本×(1－税率)－折旧×税率

    D. 收入×(1－税率)－付现成本×(1－税率)＋折旧×税率

6. 影响货币时间价值大小的因素主要有( )。

    A. 资金额   B. 利率和期限

C. 计息方式　　　　　　　　D. 风险

7. 以下各项中,可以构成建设投资内容的有(　　)。

　　A. 固定资产投资　　　　　B. 无形资产投资

　　C. 流动资金投资　　　　　D. 付现成本

8. 若建设期不为零,则建设期内各年的现金净流量可能会(　　)。

　　A. 等于1　　　　　　　　　B. 大于1

　　C. 小于0　　　　　　　　　D. 等于0

9. 属于在期末发生的年金形式有(　　)。

　　A. 预付年金　　　　　　　B. 永续年金

　　C. 普通年金　　　　　　　D. 递延年金

10. 在计算税后现金净流量时,可以抵税的项目有(　　)。

　　A. 折旧额　　　　　　　　B. 摊销额

　　C. 残值收入　　　　　　　D. 设备买价

四、计算题

1. 资料:某人准备通过零存整取方式在5年后获得20 000元,年利率为10%。

要求:计算每年年末应向银行存入多少钱。

2. 资料:某企业存入银行100万元,存款年利率为8%,时间为5年,每季计算一次利息。

要求:计算该项存款的实际年利率以及该项存款5年后的本利和。

3. 资料:若要使复利终值经过8年后变为本金的3倍,每季复利一次。

要求:计算其年利率。

4. 资料:企业借入一笔款项,年利率为8%,前10年不用还本付息,从第11年至第20年每年年末还本息4 000元。

要求:计算这笔款项的现值。

5. 资料：某项目投资 510 万元，项目投产后可用 10 年，期满后有残值 10 万元，按直线法计提折旧。预计项目建成后每年可获利润 60 万元。如果有 1 年建设期，项目投产时需投入流动资金 40 万元，项目终止时仍可收回。

要求：计算各年的现金净流量。

6. 资料：三星公司新增一条流水线，投资 620 万元，可用 6 年，期满有残值 20 万元，按直线法计提折旧。项目投产后每年可增加销售收入 300 万元，同时增加付现成本 120 万元，所得税税率为 25%。

要求：计算各年的现金净流量。

7. 资料：光明工厂 1 年前购置车床一台，原价 95 000 元，估计尚可使用 10 年，将来期满有残值 7 000 元。最近有一客商向该工厂推销一种新车床，售价 110 000 元。购进后可使该厂的销售收入从 220 000 元增加到 250 000 元，而每年的变动成本亦从原来的 192 000 元增加到 203 000 元，除折旧以外的固定成本不变。该新车床使用寿命为 10 年，残值为 10 000 元。

该厂原有的车床的账面价值为 87 000 元（已提折旧 8 000元），变现价值为 30 000 元。

要求：计算更新方案的差量现金净流量。（不考虑所得税因素）

8. 资料：某企业计划进行某项投资活动方案原始投资 150 万元，其中固定资产投资 100 万元，于建设起点一次投入，流动资金 50 万元，于建设期末投入。建设期 2 年，经营期 5 年，到期固定资产残值收入 5 万元，预计投产后年营业收入 90 万元，年经营成本 41 万元。固定资产按直线法折旧，流动资金于终结点一次全部收回。该企业所得税税率为 25%。

要求：计算方案各年的现金净流量。

第八章 长期投资决策应用

第一节 长期投资决策的基本方法

一、静态法

静态法亦称简单法,这是一种简便的分析方法。但它没有考虑"货币的时间价值",所以不够全面,也不太精确,通常用于小项目的评价或大项目的初选。

在静态法下,通常计算下列指标。

1. 投资回收期

投资回收期是指以投资项目经营期现金净流量抵补原始投资所需要的时间。它的计算可分为两种情况。

(1) 经营期年现金净流量相等。在此情况下,

$$投资回收期 = \frac{投资总额}{年现金净流量}$$

【例 8-1】 某企业购入设备一台,价值 120 000 元,年现金净流量为 50 000 元,可用 5 年。计算投资回收期。

$$投资回收期 = \frac{120\,000}{50\,000} = 2.4(年)$$

(2) 经营期年现金净流量不等。在这种情况下,通常采用逐年扣减法计算。

【例 8-2】 假设[例 8-1]中年现金净流量分别为 40 000 元、50 000元、60 000 元、70 000 元、80 000 元。计算投资回收期如表 8-1 所示。

表 8-1	投资回收期计算表	单位：元
项　　　目	年现金净流量	投资未回收额
投　　资		120 000
第一年	40 000	80 000
第二年	50 000	30 000

从表 8-1 可知,到第二年年末尚有 30 000 元投资没有回收,而第三年的现金净流量为 60 000 元,显然,不到 3 年就能回收全部投资。

$$投资回收期＝2＋\frac{30\ 000}{60\ 000}＝2.5(年)$$

在计算投资回收期时,如果年现金净流量不相等,而前 M 年的年现金净流量相等且其和大于投资额的话,也可按年现金净流量相等的办法来求投资回收期。假定在[例 8-1]中,最后 1 年有残值 5 000 元,这时该项目从总体上来看,年现金净流量是不相等的,但前 4 年的年现金净流量是相等的,且其和为 200 000 元(50 000×4)大于投资额 120 000 元。因此仍可用投资额/年现金净流量这一公式来求投资回收期。

投资回收期是个很重要的指标,如果投资回收期过分长了,投资者就要慎重考虑。因为时间越长,市场变化就越大,风险也就越大。通常以项目可用年限的一半,作为评价投资回收期的依据。例如,在[例 8-1]中,投资回收期 2.4 年小于项目可用年限的一半 2.5 年,则可认为项目是可行的。

投资回收期有个很大的缺点。它没有考虑投资回收后,项目还能作出多少贡献,因而不能单凭投资回收期来评价投资的效益。如果同样投资额的甲、乙两项目,投资回收期都是两年,甲方案投资回收后还可继续使用 1 年,乙方案还可继续使用 3 年,投资效益就完全不一样。列表比较如表 8-2 所示。

表 8-2　　　　　　　　　　　甲、乙两方案投资回收额比较　　　　　　　单位：元

投资回收期	甲方案	乙方案
投资支出：	24 000	24 000
投资回收：		
第一年	12 000	12 000
第二年	12 000	12 000
第三年	12 000	12 000
第四年		12 000
第五年		12 000
	36 000	60 000

从表 8-2 可知,甲、乙方案的投资回收期是一样的,均为两年。但甲、乙两方案投资回收后所作出的贡献是不一样的,甲方案只能提供 12 000 元的现金净流量,而乙方案还能提供 36 000 的现金净流量。

2. 年平均投资报酬率

$$年平均投资报酬率 = \frac{年平均利润}{平均投资余额} = \frac{\dfrac{\sum 年利润}{n}}{\dfrac{0 + 投资额}{2}}$$

必须指出,这里的分子是利润,而不是年现金净流量,不包括折旧;由于每年利润用来归还投资,因而各年的投资额呈递减趋势,平均计算只等于 1/2,所以分母求平均投资额时(一般不考虑固定资产残值),是投资额除以 2。

【例 8-3】　某企业购入设备一台,价值 140 000 元,可用 4 年,各年的利润分别为 20 000 元、30 000 元、40 000 元、50 000 元。

$$年平均投资报酬率 = \frac{\dfrac{20\,000 + 30\,000 + 40\,000 + 50\,000}{4}}{\dfrac{0 + 140\,000}{2}} = 50\%$$

由于年平均投资报酬率指标未考虑折旧回收,以此作为评价不同方案的经济效益不够合理,一般用来评价已投入使用的各项目的经济效益。

二、动态法

动态法又称现值法,它考虑了"货币的时间价值",因而需要进行比较复杂的计算,工作量较大,但其结果比较全面、准确,通常用于较大项目的复审及最后决策。

在动态法下,投资决策的指标大体有三类。

(一)净现值

净现值(记作 NPV)是指在项目计算期内,按一定贴现率计算的各年现金净流量现值的代数和。所用的贴现率可以是企业的资金成本,也可以是企业所要求的最低报酬率水平。净现值的基本计算公式为:

$$NPV = \sum_{t=0}^{n} NCF_t \times (P/S, i, t)$$

式中　n——项目计算期(包括建设期与经营期);

　　　NCF_t——第 t 年的现金净流量;

　　　$(P/S, i, t)$——第 t 年、贴现率为 i 的复利现值系数。

净现值大于零是项目可行的必要条件。净现值是一个绝对数指标,相应的相对数指标是净现值指数,有些教材采用现值指数。下面具体说明一下净现值的计算。

1. 经营期内各年现金净流量相等,建设期为零

净现值=年现金净流量×年金现值系数-投资现值

【例 8-4】 某企业购入设备一台,价值 25 000 元,经营期为 5 年,年现金净流入量为 8 000 元,若贴现率为 10%,则

$$净现值 = 8\,000 \times (P/A, 10\%, 5) - 25\,000$$

$$= 8\,000 \times 3.791 - 25\,000 = 5\,328(元)$$

2. 经营期内各年现金净流量不等

净现值 = $\sum$(各年的现金净流量×各年的现值系数) - 投资现值

【例 8-5】 假定[例 8-4]中,各年的现金净流量分别为 5 000 元、6 000 元、8 000 元、10 000 元、12 000 元,其余资料不变,则

$$净现值 = 5\,000 \times (P/S, 10\%, 1) + 6\,000 \times (P/S, 10\%, 2)$$

$$+ 8\,000 \times (P/S, 10\%, 3) + 10\,000 \times (P/S, 10\%, 4)$$

$$+ 612\,000 \times (P/S, 10\%, 5) - 25\,000$$

$$= 5\,000 \times 0.909 + 6\,000 \times 0.826 + 8\,000 \times 0.751$$

$$+ 10\,000 \times 0.683 + 12\,000 \times 0.621 - 25\,000$$

$$= 4\,791(元)$$

列表计算如表 8-3 所示。

表 8-3　　　　　　**现金净流量现值计算表**　　　　单位:元

年　　份	年现金净流量	现值系数	现　　值
1	5 000	0.909	4 545
2	6 000	0.826	4 956
3	8 000	0.751	6 008
4	10 000	0.683	6 830
5	12 000	0.621	7 452
合　　计			29 791
投　　资			25 000
净　现　值			4 791

3. 净现值指数与现值指数

$$净现值指数 = \frac{净现值}{投资现值}$$

$$现值指数 = \frac{\sum 经营期各年现金净流量现值}{投资现值} = 净现值指数 + 1$$

对于单一方案的项目来说,净现值指数大于零,现值指数大于1是项目可行的必要条件。净现值指数与现值指数还可以弥补净现值这个绝对数指标的不足,用于不同投资水平的多个方案之间的比较。

仍依[例 8-5]的资料,计算净现值指数和现值指数。

$$净现值指数 = \frac{4\,791}{25\,000} = 19.16\%$$

$$现值指数 = \frac{29\,791}{25\,000} = 119.16\%$$

或

$$= 19.169 + 1 = 119.16\%$$

(二)投资回收期

投资回收期可以用静态法来确定,也可用动态法来确定。以动态法确定投资回收期其思路与静态法相似,但要考虑货币时间价值因素,即以贴现后的年现金净流量为基础计算的投资回收年限。项目的可回收年限大于投资回收期是项目可行的必要条件。

1. 经营期年现金净流量相等

(1)公式法。设:投资额为 P,年现金净流量为 A,贴现率为 i,投资回收期为 n,根据投资回收期的含义可得下式:

$$P = A \cdot \left[\frac{1 - (1+i)^{-n}}{i} \right]$$

上式的含义是,当 n 为多少时,贴现后的现金净流量正好等于投资,即投资正好回收。上式是一个指数方程,可用对数来求解,整理可得

$$n = -\frac{\lg\left(1 - \dfrac{Pi}{A}\right)}{\lg(1+i)}$$

即 $$\text{投资回收期} = -\frac{\lg\left(1 - \dfrac{\text{投资额} \times \text{贴现率}}{\text{年现金净流量}}\right)}{\lg(1 + \text{利率})}$$

【例 8-6】 某企业购入设备一台,价值 10 万元,可用 5 年,每年的现金净流量为 4 万元,假定贴现率为 10%,求投资回收期。

$$\text{投资回收期} = -\frac{\lg\left(1 - \dfrac{100\,000 \times 10\%}{40\,000}\right)}{\lg(1 + 10\%)} = 3.02(\text{年})$$

(2) 插入法。可分三个步骤进行计算。

首先,求出使得投资正好回收,即净现值为零的年金现值系数。由于净现值=年现金净流量×年金现值系数-投资额,令净现值=0,则

$$\text{年现金净流量} \times \text{年金现值系数} - \text{投资额} = 0$$

所以 $$\text{使得净现值为零的年金现值系数} = \frac{\text{投资}}{\text{年现金净流量}}$$

其次,查表确定投资回收期的范围。这时已求出投资正好回收的年金现值系数,而年金现值系数是由 n 与 i 两个因素确定的,因此可根据已知的 i(贴现率)查表求出 n。但是 n 在年金现值系数表中都是以年为单位的,投资回收期正好是整数年限的可能性很小,所以只能先确定它的范围,即投资回收期在哪相邻两年之间。

最后,用插入法求出投资回收期。

$$\text{投资回收期} = \text{低年限} + \frac{\text{净现值为零的年金现值系数} - \text{低年限的年金现值系数}}{\text{高年限的年金现值系数} - \text{低年限的年金现值系数}}$$

根据[例8-6]的资料,用插入法计算投资回收期如下:

① 使得净现值为零的年金现值系数 $=\dfrac{100\,000}{40\,000}=2.5$

② 查表可知:

$$(P/A,3,10\%)=2.487$$

$$(P/A,4,10\%)=3.17$$

即投资回收期在3~4年之间。

③ 为了计算方便,用线段比例进行插入法计算如图8-1所示。

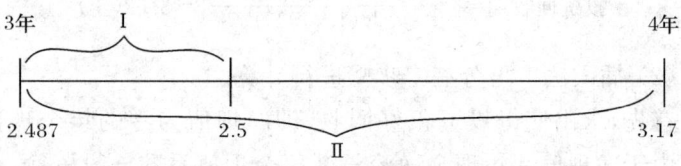

图8-1 投资回收期线段图

在下限3年的基础上,加上一个尾数,尾数的分子为线段Ⅰ,分母为线段Ⅱ。

$$投资回收期=3+\frac{2.5-2.487}{3.17-2.487}=3.02(年)$$

以上两种方法中,公式法计算比较精确,但是受到 $\left(1-\dfrac{Pi}{A}\right)>$ 0 的限制;插入法实际上是在求指数方程的近似解,而管理会计核算不要求绝对精确,因此一般采用插入法较多。

2. 年现金净流量不等

(1)逐步扣减法。这种方法通常列表计算。

【例8-7】 根据[例8-5]的资料,求投资回收期。计算如表8-4所示。

表 8-4

投资回收期计算表

（逐步扣减法）

年 份	年初投资未回收额（元）	复利因素	年现金净流量（元）	年末投资未回收额（元）
（1）	（2）	（3）	（4）	（5）＝（2）×（3）－（4）
1	25 000	1＋10％	5 000	22 500
2	22 500	1＋10％	6 000	18 750
3	18 750	1＋10％	8 000	12 625
4	12 625	1＋10％	10 000	3 887.50

可见，第四年年末即第五年年初的投资未回收额已小于第五年的现金净流量，即不到 5 年就可回收。再求出回收期的尾数。

$$\frac{3\ 887.5 \times (1 + 10\%)}{12\ 000} = 0.36$$

即，投资回收期＝4.36 年。

（2）累计现值法。根据［例 8-7］的资料，用累计现值法计算回收期如表 8-5 所示。

表 8-5　　　　　　　**投资回收期计算表**

（累计现值法）

年 份	年现金净流量（元）	现值系数	现 值（元）	累计现值（元）
1	5 000	0.909	4 545	4 545
2	6 000	0.826	4 956	9 501
3	8 000	0.751	6 008	15 509
4	10 000	0.683	6 830	22 339
5	12 000	0.621	7 452	29 791

从表 8-5 可知，4 年的累计现值是 22 339 元，5 年的累计现值为 29 791 元，而投资是 25 000 元，显然投资回收期在 4～5 年之间。

$$投资回收期 = 4 + \frac{25\,000 - 22\,339}{29\,791 - 22\,339} = 4.36(年)$$

(三) 内含报酬率

内含报酬率(记作 IRR)又称内部收益率,是指投资项目在项目计算期内各年现金净流量现值合计数等于零时的贴现率,亦可将其定义为能使投资项目的净现值等于零时的贴现率。显然,内含报酬率 IRR 满足下列等式:

$$\sum_{t=0}^{n} NCF_t \times (P/S, \; IRR, \; t) = 0$$

从上式中可知,净现值的计算是根据给定的贴现率求净现值。而内含报酬率的计算是先令净现值等于零,然后求能使净现值等于零的贴现率。

内含报酬率表明一个项目对利率的最大承受能力,内含报酬率大于设定的贴现率是项目可行的必要条件。

1. 经营期内各年现金净流量相等

经营期内各年现金净流量相等,且全部投资均于建设起点一次投入,建设期为零,即:

$$经营期每年相等的现金净流量(NCF) \times 年金现值系数(P/A, IRR, t) - 原始总投资 = 0$$

内含报酬率可采用插入法计算,其步骤和思路与求投资回收期相似,但含义有所不同。

(1) 求出使得净现值为零的年金现值系数。

(2) 查表确定内含报酬率的范围,这里是已知年金现值系数与 n,求 i。

(3) 用插入法求出内含报酬率。

$$内含报酬率 = 利率下限 + \frac{利率下限的年金现值系数 - 净现值为零的年金现值系数}{利率下限的年金现值系数 - 利率上限的年金现值系数}$$

$$\times(利率上限-利率下限)$$

【例 8-8】 根据［例 8-6］的资料,计算内含报酬率。

$$(P/A,IRR,5)=\frac{100\,000}{40\,000}=2.5$$

查表可知

$$(P/A,25\%,5)=2.689$$

$$(P/A,30\%,5)=2.436$$

因此,内含报酬率在 25%～30% 之间。

（4）为了计算方便,用线段比例进行插入法计算如图 8-2 所示。

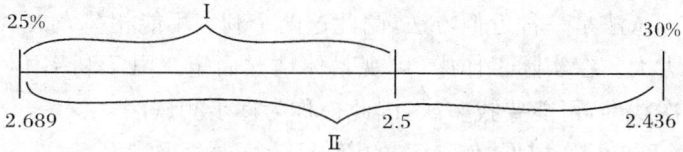

图 8-2　内含报酬率线段图

线段Ⅰ为分子,其长度为"2.689－2.5",线段Ⅱ为分母,其长度为"2.689－2.436"。

$$内含报酬率=25\%+\frac{2.689-2.5}{2.689-2.436}\times(30\%-25\%)$$

$$=28.74\%$$

内含报酬率与投资回收期的计算形式似乎相同,但必须注意两点:

第一,分子不同。投资回收期是"中数"减"小数",而内含报酬率是"大数"减"中数"。其原因在于:投资回收期是对指数方程求解,而指数函数是个单调递增函数,因此低年限的年金现值系数最小;内含报酬率是对高次方程求解,而且是负指数的高次幂函数,是一个单调递减函数,因此利率下限的年金现值系数最大。实际上,分子都是净现值为零的年金现值系数与"下限"年金现值系数差额的绝对值。

第二,计算内含报酬率时,尾数的比值中,还应乘上两个相邻利率的差额,而计算投资回收期时没有乘此差额。其原因在于:在计算投资回收期时,相邻两个年限的差额总是等于1,故可省略。

2. 年现金净流量不等

在年现金净流量不等的情况下,内含报酬率可采用逐步测试的方法,其思路是找到两个利率,使得用它们所计算的净现值一个为正数,另一个为负数,以形成一个区间。由于内含报酬率所对应的净现值为零,因此内含报酬率一定位于这两个利率之间。由于逐步测试法是一种近似方法,因此这两个利率不能相差太大,否则误差太大。在实际工作中,可视具体情况而定。由于利率不一定能一次找准,可能要找多次,因此被称为逐步测试法。

【例 8-9】 根据[例 8-5]的资料,计算内含报酬率。

先取 $i_1 = 16\%$

$$NPV_1 = 5\,000 \times (P/S, 16\%, 1) + 6\,000 \times (P/S, 16\%, 2)$$
$$+ 8\,000 \times (P/S, 16\%, 3) + 10\,000 \times (P/S, 16\%, 4)$$
$$+ 12\,000 \times (P/S, 16\%, 5) - 25\,000$$
$$= 5\,000 \times 0.862 + 6\,000 \times 0.743 + 8\,000 \times 0.641$$
$$+ 10\,000 \times 0.552 + 12\,000 \times 0.476 - 25\,000$$
$$= 128(\vec{\pi})$$

由于按 16% 计算的净现值是正数,因此再找一个更大的利率,取 $i_2 = 18\%$

$$NPV_2 = 5\,000 \times (P/S, 18\%, 1) + 6\,000 \times (P/S, 18\%, 2)$$
$$+ 8\,000 \times (P/S, 18\%, 3) + 10\,000 \times (P/S, 18\%, 4)$$

$$+12\,000\times(P/S,18\%,5)-25\,000$$

$$=5\,000\times0.847+6\,000\times0.718+8\,000\times0.609$$

$$+10\,000\times0.516+12\,000\times0.437-25\,000$$

$$=-1\,181(元)$$

现已确定内含报酬率在 $16\%\sim18\%$ 之间,可用插入法求出具体数值。

$$内含报酬率=16\%+\frac{128-0}{128-(-1\,181)}\times(18\%-16\%)$$

$$=16\%+\frac{128}{128+1\,181}\times2\%$$

$$=16.2\%$$

第二节　长期投资决策应用举例

计算评价指标的目的,是为长期投资决策提供定量依据,进行项目的优选。由于评价指标的运用范围不同、评价指标的自身特征不同以及评价指标之间的关系比较复杂,因此,必须根据具体运用范围确定如何运用评价指标。

一、单一独立投资项目的决策

在只有一个投资项目可供选择的条件下,主要根据净现值、内含报酬率来判断项目的可行性。如果净现值大于零,内含报酬率大于设定的贴现率,则项目是可行的;反之,应拒绝这一投资项目。投资回收期与年平均投资报酬率可作为辅助指标,其结果可用于参考。例如,投资回收期较长,则表明是有一定风险的。

【例 8-10】　某企业购入机器一台,价值 24 000 元,可用 5 年。每年销售收入为 48 000 元,付现成本为 38 000 元。假定贴现率为 10%,计算该项目的净现值、净现值指数、现值指数、内含报酬率、动态投资回收期,并判断该项目是否可行。

$$NCF_0 = -24\,000(元)$$

$$NCF_{1\sim5} = 48\,000 - 38\,000 = 10\,000(元)$$

$$NPV = 10\,000 \times (P/A, 10\%, 5) - 24\,000$$

$$= 10\,000 \times 3.791 - 24\,000$$

$$= 13\,910(元)$$

净现值指数 $= \dfrac{13\,910}{24\,000} = 57.96\%$

现值指数 $= 57.96\% + 1 = 157.96\%$

年金现值系数(净现值为零) $= \dfrac{24\,000}{10\,000} = 2.4$

查表可得:

$$(P/A, 10\%, 2) = 1.736$$

$$(P/A, 10\%, 3) = 2.487$$

$$(P/A, 30\%, 5) = 2.436$$

$$(P/A, 35\%, 5) = 2.22$$

投资回收期 $= 2 + \dfrac{2.4 - 1.736}{2.487 - 1.736} = 2.88(年)$

内含报酬率 $= 30\% + \dfrac{2.436 - 2.4}{2.436 - 2.22} \times (35\% - 30\%) = 30.83\%$

由于净现值大于零,内含报酬率大于设定的贴现率 10%,因此项目是可行的,并且风险也不大。

【例 8-11】 某项目投资 70 000 元,1 年后建成。第二年起每年有销售收入 100 000 元,每年的料、工、费付现成本为 65 000 元,项目建成后可用 5 年,贴现率为 10%,计算该项目的净现值、动态投资回收期。

$$NCF_0 = -70\,000(元)$$

$NCF_1 = 0$

$NCF_{2\sim6} = 100\,000 - 65\,000 = 35\,000(元)$

$NPV = 35\,000 \times [(P/A, 10\%, 6) - (P/A, 10\%, 1)] - 70\,000$

$\quad = 35\,000 \times (4.355 - 0.909) - 70\,000$

$\quad = 50\,610(元)$

投资回收期计算如表 8-6 所示。

表 8-6   **投资回收期计算表**

年　　份	年初投资未回收额(元)	复利因素	年现金净流量(元)	年末投资未回收额(元)
(1)	(2)	(3)	(4)	(5)=(2)×(3)-(4)
1	70 000	1+10%	0	77 000
2	77 000	1+10%	35 000	49 700
3	49 700	1+10%	35 000	19 670

$$投资回收期\atop(含1年建设期) = 3 + \frac{19\,670 \times (1 + 10\%)}{35\,000} = 3.62(年)$$

本例的投资回收期也可按年现金净流量相等的方法计算：

先将投资折算至第二年年初 $= 70\,000 \times (1 + 10\%) = 77\,000(元)$

年金现值系数(净现值为零) $= \dfrac{77\,000}{35\,000} = 2.2$

查表并用插入法计算,得

$$投资回收期 = 2 + \frac{2.2 - 1.736}{2.487 - 1.736} = 2.62(年)$$

再加上 1 年建设期,即为 3.62 年。

【例 8-12】 假定[例 8-11]中的投资不是一次性发生的,第一年年初发生 40 000 元,第二年年初发生 30 000 元,其余资料不变,计算净现值与投资回收期。

由于本例的投资不是全部发生在第一年的年初,因此投资额也存在贴现问题。

$$NCF_0 = -40\,000(元)$$

$$NCF_1 = -30\,000(元)$$

$$NCF_{2\sim6} = 35\,000(元)$$

$$NPV = 35\,000 \times (P/A, 10\%, 5) \times (P/S, 10\%, 1)$$

$$- [40\,000 + 30\,000 \times (P/S, 10\%, 1)]$$

$$= 35\,000 \times 3.791 \times 0.909 - (40\,000 + 30\,000 \times 0.909)$$

$$= 53\,340.67(元)$$

投资回收期计算如表 8-7 所示。

表 8-7　　　　　　　　　**投资回收期计算表**

年　份	年初投资未回收额(元)	复利因素	年现金净流量(元)	年末投资未回收额(元)
(1)	(2)	(3)	(4)	(5)=(2)×(3)−(4)
1	40 000	1+10%	0	44 000
2	74 000 *	1+10%	35 000	46 400
3	46 400	1+10%	35 000	16 040

* 74 000＝44 000＋30 000

$$投资回收期 = 3 + \frac{16\,040 \times (1 + 10\%)}{35\,000} = 3.5(年)$$

【例 8-13】　某企业拟投资 320 000 元购置设备一台,可用 10 年,期满后有残值 20 000 元。使用该设备,每年可增加销售收入 250 000 元,每年付现成本将增加 183 600 元。假定采用直线法计提折旧,贴现率为 12％,所得税税率为 25％。请计算该项目的净现值。

$$NCF_0 = -320\,000$$

$$NCF_{1\sim9} = \left[250\,000 - \left(183\,600 + \frac{320\,000 - 20\,000}{10}\right)\right] \times (1 - 25\％)$$

$$+ \frac{320\,000 - 20\,000}{10} = 27\,300 + 30\,000 = 57\,300(元)$$

$$NCF_{10} = 57\,300 + 20\,000 = 77\,300(元)$$

$$NPV = 57\,300 \times (P/A, 12\％, 9) + 77\,300 \times (P/S, 12\％, 10) - 320\,000$$

$$= 57\,300 \times 5.328 + 77\,300 \times 0.322 - 320\,000$$

$$= 305\,294.4 + 24\,890.6 - 320\,000 = 10\,185(元)$$

二、多个互斥投资项目的决策

有时,在决定投资一个项目时,可能有许多方案可供选择,而最终入选的只能是一个方案,因此各方案之间是相互排斥的。在这种情况下,即使方案的净现值大于零,内含报酬率大于设定的贴现率,方案也不一定能中选。因为满足上述条件的方案可能不止一个,要根据各个方案的使用年限、投资额相等与否等信息,采用不同的方法作出选择。

(一)项目计算期相等

在项目计算期相等情况下,还应根据投资额是否相等而采用不同的方法进行判断。

1. 投资额相等

在对项目计算期相同并且投资额相等的互斥方案进行评价时,可计算净现值或内含报酬率,哪个方案的净现值或内含报酬率高,哪个方案中选。

【例 8-14】 某企业面临着两个投资方案,投资额均为 45 000 元,都能使用 5 年。A 方案每年现金净流量为 15 000 元,B 方案每年的现金净流量分别为 12 000 元、14 000 元、16 000 元、18 000元与 20 000 元。由于资金有限,只能两者取一,如果贴现率为 12%。请作出选择。

$$NPV_A = 15\,000 \times (P/A, 12\%, 5) - 45\,000$$

$$= 15\,000 \times 3.605 - 45\,000$$

$$= 9\,075(元)$$

$$NPV_B = 12\,000 \times (P/S, 12\%, 1) + 14\,000 \times (P/S, 12\%, 2)$$

$$+ 16\,000 \times (P/S, 12\%, 3) + 18\,000 \times (P/S, 12\%, 4)$$

$$+ 20\,000 \times (P/S, 12\%, 5) - 45\,000$$

$$= 12\,000 \times 0.893 + 14\,000 \times 0.797 + 16\,000 \times 0.712$$

$$+ 18\,000 \times 0.636 + 20\,000 \times 0.567 - 45\,000$$

$$= 11\,054(元)$$

由于 B 方案的净现值大于 A 方案的净现值,因此应投资 B 方案。

2. 投资额不等

当多个互斥方案的投资额不相等时,仅凭净现值或内含报酬率很难区分方案的优劣,通常采用差量净现值或差量内含报酬率来评判方案的好坏。

【例 8-15】 某企业决定投资一项目,可供选择的有 A、B 两个方案。A 方案的投资为 70 000 元,每年的现金净流量分别为 21 000元、25 000 元、35 000 元和 30 000 元;B 方案的投资为50 000元,每年的现金净流量分别为 20 000 元、20 000 元、20 000 元和 18 000 元。如果贴现率为 10%,请作出选择。

由于本例两个方案的投资额不同,因此应该采用差量净现值来作出选择。要计算差量净现值,首先要计算差量现金净流量,通常以投资额大的方案减小的方案。本例是"A"-"B"。

$$\Delta NCF_0 = -70\,000 - (-50\,000) = -20\,000(元)$$

$$\Delta NCF_1 = 21\,000 - 20\,000 = 1\,000(元)$$

$$\Delta NCF_2 = 25\,000 - 20\,000 = 5\,000(元)$$

$$\Delta NCF_3 = 35\,000 - 20\,000 = 15\,000(元)$$

$$\Delta NCF_4 = 30\,000 - 18\,000 = 12\,000(元)$$

$$\Delta NPV = 1\,000 \times (P/S, 10\%, 1) + 5\,000 \times (P/S, 10\%, 2)$$
$$+ 15\,000 \times (P/S, 10\%, 3) + 12\,000 \times (P/S, 10\%, 4) - 20\,000$$
$$= 1\,000 \times 0.909 + 5\,000 \times 0.826 + 15\,000 \times 0.751$$
$$+ 12\,000 \times 0.683 - 20\,000$$
$$= 4\,500(元)$$

本例表明 A 方案比 B 方案多投资 20 000 元，在以后的 4 年中，分别多流入了 1 000 元、5 000 元、15 000 元和 12 000 元。这 4 年的 ΔNCF 考虑了货币时间价值，抵补了投资差额后还净赚 4 500 元，即差额投资净现值大于零，因此 A 方案优于 B 方案。

本例在求出 ΔNCF 之后也可以计算内含报酬率，如果差量投资的内含报酬率大于设定的贴现率则表明 A 方案优于 B 方案。

（二）项目计算期不相等

在项目计算期不相等的情况下，不能简单地根据净现值或内含报酬率来评价项目，通常采用年回收额法，即某一方案的年回收额等于该方案的净现值除以 n 年的年金现值系数，其实质是将净现值总额分摊到每一年，然后各方案均以年为单位进行比较，哪个方案年回收额大即年均净现值大，则可认为哪个方案好。

【例 8-16】 某企业面临着三个投资机会，由于资金有限，只能从中选择一个，贴现率为 10%，其余有关资料如表 8-8 所示。

表 8-8

资　料　表

方案 \ 现金流量 \ 年份	0	1	2	3	4
A	−40 000	21 000	21 000	21 000	
B	−50 000	30 000	40 000		
C	−60 000	10 000	20 000	30 000	40 000

请分别计算各方案的回收额，并作出选择。

先算出各方案的净现值：

$$NPV_A = 21\,000 \times (P/A,10\%,3) - 40\,000$$

$$= 21\,000 \times 2.487 - 40\,000 = 12\,227(元)$$

$$NPV_B = 30\,000 \times (P/S,10\%,1) + 40\,000 \times (P/S,10\%,2) - 50\,000$$

$$= 30\,000 \times 0.909 + 40\,000 \times 0.826 - 50\,000 = 10\,310(元)$$

$$NPV_C = 10\,000 \times (P/S,10\%,1) + 20\,000 \times (P/S,10\%,2)$$

$$+ 30\,000 \times (P/S,10\%,3) + 40\,000 \times (P/S,10\%,4) - 60\,000$$

$$= 10\,000 \times 0.909 + 20\,000 \times 0.826 + 30\,000 \times 0.751$$

$$+ 40\,000 \times 0.683 - 60\,000 = 15\,460(元)$$

再算出各方案的回收额：

$$A\,方案年回收额 = \frac{12\,227}{(P/A,10\%,3)} = \frac{12\,227}{2.487} = 4\,916(元)$$

$$B\,方案年回收额 = \frac{10\,310}{(P/A,10\%,2)} = \frac{10\,310}{1.736} = 5\,939(元)$$

$$C\,方案年回收额 = \frac{15\,460}{(P/A,10\%,4)} = \frac{15\,460}{3.17} = 4\,877(元)$$

根据上述计算结果可知，C 方案的净现值总额最大，但该方案的使用年限最长，因此并不能说明问题。其中 B 方案的年回收额即年均净现值最大，因此可认为 B 方案为最优方案。

【例 8-17】 某企业流水线上有一旧设备，工程技术人员提出更新要求，有关指标数据如表 8-9 所示。

表 8-9 　　　　　　　资　料　表

指　标	旧 设 备	新 设 备
原值(元)	22 000	30 000
预计使用年限(年)	8	8
已经使用年限(年)	3	0
最终残值(元)	2 000	3 000
变现价值(元)	7 000	30 000
年营运成本(元)	12 000	8 000

如果贴现率为 10％，请问是否要更新。

本例由于没有适当的现金流入，因此不便于计算净现值。当收入相同时，通常可以比较成本，但是由于使用年限不同，因此比较总成本又无意义，唯一的分析方法是比较继续使用旧设备与更新设备的年均成本。具体步骤为：

首先，计算各方案的总成本现值。因为要计算平均成本就要计算总成本，而各项成本不是发生在同一时点上，不能简单地加计起来，必须将它们折算到同一时点上，习惯上折算到第一年年初，即计算现值，然后再相加。

其次，分摊到每一年，只需将总成本现值除以 n 年的年金现值系数就可得到，其原理与计算年回收额相同。

$$\text{继续使用旧设备的年均成本} = \frac{7\,000 + 12\,000 \times (P/A, 10\%, 5) - 2\,000 \times (P/S, 10\%, 5)}{(P/A, 10\%, 5)}$$

$$= \frac{7\,000 + 12\,000 \times 3.791 - 2\,000 \times 0.621}{3.791} = 13\,519(\text{元})$$

$$\text{更新方案的年均成本} = \frac{30\,000 + 8\,000 \times (P/A, 10\%, 8) - 3\,000 \times (P/S, 10\%, 8)}{(P/A, 10\%, 8)}$$

$$= \frac{30\,000 + 8\,000 \times 5.335 - 3\,000 \times 0.467}{5.335} = 13\,361(\text{元})$$

由于更新方案的年均成本低于继续使用旧设备的年均成本，因此应该更新。

在上述计算中，旧设备的原值与净值是沉落成本，与决策无关，应考虑其变现价值。变现价值为机会成本，系相关成本。

上述年均成本的计算还可用于判断固定资产的最佳更新期。例如某设备可用10年，求其最佳更新期。只要分别计算出只使用1年、只使用2年、一直到使用满10年的十个方案的年均成本，哪一个方案的年均成本最低，该年即为最佳更新期。举例略。

【例8-18】　某公司拟更新一台旧设备，以提高效率降低营运成本。旧设备原值85 000元，净值为55 000元，年折旧额为10 000元，已用3年，尚可使用5年，5年后残值为5 000元。旧设备的变现价值为35 000元。使用旧设备每年收入80 000元，营运成本62 000元。新设备购置价格为126 000元，可用6年，报废时残值6 000元，年折旧20 000元。使用新设备每年可增加收入12 000元，同时降低营运成本13 200元。假定贴现率为10%，所得税税率为25%。请作出设备是否要更新的决策。

本例由于项目计算期不一样，因此要分别计算继续使用旧设备和更新设备的年回收额。

第一步，先分别计算两个方案各年的税后现金净流量，继续使用旧设备的税后现金净流量为：

$$NCF_0 = -35\,000(元)$$

$$NCF_{1\sim4} = [80\,000 - (62\,000 + 10\,000)] \times (1 - 25\%) + 10\,000$$

$$= 16\,000(元)$$

$$NCF_5 = 16\,000 + 5\,000 = 21\,000(元)$$

采用新设备的税后现金流量为：

$$NCF_0 = -126\,000 + (55\,000 - 35\,000) \times 25\%$$

$$=-126\,000+5\,000=-121\,000(元)$$

其中,5 000 元$[(55\,000-35\,000)\times25\%]$为营业外支出抵税,由于旧设备的净值为 55 000 元,而其变现价值为 35 000 元。因此,如果更新的话,将发生 20 000 元的营业外支出,减少税前利润20 000元,从而可以少交所得税 5 000 元,现金流出的减少视同现金流入,因此在采用新设备的第 0 年加上 5 000 元。也可以将其作为继续使用旧设备的机会成本来处理。

$$NCF_{1\sim5}=[(80\,000+12\,000)-(62\,000-13\,200+20\,000)]$$

$$\times(1-25\%)+20\,000$$

$$=17\,400+20\,000=37\,400(元)$$

$$NCF_6=37\,400+6\,000=43\,400(元)$$

第二步,算出两个方案的净现值。

$$NPV_{旧}=16\,000\times(P/A,10\%,4)+21\,000\times(P/S,10\%,5)-35\,000$$

$$=16\,000\times3.17+21\,000\times0.621-35\,000$$

$$=28\,761(元)$$

$$NPV_{新}=37\,400\times(P/A,10\%,5)+43\,400\times(P/S,10\%,5)-118\,000$$

$$=37\,400\times3.791+43\,400\times0.564-121\,000$$

$$=45\,261(元)$$

第三步,算出年均净现值,即年回收额。

$$继续使用旧设备的年回收额=\frac{28\,761}{(P/A,10\%,5)}=\frac{28\,761}{3.791}=7\,587(元)$$

$$采用新设备的年回收额=\frac{45\,261}{(P/A,10\%,6)}=\frac{45\,261}{4.355}=10\,392.88(元)$$

由上计算可知,采用新设备的年回收额高于继续使用旧设备的年回收额,因此应该更新。

第三节 敏 感 性 分 析

一、敏感性分析的意义

敏感性分析就是在影响项目效益的诸多因素中,测定其中一个或几个因素变化对项目的影响。通过敏感性分析,可使人们预见到预计参数值在多少范围内变动,不会影响原定决策的有效性;超过一定界限,原来的选择就不得不进行修正了(例如,原来认为可行的方案会变成不可行,原来认为最优的方案,可能变成不是最优的了)。这样就避免了对原来分析评价作绝对化的理解,而于事先考虑好较为灵活的对策和措施,在工作中争取主动,以防止决策上的失误,给企业生产经营带来不应有的损失。

二、敏感性分析举例

【例 8-19】 设某设备投资 15 000 元,可回收年限为 5 年,贴现率为 10%,年现金净流入量为 5 000 元。

（一）确定年现金净流量的下限

年现金净流量的下限实际上就是使得净现值为零的年现金净流量。

设:年现金净流量的下限为 x,则

$$x \cdot (P/A,10\%,5) - 15\,000 = 0$$
$$x \times 3.791 - 15\,000 = 0$$
$$x = 3\,957(元)$$

即只要年现金净流量大于 3 957 元,就不会影响原方案的可行性。

（二）确定可回收年限的下限

实际上,确定可回收年限的下限就是求动态投资回收期。

$$使得净现值为零的年金现值系数 = \frac{15\,000}{5\,000} = 3$$

查表并利用插入法可得

$$投资回收期 = 3 + \frac{3-2.487}{3.17-2.487} = 3.75(年)$$

即,只要项目的可回收年限大于 3.75 年,就不会影响原项目的可行性。

（三）确定贴现率的上限

实际上,确定贴现率的上限就是求内含报酬率。

查表并利用插入法可得

$$内含报酬率 = 18\% + \frac{3.127-3}{3.127-2.991} \times (20\%-18\%)$$
$$= 19.87\%$$

即,只要项目的贴现率小于 19.87%,就不会影响原项目的可行性。

这里,各因素的分析较粗,在实际工作中还可以进一步细分。例如,将年现金净流量进一步分解为售价、销售量、固定成本、变动成本来考察。

第四节　经济效益分析

一、经济效益分析的意义

（一）经济效益分析的含义

通常,企业所作的可行性分析是以财务账面价格为基础的,这种评价方法在项目评估中称为财务效益分析或财务评价,它反映了项目的微观效益。用调整后的影子价格来评价项目效益的方法称为经济效益分析,又称国民经济分析,它反映了项目的宏观效益。

（二）进行经济效益分析的必要性

在价格比较合理的情况下,财务效益与经济效益分析的结果大体相同。但在价格扭曲的情况下,两者的结果却有较大的差异。在西方,企业比较重视财务效益分析,政府部门相对来说比较重视经济效益分析,因为各自的利益不同。我国是公有制占主导地位的国家,大多数企业与国家的利益在本质上是一致的。但是,如果单纯从财务效益分析的结果来取舍项目,有可能导致宏观上的失误。因此,从理论上说,在长期投资决策时应该进行经济效益评价,而且,当微观效益与宏观效益相抵触时,应以宏观效益为准。当然,由于经济效益分析的工作量较大,根据会计上的重要性原则,一般只对一些投资额较大的项目进行经济效益分析。

二、影子价格

经济效益分析的关键是合理地确定影子价格,以比较正确地反映国民经济为项目付出的代价以及项目对国民经济作出的贡献。

(一)影子价格的含义

影子价格这一概念最早来源于数学规划。

对于一个线性规划问题 P

$$\max Z = CX$$

$$S.T. AX \leqslant B$$

$$X \geqslant 0$$

其中　X——n 维列向量,决策向量;

C——n 维行向量,目标函数系数向量;

A——$m \times n$ 矩阵,约束条件的系数;

B——m 维列向量,资源向量;

$n > m$。

当规划问题 P 达到最优时,定义 m 维行向量

$$Y^* = C_B B^{-1}$$

为资源向量 B 的影子价格。

其中:C_B 和 B^{-1} 表示规划最优时对应于基变量 X 的目标函数和约束条件的系数矩阵。

如果把线性规划应用在经济问题中,我们对规划问题(P)可作如下解释:变量 X 为各种可能的经济活动水平(如产品产量),所谓可能的,是指有很多方案,对每个方案可有不同的水平,其中方案的活动水平可为零;目标函数 $Z=CX$ 可理解为销售收入,C 就是价格;B 是资源使用的上限,那么 A 的每一列 A_j 表示活动 x_j 对 m 种资源的单位消耗,假如我们按照问题(P)的最优解安排生产,那么可以在有限的资源下取得最大的收益。此时,相应的影子价格和通常说的价格有所不同,它是指资源对目标函数(收益)的边际贡献,即 $\partial Z/\partial B=Y^*$。也就是说,资源 B 增加或减少某一微量时,对最优化的目标函数所起的影响。

然而,目前还没有办法通过求解数学规划模型来求得影子价格。西方国家学者普遍认为,以市场调节为主的经济,可以市场价格为基础,经适当调整后求得项目评估中所需要的影子价格。因此,目前所说的影子价格概念已失去了数学规划中所定义的严格性,而是泛指实际价格外的较能反映资源稀缺程度的社会价格的那种价格。

（二）影子价格的确定

在发展中国家里,由于种种原因,实际价格与影子价格的差异较大,因此必须采用适当的方法进行调整。根据中国投资银行项目评估手册的规定,我国主要是以国际价格为基础的体系来确定影子价格的,也称经济价格。其方法一般是先将各种因素划分为四类,即贸易货物、非贸易货物、工资、土地,然后一一调整。具体方法分述如下:

1. 贸易货物

贸易货物是指我国进出口贸易中的货物。例如,为项目引进的设备技术资料或进口原材料,直接出口或替代进口的项目产品;国内供应的投入物中属于我国出口的商品(如煤、原油等)和进口的货物(如纸张、某些有色金属),这些货物一般以过境价格来确定其计算价格,即进口货物用到岸价格,出口货物用离岸价格。此外,口岸价格还要加减国内运费和对外贸进销费用进行调整。如果项目所在地处于港口(如上海、天津、广州、大连等),进出口货物国内运费由于数额很小,可以不作调整。

2. 非贸易货物

凡我国不进口或不出口的货物都属于非贸易货物。但是,如果项目所在地距离港口很远,由于国内运费高昂,或受其他条件限制,项目使用和生产的货物不直接或间接影响我国进出口贸易的,也应列为非贸易货物。例如,地方生产的水泥就属于这类。

发展中国家非贸易货物的定价较为复杂。度量产出物效益的尺度应该是支付意愿。影子价格应该是边际支付意愿或边际社会效益,而不是边际收益。度量收入物的影子价格应该是边际社会成本而不是边际企业成本。从整个社会来考虑,为了使总的经济效益为最大,应该使边际社会效益与边际社会成本相等。由于这些价格很难从实际的价格中观察到,因此,在实际工作中,对于大部分非贸易物品采用分解的方法求出其边际成本来替代影子价格。

鉴于生产的连锁循环,任何非贸易货物都可以按其生产的成本要素构成进行逐级分解,到最后可分解为贸易货物和工资两部分。这样,非贸易货物也可以用边境价格为统一尺度来度量。为减轻项目评估人员工作量,可以对一些主要的非贸易产品规定标准换算系数,将财务价格乘以该系数换算成经济价格。

3. 工资

原则上,经济效益分析中应对工资进行调整,以反映项目新增职工后,这些职工不能从事其他产品生产而少创造的价值。但由于我国工业项目的工资在产品成本中所占比重一般不大,对经济效益影响较小,为简化起见,一般可以不予调整。

4. 土地

原则上,经济效益分析应该将土地成本进行调整。由于土地是非贸易货物,而且无法将其分解为贸易货物。鉴于目前我国项目征地的土地成本已较高,因此,一般也不予调整。

此外,经济效益的价格调整,还有一条总的原则,即只对那些数量较大或占总收入、总成本比重较大的主要产出物或投入物进行调整,不可能也没必要对那些零星的、次要的产出物或投入物一一加以调整。总之,调整范围的大小,取决于要花费的工作量大小、占有资料的多少和时间是否充裕,可以根据具体情况灵活掌握。

习　　题

一、判断题

1. 所谓净现值是指特定方案未来各年现金流入现值与现金流出的差额。　　　　　　　　　　　　　　　　　　（　　）

2. 现值指数大于零是项目可行的必要条件。　　　（　　）

3. 对于单一投资方案,如果内含报酬率大于设定的贴现率则项目是可行的。　　　　　　　　　　　　　　　　（　　）

4. 通常,某一项目的净现值大于零或等于零,则其内含报酬率一定大于或等于设定的贴现率。　　　　　　　　（　　）

5. 同一方案的动态投资回收期一定小于静态投资回收期。
　　　　　　　　　　　　　　　　　　　　　　　（　　）

6. 多个互斥方案比较,一般应选取净现值大的方案。（　　）

7. 计算固定资产的年平均成本,先算出总成本,然后除以 n 年的年金现值系数。　　　　　　　　　　　　　　（　　）

8. 在长期投资决策敏感性分析中,可回收年限的下限就是动态投资回收期。　　　　　　　　　　　　　　　　（　　）

9. 如果两个投资方案的投资额不同,可通过差量净现值来决定取舍。 （　　）

10. 如果两个投资方案的项目计算期不同,比较净现值总额或总成本现值没有意义。 （　　）

二、单项选择题

1. 计算净现值指数,可以用净现值除以（　　）。

   A. 各年投资额之和　　　　　B. 各年投资现值之和

   C. 各年现金流量之和　　　　D. 各年投资平均余额

2. 下列各项中,属于长期投资决策静态评价指标的是（　　）。

   A. 现值指数　　　　　　　　B. 内含报酬率

   C. 投资报酬率　　　　　　　D. 净现值指数

3. 已知某建设项目的净现金流量如下:
   $NCF_0 = -120$ 万元, $NCF_{1\sim6} = 30$ 万元, $NCF_{7\sim12} = 40$ 万元。
   据此计算的静态投资回收期为（　　）年。

   A. 3　　　　　　　　　　　　B. 4

   C. 5　　　　　　　　　　　　D. 6

4. 某投资项目,若使用 15% 作贴现率其净现值为 500 元,使用 18% 作贴现率其净现值为 -480 元,该项目的内含报酬率是（　　）。

   A. 16.125%　　　　　　　　B. 16.53%

   C. 22.5%　　　　　　　　　D. 19.5%

5. 年平均投资报酬率的分子为（　　）。

   A. 年均净现值　　　　　　　B. 年均成本

   C. 年均利润　　　　　　　　D. 年均现金净流量

6. 按是否考虑货币时间价值分类,可将长期投资决策评价指标体系分为（　　）。

   A. 简单与复杂指标　　　　　B. 静态与动态指标

C. 绝对量与相对量指标　　D. 单位与总体指标

7. 计算固定资产最佳更新期可利用(　　)方法。

A. 静态投资回收期　　　B. 动态投资回收期

C. 固定资产年平均成本　D. 逐年扣减

8. 在长期投资决策敏感性分析中,贴现率的上限实际上就是(　　)。

A. 净现值指数　　　　　B. 内含报酬率

C. 现值指数　　　　　　D. 设定的贴现率

9. 在固定资产售旧购新决策中,旧设备的变现价值是继续使用旧设备的(　　)。

A. 付现成本　　　　　　B. 购置成本

C. 机会成本　　　　　　D. 无关成本

10. 某项目建设期为1年,建设投资200万元全部于建设期初投入,经营期为10年,每年现金净流量为50万元,若贴现率为12%,则该项目的现值指数为(　　)。

A. 1.484　　　　　　　B. 1.413

C. 1.261　　　　　　　D. 1.424

三、多项选择题

1. 下列因素中,会影响动态指标计算的有(　　)。

A. 建设期　　　　　　　B. 投资方式

C. 回收额　　　　　　　D. 现金净流量

2. 以下指标计算时,不需要基准贴现率的有(　　)。

A. 净现值　　　　　　　B. 静态投资回收期

C. 投资利润率　　　　　D. 内含报酬率

3. 下列指标中,可以直接依据项目现金净流量信息计算出来的有(　　)。

A. 投资利润率　　　　　B. 静态投资回收期

C. 内含报酬率　　　　　D. 净现值

4. 以总成本为基础计算当年经营成本应扣减的项目包括（　　）。

A. 折旧　　　　　　　　　　B. 无形资产摊销

C. 设备买价　　　　　　　　D. 购买无形资产支出

5. 长期投资方案按其相互间的从属关系可以划分为（　　）。

A. 常规投资方案　　　　　　B. 非常规投资方案

C. 独立方案　　　　　　　　D. 互斥方案

6. 以下各项中，属于长期投资决策动态评价指标的有（　　）。

A. 净现值　　　　　　　　　B. 投资报酬率

C. 现金净流量　　　　　　　D. 内含报酬率

7. 在指标分类中，年回收额属于（　　）。

A. 静态指标　　　　　　　　B. 动态指标

C. 正指标　　　　　　　　　D. 反指标

8. 当方案的净现值＝0时，该方案的（　　）。

A. 净现值指数＝0　　　　　B. 现值指数＝1

C. 净现值指数＜0　　　　　D. 现值指数＜1

9. 与计算内含报酬率有关的项目为（　　）。

A. 原始投资　　　　　　　　B. 银行利率

C. 每年现金净流量　　　　　D. 投资项目的有效年限

10. 在长期投资决策敏感性分析中，通常要计算（　　）。

A. 可回收年限的上限　　　　B. 可回收年限的下限

C. 贴现率的上限　　　　　　D. 贴现率的下限

四、计算题

1. 资料：某企业购置机器一台，价值40 000元，预计可用8年，期满无残值。每年可增加销售收入36 000元，增加付现成本24 000元。

要求：

（1）计算该机器的投资回收期、年平均投资报酬率。

（2）如果贴现率为 10%，计算净现值、投资回收期和内含报酬率。

2. 资料：天宝厂拟建立一条新生产线，估计购置成本 200 000 元，可用 5 年，残值为 20 000 元。采用新生产线后每年可增加利润 58 000 元，贴现率为 15%（采用直线法计提折旧）。

要求：计算净现值并作出评价。

3. 资料：新光公司拟新建一个车间生产新产品，估计可用 10 年，10 年后即停产，有关资料如下：

设备购置成本为 85 000 元，10 年后残值 12 500 元（采用直线法折旧）；需要垫支流动资金 20 000 元，10 年后仍可回收；年销售收入 60 000 元；年付现成本 37 500 元，贴现率为 10%。

要求：计算净现值和内含报酬率并作出评价。

4. 资料：久远公司有一台机器，5 年前购入，原价 40 000 元，购入后因改变工艺流程从未用过，为处理这台机器有下列两个方案可供选择：

（1）外地天星厂拟出价 32 000 元购买，但需久远公司支付拆除包装及运输费用，估计需支付 6 000 元。

（2）本市新华机器厂拟租用这台机器 6 年，每年愿出租金 6 500 元，但需久远公司支付该机器的维修费和保险费，估计每年需支付 800 元，又假定租赁期满，该机器无残值，贴现率为 12%。

要求：根据上述资料对上述两个方案进行评价。

5. 资料：某机器 40 000 元，使用年限 10 年，每年生产产品 10 000 件，单价 10 元，单位变动成本 6 元，固定制造费用（包括折旧）20 000 元，固定销售及行政管理费用 10 000 元，第 6 年开始，由于该产品的市场销售呈不断增加的趋势，拟扩大生产，提出如下两个改进方案。

（1）用 20 000 元改建，改建后可继续用 5 年，年产量可增加

2 000件,固定制造费用增加到 25 000 元,其余资料不变。

(2)把旧机器出售可得 10 000 元,另以 50 000 元购入一台新机器,也可用 5 年,年产量为 15 000 件,预计售价下降到 9 元,产品能全部售出。固定制造费用下降至 15 000 元,其余资料不变。

要求:如果贴现率为 10%,计算两个方案的差量净现值,作出选择。

6. 资料:某厂拟购置机器设备一套,有 A、B 两种型号可供选用,两种型号机器的性能相同,但使用年限不同,有关资料如表 8-10 所示。

表 8-10   **资 料 表**   单位:元

| 设备售价 | 营 运 成 本 | | | | | | | | 残 值 |
	第一年	第二年	第三年	第四年	第五年	第六年	第七年	第八年	
A 20 000	3 500	3 500	3 500	3 500	3 500	3 500	3 500	3 500	3 000
B 10 000	2 500	3 000	3 500	4 000	4 500				500

要求:如果贴现率为 10%,确定应选用哪一种型号的设备。

7. 资料:某企业投资 15 500 元购入一台设备,可用 3 年,期满有残值 500 元,按直线法计提折旧。设备投产后每年可增加销售收入 15 000 元,付现成本 6 800 元。假定所得税率为 25%,贴现率为 10%。

要求:计算该投资方案的净现值。

8. 资料:A 公司是一个钢铁企业,现找到一个投资机会,预计该项目需固定资产投资 750 万元,当年可以投产,预计可以持续 5 年。会计部门估计每年固定成本为(不含折旧)40 万元,变动成本是每件 180 元。固定资产折旧采用直线法,估计净残值为 50 万元。营销部门估计各年销售量均为 4 万件。销售为 250 元/件,生产部门估计需要 250 万元的流动资金投资,预计项目终结点可全部回收,设投资人要求的最低投资报酬率为 10%,企业所得税率为 25%。

要求：

(1) 计算项目各年的现金净流量。

(2) 计算项目的净现值。

9. 资料：某企业计划进行某项投资活动，拟有甲、乙两个备选方案。有关资料为：

甲方案需原始投资 150 万元，其中固定资产投资 100 万元，流动资金投资 50 万元，全部资金于建设起点一次投入。该项目经营期 5 年，到期残值收入 5 万元。预计投产后年营业收入 90 万元，年总成本 60 万元。

乙方案需要原始投资 210 万元，其中固定资产投资 120 万元，无形资产投资 25 万元，于建设起点一次投入。流动资金投资 65 万元，于建设期末一次投入。该项目建设期 2 年，经营期 5 年，到期残值收入 8 万元，无形资产自投产年份起分 5 年摊销完毕。该项目投产后，预计年营业收入 170 万元，年经营成本 80 万元。

该企业按直线法折旧，全部流动资金于终结点一次回收，所得税税率为 25%，贴现率为 10%。

要求：

(1) 甲、乙两个方案的净现值。

(2) 采用年回收额法确定该企业究竟应选哪一方案。

10. 资料：某企业一个投资方案的投资总额为 30 000 元，有效期预计 5 年，年现金净流量为 10 000 元，贴现率为 16%，净现值为 2 740 元。

要求：

(1) 确定年现金净流入量的下限。

(2) 确定可回收年限的下限。

(3) 确定贴现率的上限。

第九章 全 面 预 算

第一节 全面预算概述

一、预算的含义

一个企业通过长期决策和短期决策,分别提出了自己的长期战略目标和短期经营目标。为了实现既定的目标,保证决策所确定的最优方案在实际工作中得到贯彻、执行,还必须研究实现目标的途径和方法,这就要求企业的所有职能部门(包括销售、生产、采购、运输、财务、技术研究、新产品的开发试制等等),一定要相互配合,协调行动,用编制预算的办法来规划与控制企业未来的全部经济活动。所谓预算,就是用货币来计量,将决策的目标具体地、系统地反映出来。简言之,预算就是决策目标的具体化。

预算按其适用时间的长短可分为长期预算和短期预算。长期预算主要指 1 年以上的预算。如购置大型设备或改建、扩建、新建厂房等的长期投资预算,按年度划分的长期资金收支预算等等,长期预算是一种规划性质的预算,编制得好坏,将影响到一个企业的长期战略目标是否能够如期实现,影响到企业今后若干年的经济效益,乃至影响到国民经济的长期发展。

短期预算就是本章所要介绍的全面预算。全面预算是关于企业在一定时期内(一般不超过 1 年)经营、财务等方面的总体预算,主要包括业务和财务方面的预算。业务方面如销售预算、生产预算、采购预算和费用成本预算等;财务方面如现金收支预算、结算存款预算、预计财务报表等。短期预算是一种执行预算,数据要求尽可能具体化,以便控制和执行。

二、全面预算的意义

"全面预算"就是企业全部计划的数量说明,即企业全部经济活动过程的正式计划,用数量形式反映出来。

企业编制全面预算就是要使每个职能部门的管理人员知道在计划期间应该做些什么以及怎样去做,从而保证其他部门和整个企业工作的顺利进行。

例如:企业的销售部门按照预测分析的方法,预测目标销售量,然后通过市场调查进行销售预测,并促使生产部门增加新产品,提高产品质量,降低产品成本,采用薄利多销的方式,以保证目标销售量和目标利润的实现;生产部门根据销售部门确定的预计销售量,结合产品的期初、期末存量,计算出计划期的预计产量,并注意产量要适当,防止积压或脱销;同样,采购部门必须根据计划期的预计产量购进足够的合格材料,保证完成产品生产的需要;人事部门必须根据计划期的生产任务配备足够的工人和技术力量;财务部门要根据以上各业务部门在计划期间的经济活动安排好资金,保证有足够的货币资金支付到期的料、工、费以及偿还债务、购买固定资产等等。总之,为了把企业所有的经济活动协调起来,达到一个总的目标利润,就必须编制全面预算。

由此可见,编制全面预算就是把涉及该企业的战略目标的一整套经济活动连接在一起,并规定了如何去完成的方法,实际上,它就是企业总体规划的数量说明。有了全面预算,企业就可以按照预算体系进行经营管理,而不是随心所欲,主观臆断,瞎搞一通了。因此,全面预算是企业预算管理体系的基础。

三、全面预算的作用

全面预算的作用有以下三个方面。

(一)明确目标,控制业务

预算是目标的具体化,它不仅能够帮助人们更好地明确整个企业的奋斗目标,而且能够使人们清楚地了解自己部门的任务,明确今后自己的工作在业务量、收入和成本各方面应达到的水平和努力的方向,促使每个职工想方设法去完成企业总的战略目标,编制预算的目的是为了贯彻目标管理的原则,指导和控制业务。

（二）协调各部门的工作

全面预算把整个企业各方面的工作严密地组织起来,促使各部门管理人员清楚地了解本部门在全局中所处的地位和作用。这样,使企业内部有关协作单位也配合起来,纳入统一的预算,企业内部上下左右都能协调,也就更能发挥预算的控制作用。

例如:生产预算一定要以销售预算为根据,采购预算则必须与生产预算相衔接等。各部门的经济活动既要重视产值和利润指标,也要重视品种、质量、成本、劳动生产率等指标,并使各指标之间保持必要的平衡,用较少的劳动消耗和资金占用,取得尽可能大的经济效益。因此,全面预算的初稿往往会出现不平衡的情况,需要经过反复协调、修改才能定稿,争取实现最佳经济效益。

（三）评定实际工作的成果

全面预算通过有关部门的充分讨论,经过起草、修改、定稿以后,必须发给各个职能部门和全体职工。各个部门直至每一个职工都应该想方设法去完成其预计的奋斗目标,并以完成预计目标的程度来评价各部门、各职工的工作成绩。应该看到,对于评价实际工作成果来说,用预算目标比较,一般比用上期实际比较更为适宜,因为在当今科技迅速发展、市场竞争剧烈、劳动条件多变的情况下,有许多是不可比的。

在生产经营过程中,把实际与预算加以比较,除了上述所说可以用来考核各部门和有关人员的工作成绩外,其揭示出来的差异也可以用来检查预算编制的质量。有些脱离实际的预算,并不表示实际工作的好坏,而是预算本身有问题。掌握这些情况,有利于改进下期预算的编制工作。

四、编制全面预算的原则

1. 以明确的经营目标作为编制预算的前提

例如，如果确定了目标利润，就能相应地确定销售数量，从而确定目标成本，编制有关销售和成本的预算。

2. 编制预算时，要全面完整

凡是要影响目标实现的业务、事项，均应以货币或其他计量形式来具体地加以反映，尽量做到周详地考虑问题，确保目标的实现。预算指标之间要相互衔接，勾稽关系要明确，以保证整个预算的综合平衡。

3. 预算要积极可靠、留有余地

积极可靠是指不要把预算指标定得过低或过高，充分估计目标实现的可能性，保证预算在实际执行中发挥其指导和控制作用。为了应付实际工作中发生的千变万化，预算应该留有余地、具有一定的灵活性，以免发生意外时处于被动、破坏平衡、影响原定目标的实现。

五、编制预算的一般程序

预算编制程序，按其参与人员的不同，可以有不同的程序。

预算编制的"主管决定法"，由高级主管制定目标，作为指令下达，用这种方法来编制的预算称为派定预算，其编制程序如图 9-1 所示。

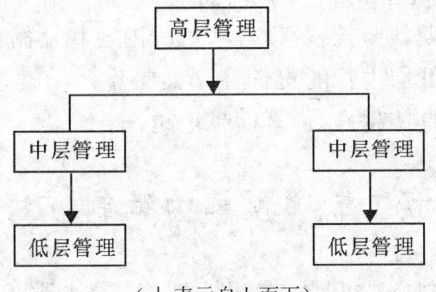

（↓ 表示自上而下）

图 9-1　派定预算编制程序

预算编制的"参与法",也称自编预算,是由低层业务负责人员自行编制后送上级审查,经反复研究和修订平衡后,再逐级汇总,最后由最高管理当局审批,其编制程序如图9-2所示。

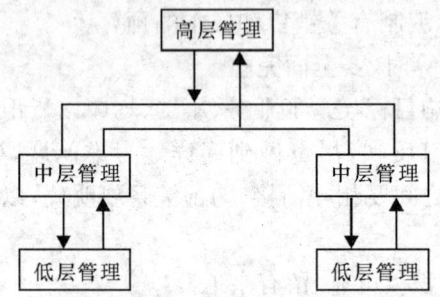

（ ↓↑ 表示自下而上经审批后下达）

图 9-2　自编预算编制程序

为了使预算能充分发挥其应有的作用,预算的编制应尽量吸收预算的执行者亲自参加,这种预算能较好地得到广大预算执行者的支持,提高他们完成预算所确立的目标和任务的主动性和积极性。如果单纯地由上而下"压"任务,强加于人,使预算执行者处于消极被动地位,预算将难以收到预期的效果。

企业编制预算时,其预算期的长短、项目内容和金额的详细程度,是根据它的用途而有所区别的。

一般说来,企业的最高管理当局,其责任在于战略计划的制定,因而,预算期就要长一点,其项目的内容和金额,却不需要过分详细。而企业低层主管的责任在于监督生产活动,那么其预算项目的内容就越具体越好,预算期越短越好。

第二节　预算的编制方法

预算的编制方法很多,有弹性预算、零基预算、滚动预算等。本节将着重介绍上述几种预算的编制方法。

一、弹性预算

所谓弹性预算,是指能适应企业在预算期内任何生产经营水平的一种预算。

由于这种预算是随着业务量的变化做机动调整的,本身具有弹性,故称为弹性预算,亦称变动预算,是固定预算的对称。

固定预算亦称静态预算,它是根据本来固定不变的业务水平,不考虑预算期内生产经营活动可能发生的变动而编制的一种预算。这种预算适合于业务水平较为稳定的企业。如果业务水平经常变动的企业用了这种方法,就会引起人们的误解。

【例 9-1】 某种产品的固定预算如表 9-1 所示。

表 9-1

固 定 预 算

产量 400 台　　　　　　　　　20××年　　　　　　　　　单位:元

成 本 项 目	总 成 本	单 位 成 本
直接材料	2 400	6
直接人工	1 600	4
制造费用	800	2
合　计	4 800	12

如果实际完成 600 台,实际总成本为 6 300 元,其中直接材料 3 120 元,直接人工 2 280 元,制造费用 900 元,单位成本 10.50 元。如果将实际费用与固定预算相比,则超支较大,如果与按产量调整后的固定预算相比,又节约较多。两种方法比较的结果,如表 9-2 所示。

以上两种比较方法都不太合理,前者增加了产量,费用没有按产量调整,差异没有意义;后者全部都按产量调整,实际上其中一部分费用是固定费用,不随产量变动而变动,因此,也不妥当。

表 9-2 **固定预算与实际成本比较表** 单位：元

成本项目	固定预算	实际费用	差 异	按产量调整的固定预算	实际费用	差 异
直接材料	2 400	3 120	＋720	3 600	3 120	－480
直接人工	1 600	2 280	＋680	2 400	2 280	－120
制造费用	800	900	＋100	1 200	900	－300
合　计	4 800	6 300	＋1 500	7 200	6 300	－900

用弹性预算方法来编制成本预算时，其关键在于把所有的成本划分为变动成本与固定成本两大部分（如表 9-3 所示）。

表 9-3 **预算成本资料表**

费　用　项　目	固定成本总额（元）	每机器工作小时变动成本率
物料	300	0.05
监工	2 400	—
间接人工	800	0.40
维修	450	0.08
电力	900	0.65
保险	750	
折旧	1 950	
其他	150	0.22
合　计	7 700	1.40

成本的弹性预算公式如下：

$$\begin{matrix}\text{成 本 的}\\\text{弹性预算}\end{matrix}=\begin{matrix}\text{固定成本}\\\text{预 算 数}\end{matrix}+\Sigma\left(\begin{matrix}\text{单 位 变 动}\\\text{成本预算数}\end{matrix}\times\begin{matrix}\text{预 计}\\\text{业务量}\end{matrix}\right)$$

应该注意：由于实际工作中有许多费用项目属于半变动或半固定性质，因此需要对每个费用项目逐一进行分析计算，并据以编制出一套能适应多种不同业务量水平的费用预算。以下分别举例作具体说明。

（一）生产部门的费用预算

【例 9-2】 假定爱沪公司第一车间正常活动水平 10 000 机器

工作小时,预期的固定费用和变动费用是:变动费用 10 000 机器工作小时,每小时 1.40 元,共计 14 000 元,固定费用总额 7 700 元,费用合计 21 700 元,每机器工作小时费用率是 2.17 元。

又假设该公司准备编制弹性预算,预计业务活动水平分别为 8 000、10 000、12 000、14 000 机器工作小时。在上列各项业务活动水平中,经研究,业务在 14 000 机器工作小时时,各项目费用将发生下列情况:间接人工将多增加 400 元,监工人员增加 350 元费用,机器维修增加 350 元,折旧增加 350 元(超正常活动)。根据上列资料编制弹性预算如表 9-4 所示。

表 9-4 　　　　　　　　　　弹 性 预 算

部门:第一车间

预算期:5 月份 　　　　　　　　　　　　正常活动水平:10 000 机器小时

项　目	活动水平(机器工作小时)							
	8 000		10 000		12 000		14 000	
变动制造费用	每小时	合　计	每小时	合　计	每小时	合　计	每小时	合　计
物料	0.05	400	0.05	500	0.05	600	0.05	700
间接人工	0.40	3 200	0.40	4 000	0.40	4 800	0.40	5 600
维修	0.08	640	0.08	800	0.08	960	0.08	1 120
电力	0.65	5 200	0.65	6 500	0.65	7 800	0.65	9 100
其他	0.22	1 760	0.22	2 200	0.22	2 640	0.22	3 080
合　计		11 200		14 000		16 800		19 600
固定制造费用								
物料		300		300		300		300
监工		2 400		2 400		2 400		2 750
间接人工		800		800		800		1 200
维修		450		450		450		800
电力		900		900		900		900
保险		750		750		750		750
折旧		1 950		1 950		1 950		2 300
其他		150		150		150		150
合　计		7 700		7 700		7 700		9 150
费用总计		18 900		21 700		24 500		28 750
小时费用率		2.36		2.17		2.04		2.05

从上例预算中可以看到,在正常活动水平之间,每机器工作小时费用率为2.17元,当产量下降时,机器小时费用率将上升。当产量增加至12 000机器工作小时时,费用率下降至2.04元,说明企业有相当的潜力,只要产品销路没有问题,可以此作为目标做出努力。假若企业活动水平超额为14 000机器工作小时,那么,每一机器工作小时费用率将上升为2.05元,这主要是由于增加监工人员支出和修理费支出所造成的。

有了弹性预算,就可以据以与实际执行结果进行比较,衡量其业绩,并分析其差异,然后编制弹性预算执行报告如表9-5所示。

表9-5　　　　　　　　　　**弹性预算执行报告**

部门:第一车间　　　　　　　　　　正常活动水平:10 000机器工作小时
预算期:5月份　　　　　　　　　　实际活动水平:8 000机器工作小时

单位:元

费 用 项 目	预　　　算	实　　　际	差　　　异	
			顺　　差	逆　　差
物料	700	750		50
监工	2 400	2 510		110
间接人工	4 000	3 850	150	
维修	1 090	1 070	20	
电力	6 100	5 900	200	
保险	750	750		
折旧	1 950	1 950		
其他	1 910	1 940		30
合计	18 900	18 720	370	190

(二)销售及管理费预算

销售与管理费的弹性预算和制造费用弹性预算的编制方法不同,后者是以生产工作量(如直接人工工时,机器工作小时等)作为计算基础的,而前者是以销售量(以金额表现的销售净收入)作为计算基础的。

【例 9-3】 某企业根据以往的经验,对销售与管理费中各个项目的发生额同销售净收入之间的依存关系,得出一些规律性数据:在销售费用中,销售人员的工资、销售佣金、广告费和杂项销售费的发生额同销售净收入有着密切的联系,它们占销售净收入的百分比分别为 6%、1%、3% 和 0.8%,而其中的折旧费则属于固定费用。在管理费用中,行政人员工资、折旧、保险费和财产税属于固定费用,只有其中的一般费用同销售净收入有着较密切的联系,其发生额约占销售净收入的 3.5%。根据预计,各种销售收入编制的销售与管理费弹性预算如表 9-6 所示。

表 9-6　　　　　　　　**销售与管理费用弹性预算**　　　　单位:元

销售净收入		60 000	80 000	100 000	120 000
销售费用	占销售净收入%				
销售人员工资	6%	3 600	4 800	6 000	7 200
销售佣金	1%	600	800	1 000	1 200
广告费	3%	1 800	2 400	3 000	3 600
杂项销售费	0.8%	480	640	800	960
折旧	—	2 400	2 400	2 400	2 400
合　　计		8 880	11 040	13 200	15 360
管理费用					
行政人员工资		3 000	3 000	3 000	3 000
一般费用	3.5%	2 100	2 800	3 500	4 200
折旧	—	1 600	1 600	1 600	1 600
保险费	—	500	500	500	500
财产税	—	800	800	800	800
合　　计		8 000	8 700	9 400	10 100

从表 9-6 的计算可以看到:销售费用中的大部分属于变动费

用,其变动率为销售净收入的 10.8%,其中只有折旧属于固定费用;管理费用的组成大部分属于固定费用,总金额为 5 900 元,其中只有一般费用属于变动费用,其变动率为销售净收入的 3.5%。通过对费用组成的重新分类,可以提供有关编制利润弹性预算的资料。

(三) 利润预算

利润的弹性预算,是以预期的各种销售收入为出发点的,按照成本的性态,扣减相应的成本,借以分别确定不同销售量可能实现的利润或发生的亏损。利润的弹性预算是以成本的弹性预算为其编制基础的。

【例 9-4】 根据表 9-6 有关资料进行综合,编制某企业预算期内利润的弹性预算如表 9-7 所示。表 9-7 中"变动成本"项目下的直接材料、直接人工和变动性制造费用,是按产品分别确定的单位消耗量。

表 9-7 　　　　　　　　　利润的弹性预算 　　　　　单位:元

销售净收入	60 000	80 000	100 000	120 000
变动成本				
直接材料	6 000	8 000	10 000	12 000
直接人工	9 000	11 500	14 000	16 500
变动性制造费用	10 500	13 500	16 500	19 500
边际贡献(制造部分)	34 500	47 000	59 500	72 000
变动性销售与管理费				
销售费用	6 480	8 640	10 800	12 960
管理费用	2 100	2 800	3 500	4 200
边际贡献(最终)	25 920	355 600	45 200	54 840
固定成本				
固定性制造费用	25 000	25 000	25 000	25 000
固定性销售费用	2 400	2 400	2 400	2 400
固定性管理费用	5 900	5 900	5 900	5 900
利润	(7 380)	2 260	11 900	21 540

现假定实际销售量为 90 000 元,为了考核利润预算完成好坏,评价工作业绩,必须编制利润预算执行情况报告表。

报告表是根据实际完成的销售量计算相应的预算利润与实际执行结果相比较编制的,具体如表 9-8 所示。

表 9-8　　　　　　**某企业利润预算与执行情况报告表**　　　　单位:元

项　　　目	预　算	实　际	差　　　异	
			顺　　差	逆　　差
销售净收入	90 000	90 000		
变动成本				
直接材料	9 000	9 540		540
直接人工	12 750	11 500	1 250	
变动性制造费用	15 000	14 900	100	
边际贡献(制造部分)	53 250	54 060		
变动性销售与管理费				
销售费用	9 720	9 520	200	
管理费用	3 150	3 650		500
边际贡献(最终)	40 380	40 890		
固定成本				
固定性制造费用	25 000	25 000		
固定性销售费用	2 400	2 400		
固定性管理费用	5 900	5 900		
利润	7 080	7 590	1 550	1 040

可见,该企业利润预算执行情况是好的,在降低成本方面已作出了努力,使利润增加了 510 元,其中人工费降低比较多,应该总结经验。直接材料费与变动性管理费都有所增加,应进一步分析原因。

二、零基预算

（一）零基预算的特点

零基预算是指在编制预算时，对于所有的预算支出均以零为基底，不考虑其以往情况如何，从实际出发，研究分析每项预算有否支出的必要和支出数额大小的预算。

预算按其编制的基础不同可分为两类：调整法和零基法。调整法是在上年预算实际执行情况的基础上，考虑预算期内各种因素的变动，相应调整有关项目的预算数额，以确定未来一定期间支出预算的一种方法。这种预算方法比较简便，但是以前期预算的实际执行结果为基础的，不可避免地要受既成事实的影响，容易使预算中的某些不合理因素得以长期沿袭，因而有一定的局限性。为了克服调整法可能带来的弊病，可采用另一种预算方法——零基预算法。

零基预算法的特点：对于任何预算期的任何预算项目而言，其费用预算额的多少都以零为起点，不受基期既成事实的束缚，从根本上评价各项业务活动的重要程度，完全按照预算期内应该达到的经营目标和工作内容，重新考虑每项预算支出的必要性及其规模，并依次决定现有各项资源的分配顺序，从而确定新的预算。

（二）编制零基预算的步骤

零基预算的编制程序包括以下三个基本步骤。

1. 拟定计划项目说明书

计划项目说明书是评审各项生产经营活动的书面文件。在计划项目说明书上，必须载明各个可供选择的方案和实施计划项目的努力程度，一般说，企业编制零基预算要以财务活动、产品质量管理、生产设计、工艺技术、新产品研制、固定资产维修等项目为对象。所以应将以上有关项目的具体内容逐一载入计划项目说明书。

2. 进行效益分析

对于载入计划项目说明书的有关费用预算项目，要进行效益分析,按成本效益对比的原则进行严格的评审。首先,审查时要考虑:① 该项工作是否有必要,能否避免;② 如该项工作不可避免,是否要专设一个部门或分配专门人员,由其他部门或人员兼做;③ 如该项工作非由专设部门或专职人员去完成,那么能否进一步改进工作方法,提高工作效率。其次,工作确定后,用对比的方法,权衡每项工作的轻重缓急,给全部计划项目排列出采纳的先后顺序。

3. 分配资金,落实预算

根据企业现有经济资源,特别是预算内的资金情况,本着统筹兼顾、保证重点的精神,将预算资金在有关计划项目之间进行合理分配。既要充分发挥有限的预算资金的利用效果,又要确保企业各项重要经营活动的顺利进行,也就必须按照已确立的先后顺序在计划项目之间分配现有预算资金。

(三)零基预算编制实例

【例 9-5】 某企业采用零基预算法编制下年度销售费用预算,有关资料及预算编制的基本程序如下:

(1)该企业销售部门根据实现 1 200 万元销售收入的企业总目标,拟定其具体奋斗目标,并将有关产品的销售范围从某个地区扩大到全国。经研究计算,销售部门在预算期间将发生以下费用:工资 6 万元,差旅费 3.5 万元,办公费 1.5 万元,广告费 20 万元。

(2)经讨论认为,工资、差旅费、办公费为预算期必不可少的费用开支,应全部保证。至于广告费项目,初步订了三种备选方案:

A 方案:利用广告牌、推销员做广告宣传;

B 方案:利用报纸、杂志做广告宣传;

C 方案:利用电视、广播电台做广告宣传。

经有关人员分析评价,决定采用 C 方案,并为该方案拟订了具体措施。

措施之一:以较高的频率(指一定时期内的播放次数)在国家

级电台、电视台和本省电台、电视台播放广告,预计预算期内需支付国家级和本省电台、电视台广告费分别为 15.5 万元和 9 万元,可减少其他推销费 5.8 万元,增加销售收入 480 万元,销售收入利润率为 10%。

措施之二:以较低的频率在国家级电台、电视台做广告,以较高的频率在本省电台、电视台做广告,预计在预算期内需支付国家级和本省电台、电视台广告费分别为 7 万元和 9 万元,可减少其他推销费 4.7 万元,增加销售收入 300 万元。

措施之三:以较高的频率在本省电台、电视台做广告,需支付广告费 9 万元,减少其他推销费 4 万元,增加销售收入 120 万元。

(3)按成本效益原则排列顺序,广告费的资金分配额为 16 万元,与第二项措施相吻合,以此编制广告费项目的零基预算表如表 9-9 所示。

表 9-9　　　　　　**某企业 20××年度广告费零基预算**　　　　单位:元

预计实施本方案可获效益:		
因增加销售收入而增加利润	300 000	
因减少推销人员而减少推销费	47 000	347 000
预计实施本方案所需要的资源:		
国家级电视台、电台广告费	70 000	
本省电视台、电台广告费	90 000	160 000
实施本方案后的净收益		187 000

(四)零基预算的优缺点

零基预算法的优点是:它不仅能压缩经费开支,而且能切实做到最合理地使用资金,不受过去老框框的制约,充分发挥各级管理人员的积极性和创造性,促使各个部门精打细算、量力而行、提高经济效益。其缺点是:由于一切支出均以零点为起点进行分析、研究、计算,因此编制预算的工作量非常大,有时甚至得不偿失。有的企业每隔若干年进行一次零基预算,以后几年内略作适当调整,这样既简化了预算编制的工作量,又能适当控制费用。

三、滚动预算

滚动预算又称永续预算,其基本精神就是它的预算期永远保持 12 个月,每过 1 个月,根据新的情况进行调整,在原来预算期末再增加 1 个月的预算,从而在任何一个时期都能保持有 12 个月的时间幅度。

(一)滚动预算的编制

滚动预算的编制,可采用长计划、短安排的方式进行,也就是在编制预算时,先按年度分季,并将其中第一季度按月划分,建立各月的明细预算,以便监督预算的执行,其他三季可以粗略一些。到第一季度结束前再将第二季度的预算数按月细分,第三、第四季度及下年第一季度的预算只列各季总数,就这样以此类推。这种预算形式有利于管理者对预算资料作经常性的分析研究,并能根据当前预算的执行情况对预算及时作出修订。

滚动预算的编制程序如图 9-3 所示。

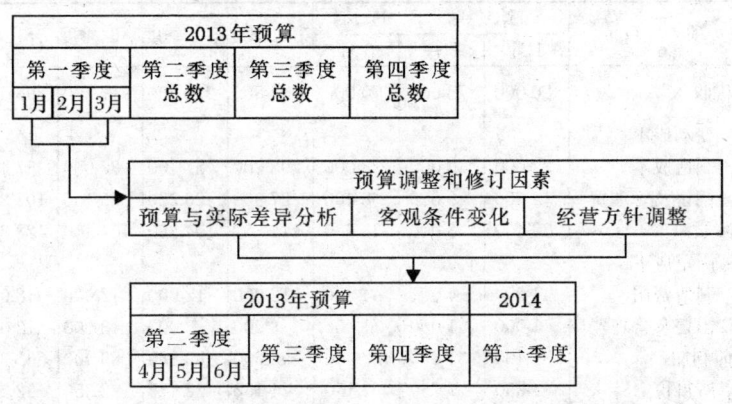

图 9-3 滚动预算编制程序

现举例说明滚动预算的具体编制方法。

【例 9-6】 某企业生产甲产品,2013 年预计销售量如表 9-10 所示。

表 9-10　　　　　　　**2013 年预计销售量表**

月　份	销售量(台)	月　份	销售量(台)
1	3 200	7	2 900
2	3 000	8	2 950
3	2 800	9	2 890
4	3 000	10	2 800
5	3 100	11	2 900
6	3 200	12	3 000

此外,甲产品单位售价为 25 元,单位产品变动性制造成本 10 元,变动性销售与管理费 3 元,每月固定性制造费用 4 000 元,固定性销售与管理费 1 000 元,所得税税率 25%。

现根据上述资料编制企业 2013 年利润滚动预算如表 9-11 所示。

表 9-11　　　　　　　**利润滚动预算表**

2013 年度　　　　　　　　　　　　　　　　单位:元

项　　目	第　一　季　度			第二季度	第三季度	第四季度	合　计
	1 月	2 月	3 月				
销售收入	80 000	75 000	70 000	232 500	218 500	217 500	893 500
减:变动成本							
制造成本	32 000	30 000	28 000	93 000	87 400	87 000	357 400
销售及管理费	9 600	9 000	8 400	27 900	26 220	26 100	107 220
边际贡献	38 400	36 000	33 600	111 600	104 880	104 400	428 880
减:固定成本							
制造费用	4 000	4 000	4 000	12 000	12 000	12 000	48 000
销售及管理费	1 000	1 000	1 000	3 000	3 000	3 000	12 000
税前利润	33 400	31 000	28 600	96 600	89 880	89 400	368 880
减:所得税	8 350	7 750	7 150	24 150	22 470	22 350	92 220
税后利润	25 050	23 250	21 450	72 450	67 410	67 050	276 660

如果 2013 年第一季度的执行结果与预算的差异较小,则可按

月编制 2013 年第二季度的利润预算,并按季编制 2013 年第三、第四季度和 2014 年第一季度的利润预算;如果执行结果与预算的差异比较大,则应作相应的调整后再编制预算。

(二) 滚动预算方法的理论根据

滚动预算方法的理论根据:首先,是企业的生产经营活动是延续不断的,那么企业的预算也应该全面地反映这一延续不断的过程,使预算方法与生产经营过程相适应;其次,企业的生产经营活动随着时间的变迁,很可能会产生各种难以预料的变化;再次,人们对未来客观事物的认识也是一个由粗到细、由简单到具体的过程,滚动预算就按照这种客观认识的规律来编制,避免预算与实际有较大的出入。

(三) 滚动预算的优缺点

滚动预算的优点:① 保持预算的完整性和持续性,从动态预算中把握企业的未来;② 能使各级管理人员始终能对未来 12 个月的生产经营活动作周详的考虑和全盘规划,使企业的各项工作有条不紊地进行;③ 便于银行、财政税务机构、企业主管部门对企业经营状况的了解;④ 由于预算不断修整,使预算与实际情况更相适应,有利于充分发挥预算的指导和控制作用。

采用滚动预算,必须有一个与之相适应的外部条件,如上级下达生产指标、材料供应的时间等,这些外部条件仍然是以自然年为基础、一年一安排的,这对企业编制滚动预算带来了困难,也可以说是滚动预算的缺憾。随着我国经济体制改革的深化,市场经济已成为主导地位,这将为滚动预算的编制创造有利的条件。

第三节　全面预算的体系和编制方法

一、全面预算的体系

全面预算主要是用来规划计划期间企业的经济活动及其成

果,为企业整体及其各个方面确立明确的目标和任务的。全面预算的主要内容包括业务预算、专门决策预算和财务预算三大类,每一类预算又包括各种不同的具体内容,但各种预算都要服从于企业的整体目标,从而形成一个完整的预算体系,如图9-4所示。

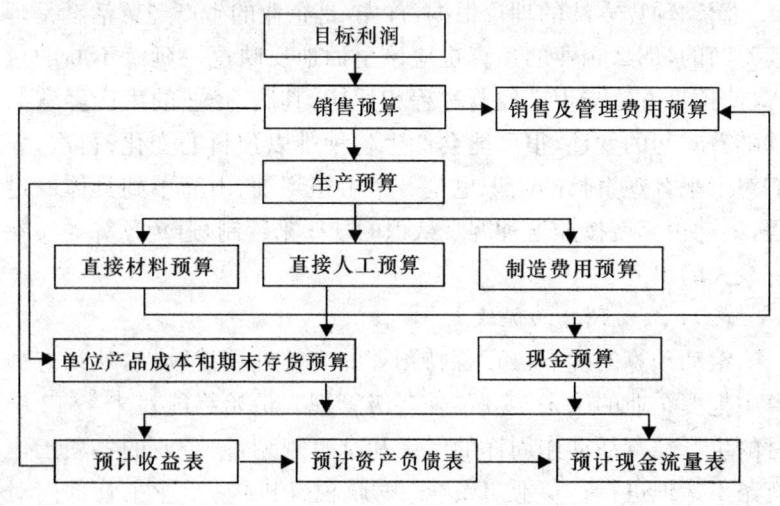

图9-4　全面预算体系图

从图9-4可见,全面预算体系包括:① 销售预算;② 生产预算;③ 直接材料预算;④ 直接人工预算;⑤ 制造费用预算;⑥ 单位产品成本和期末存货预算;⑦ 销售及管理费用预算;⑧ 现金预算;⑨ 预计收益表;⑩ 预计资产负债表;⑪ 预计现金流量表。

为了使整个预算工作能顺利地进行,一般设立一个预算委员会来负责。它通常由企业领导、供产销、财务等部门的主管人员和总会计师等组成,负责制订和颁发有关预算制度的总体设想、政策、审查和协调各个部门的预算编制工作,处理在编制预算时可能发生的矛盾,最后批准预算,下达指标,并随时检查预算的执行情况。

二、全面预算的具体内容和编制方法

(一)销售预算

在以销定产的情况下,全面预算是以销售预算开始的,其他一切预算都要以销售预算作为基础,这是因为,存货的水平和生产(生产成本)一般决定于销售业务的大小。而销售预算是根据目标利润规划所确定的目标利润和达到目标利润的销售额来编制的。

【例 9-7】 假定力胜公司制造和销售 A、B 两种产品,A 产品单位售价 12 元,B 产品的单位售价 16 元,上年第四季度应收账款 20 000 元,每季预计销售数量如表 9-12 所示。

表 9-12 **预计销售数量表**

产品	第一季度	第二季度	第三季度	第四季度
A	600	700	800	900
B	1 500	1 600	1 700	1 800

根据上列有关资料,编制甲公司的销售预算,如表 9-13 所示。

表 9-13 **力胜公司销售预算表**

20××年度 单位:元

季 度	销售产品	数 量	单 价	销售收入
一	A B 小 计	600 1 500	12 16	7 200 24 000 31 200
二	A B 小 计	700 1 600	12 16	8 400 25 600 34 000
三	A B 小 计	800 1 700	12 16	9 600 27 200 36 800
四	A B 小 计	900 1 800	12 16	10 800 28 800 39 600
全 年	A B 小 计	3 000 6 600	12 16	36 000 105 600 141 600

在实际工作中,许多产品销售往往不是现购现销的,即产生了很大数额的应付、应收账款,在编制预算中必须考虑到这一情况。通过销售预算,知道了销售收入,就可进而计算应收账款的预算。应收账款的预算包括应收账款发生数和收到数,应收账款收到数可作为现金预算的依据。

根据[例 9-7],假定所有销售 50% 是现销,赊销在下季收账,第一季度的应收账款代表上年第四季度的赊销额,现编制力胜公司的应收账款预算如表 9-14 所示。

表 9-14　　　　　　　　**力胜公司预计现金收入表**

20××年度　　　　　　　　　　　　　单位:元

项 目	本期发生数	收到数(现金收入)			
		一	二	三	四
期初数	20 000	20 000			
第一季度	31 200	15 600	15 600		
第二季度	34 000		17 000	17 000	
第三季度	36 800			18 400	18 400
第四季度	39 600				19 800
期末数	(19 800)				
合　计	141 800	35 600	32 600	35 400	38 200

(二) 生产预算

生产预算是根据销售预算编制的,生产数量除了满足销售数量外,还应考虑期初和期末存货的水平。预计生产量可用下列公式计算:

预计生产量＝预计销售量＋预计期末存货量－预计期初存货量

应该注意的是在生产量、销售量和库存量之间应保持一定的比例关系,以避免储备不足、产销脱节或超储积压等。

【例 9-8】 假设［例 9-7］中力胜公司希望能在每季度末保持相当于下季度销售量 70％的期末存货。上年末 A 产品盘存 480件，单位成本 8 元，共计 3 840 元；B 产品盘存 1 200 件，每件 10元，共 12 000 元。预计下年第一季度 A 产品的销售量 1 000 件，B产品的销售量 1 900 件。根据资料编制力胜公司生产预算如表9-15 所示。

表 9-15   **力胜公司生产预算表**

20××年度   单位：件

产品	项　　　目	第一季度	第二季度	第三季度	第四季度
	预计销售量	600	700	800	900
	加：期末存货	490	560	630	700
A	合　　计	1 090	1 260	1 430	1 600
	减：期初存货	480	490	560	630
	预计生产量	610	770	870	970
	预计销售量	1 500	1 600	1 700	1 800
	加：期末存货	1 120	1 190	1 260	1 330
B	合　　计	2 620	2 790	2 960	3 130
	减：期初存货	1 200	1 120	1 190	1 260
	预计生产量	1 420	1 670	1 770	1 870

（三）直接材料预算

直接材料预算是根据生产预算所确定的预计生产量，考虑到预计期初、期末库存材料的因素来编制的。直接材料生产上的需要量同预计采购量之间的关系可按下列公式计算：

$$\text{预计采购量} = \text{预计生产量} \times \text{单位产品用料} + \text{期末库存材料} - \text{期初库存材料}$$

【例 9-9】 仍以 [例 9-7] 和 [例 9-8] 的资料,假设力胜公司所生产的 A、B 两种产品是用同一原料进行生产的,A 产品每件需要耗用原料 4 千克,B 产品每件需要耗用原料 8 千克,该原料的成本每千克为 0.50 元,上年年末库存材料 21 000 千克,同时,期望每季季末保持相当于当月生产量 150% 的原料库存量。根据资料编制力胜公司直接材料预算如表 9-16 所示。

表 9-16　　　　　　**力胜公司直接材料预算表**

20××年度　　　　　　　　　　　　单位:千克

产品	项　　目	第一季度	第二季度	第三季度	第四季度	全　　年
A	预计生产量	610	770	870	970	3 220
	每单位耗用数	4	4	4	4	4
	原材料耗用总数	2 440	3 080	3 480	3 880	12 880
B	预计生产量	1 420	1 670	1 770	1 870	6 730
	每单位耗用数	8	8	8	8	8
	原材料耗用总数	11 360	13 360	14 160	14 960	53 840
生产所需原料总数		13 800	16 440	17 640	18 840	66 720
加:期末库存数		20 700	24 660	26 460	28 260	28 260
合　　计		34 500	41 100	44 100	47 100	94 980
减:期初库存数		21 000	20 700	24 660	26 460	21 000
原料采购总数		13 500	20 400	19 440	20 640	73 980
每千克原料成本(元)		0.50	0.50	0.50	0.50	0.50
采购成本(元)		6 750	10 200	9 720	10 320	36 990

前面我们已经讲过,实际中许多销售都不是现购现销的,因此

在这里我们还需要编制应付材料采购款预算。应付材料采购款预算,根据直接材料预算编制,为编制现金预算提供资料,应付材料采购款预算包括上期材料采购应由本期支付的金额和本期采购应由本期支付的金额。

【例9-10】 设[例9-9]中力胜公司期初有5 000元材料采购款应由本年度第一季度支付,本年各季材料采购款的50%应于当期支付,其余50%可于下季支付。根据上述资料,编制应付材料采购款预算如表9-17所示。

表9-17　　　　　　　　　力胜公司预计现金支出表　　　　　　单位:元

项　　　目	本期发生额	支付数(现金支付)			
		第一季度	第二季度	第三季度	第四季度
期初数	5 000	5 000			
第一季度采购数	6 750	3 375	3 375		
第二季度采购数	10 200		5 100	5 100	
第三季度采购数	9 720			4 860	4 860
第四季度采购数	10 320				5 160
期末数	(5 160)				
合　　　计	36 830	8 375	8 475	9 960	10 020

（四）直接人工预算

直接人工预算也是以生产预算为基础编制的。编制方法一般是先计算直接人工工时,然后乘以每小时预计平均工资率计算而得,直接人工预算也能为编制现金预算提供资料。

【例9-11】 假设力胜公司生产的A、B两种产品,每种产品每

单位所需要的直接人工小时都是 1 小时,每直接人工的工资率为
6 元,根据上列资料,编制直接人工预算如表 9-18 所示。

表 9-18
直接人工预算表

20××年度

产品	项 目	第一季度	第二季度	第三季度	第四季度	合 计
A	预计生产量	610	770	870	970	3 220
	单位产品人工工时	1	1	1	1	1
	需要工时	610	770	870	970	3 220
B	预计生产量	1 420	1 670	1 770	1 870	6 730
	单位产品人工工时	1	1	1	1	1
	需要工时	1 420	1 670	1 770	1 870	6 730
A、B	总工时	2 030	2 440	2 640	2 840	9 950
	每工时人工工资	6	6	6	6	6
	人工成本	12 180	14 640	15 840	17 040	59 700

（五）制造费用预算

制造费用预算包括变动制造费用预算和固定制造费用预算两
部分。一般来说,适应企业内部管理需要的全面预算是按变动成
本计算法来计算成本的。在这种方法下,变动成本可直接计入产
品成本,固定制造费用直接列入损益作为当期利润的一个扣除项
目。编制时,变动制造费用可以根据预计生产量和预计单位生产
量应负担的费用来编制预算;固定制造费用可以按照零基预算的
编制方法编制。

【例 9-12】 假设力胜公司的间接材料按直接人工工时每小
时 0.20 元,间接人工按直接人工工时每小时 0.30 元,公用事业费
按直接人工工时每小时 0.10 元分别编入预算,而每季的折旧是
1 200 元,管理人员薪金 900 元,其他杂项 300 元,在预算期内保持
固定不变。根据上列资料编制制造费用预算如表 9-19 所示。

表 9-19 力胜公司制造费用预算

20××年 单位:元

项 目	第一季度 (2 030 工时)		第二季度 (2 440 工时)		第三季度 (2 640 工时)		第四季度 (2 840 工时)	
变动制造费用	每工时	合计	每工时	合计	每工时	合计	每工时	合计
间接材料	0.20	406	0.20	488	0.20	528	0.20	568
间接人工	0.30	609	0.30	732	0.30	792	0.30	852
公用事业费	0.10	203	0.10	244	0.10	264	0.10	284
合 计		1 218		1 464		1 584		1 704
固定制造费用								
折旧		1 200		1 200		1 200		1 200
管理人员薪金		900		900		900		900
其他杂项		300		300		300		300
合 计		2 400		2 400		2 400		2 400
制造费用合计		3 618		3 864		3 984		4 104

在制造费用预算中,绝大部分都是直接通过现金支付的,但也有一部分费用是以前年度已经支付要由这一年度负担的,如固定资产折旧费、待摊费用等;也可能有应由这一年度负担的,但要以后年度支付的费用,如预提修理费等。为了提供编制现金预算的资料,对制造费用预算按照是否需要现金支付的具体情况进行调整。假定[例 9-12]中,需要扣除每季度折旧额 1 200 元,则每一季度需要现金支付的制造费用如表 9-20 所示。

表 9-20 现金支付的制造费用

20××年 单位:元

季 度 项 目	一	二	三	四
制造费用合计	3 618	3 864	3 984	4 104
减:折旧	1 200	1 200	1 200	1 200
需现金支付款	2 418	2 664	2 784	2 904

（六）单位产品成本和期末存货预算

为了计算产品销售成本，必须先为期末存货计价。期末存货的计价方法，一般都采用加权平均法或先进先出法计算，因为采用这种方法比较简单。在采用变动成本计算法计算成本时，按先进先出法计价，期末存货只负担当期的变动生产成本。

【例 9-13】 根据[例 9-7]至[例 9-12]的资料，编制单位产品成本和期末存货预算如表 9-21 所示。

表 9-21　　　　　　**力胜公司产品成本和期末存货预算**

20××年度　　　　　　　　　　　　　　单位：元

产　　品	A	B
直接材料	$4 \times 0.50 = 2$	$8 \times 0.50 = 4$
直接人工	$1 \times 6 = 6$	$1 \times 6 = 6$
变动性制造费用	$1 \times 0.6 = 0.60$	$1 \times 0.60 = 0.60$
单位产品变动生产成本	8.60	10.60
期末存货(件)	700	1 330
变动生产成本	6 020	14 098

（七）推销及管理费用预算

推销及管理费用预算的编制方法与制造费用预算相同。

【例 9-14】 假定力胜公司核定，销售佣金按销售收入的 0.5% 计付，销售运输费按销售收入的 1% 计付，其他销售费用每季度支付情况如下：广告费 240 元，差旅费 100 元，推销及管理人员的薪金 800 元，办公用品 100 元，杂项支出 200 元，根据资料编制的推销及管理费用预算如表 9-22 所示。

表 9-22　　　　　　　**力胜公司推销及管理费用预算**

20××年度　　　　　　　　　　　　　单位:元

季　度 项　目	一	二	三	四
变动销管费				
销售佣金(0.5%)	156	170	184	198
运输费(1%)	312	340	368	396
合　　计	468	510	552	594
固定销管费				
广告费	240	240	240	240
差旅费	100	100	100	100
薪酬	800	800	800	800
办公用品	100	100	100	100
杂项支出	200	200	200	200
合　　计	1 440	1 440	1 440	1 440
销管费用总计	1 908	1 950	1 992	2 034

（八）现金收支预算

现金收支预算是用来反映预算期内企业现金流转状况的预算,是各项经济活动有关现金收支方面的汇总反映。如果现金汇总后,发现多余和不足,就要考虑怎样来使用和筹集这些资金,资金有余,除去归还借款外,还可购买短期证券,如资金不足,除向银行借款外,也可发出短期商业票据获得资金,因此,现金预算包括四部分内容。

1. 现金收入

现金收入包括期初的现金结存数和预算期内可能发生的现金收入,如现金销售收入、收回应收账款等。

2. 现金支出

现金支出指预算期内可能发生的现金支出,如支付采购材料的货款、支付人工费、支付制造费用、支付推销及管理费用、偿还应付账款、交纳税金、购买设备和支付股息等等。

3. 现金的多余和不足

现金收支相抵后的余额,若收入大于支出,则现金多余;若收入小于支出,则现金不足,需设法筹资。

4. 融资

融资反映预算期内因资金不足而向银行借款,或发放短期商业票据以筹集资金,以及还本付息等情况。

【例 9-15】 根据[例 9-7]至[例 9-14]的现金收入与支出的资料,另设第一季度应支付到期的应付股息 13 000 元,同时已经预定了一台生产机器,价款 8 000 元,将于第二季度送到,并在第二季度和第三季度分别支付价款 4 000 元。该公司预计每季末应保持现金余额 4 000 元,若资金不足或多余,可以以千元为单位进行借入或偿还,借款年利率 6%,于每季季初借入,每季季末偿还,借款利息于支付本金时一齐支付。根据上述资料编制现金收支预算如表 9-23 所示。

表 9-23　　　　　　　　**力胜公司现金收支预算**

20××年度　　　　　　　　　　　　　　单位:元

项目＼季度	一	二	三	四	全　年
期初余额	4 000	4 719	4 560	4 339	4 000
本期收入	35 600	32 600	35 400	38 200	141 800
合　　计	39 600	37 319	39 960	42 539	145 800
本期支出					
材料采购	8 375	8 475	9 960	10 020	36 830
人工成本	12 180	14 640	15 840	17 040	59 700

季度\项目	一	二	三	四	全 年
制造费用	2 418	2 664	2 784	2 904	10 770
销管费用	1 908	1 950	1 992	2 034	7 884
股 息	13 000				13 000
购买机器		4 000	4 000		8 000
合 计	37 881	31 729	34 576	31 998	136 184
多余或不足	1 719	5 590	5 384	10 541	9 616
预期期末现金	4 000	4 000	4 000	4 000	4 000
借入借款	3 000				3 000
偿还借款		1 000	1 000	1 000	3 000
利 息		30	45	60	135
期末余额	4 719	4 560	4 339	9 481	9 481

（九）预计收益表

企业全部产销活动预算编制后,即可汇总编制预计收益表。预计收益表反映了预算期内企业的经营成果,汇总后的税后净收益可与目标利润相比较,如有差距,应进行调整,以争取达到或超过目标利润。

【例 9-16】 根据[例 9-7]至[例 9-15]的资料,编制预计收益表如表 9-24 所示。

（十）预计资产负债表

预计资产负债表反映了企业在该预算期结束时,各有关资产、负债及权益项目的预算执行结果。编制时,以期初的负债表为基础,结合现金预算预计收益表、期末存货预算、直接材料预算、销售预算等有关资料,分析计算各有关资产负债和权益各项目增减额,然后编制资产负债表如表 9-25 所示。

表9-24

力胜公司预计收益表
20××年度

单位：元

季 度 项 目	一		二		三		四		合 计	
销售收入		31 200		34 000		36 800		39 600		141 600
加：变动成本										
期初存货	15 840		16 086		17 430		18 774		15 840	
本期发生	20 298		24 324		26 244		28 164		99 030	
减：期末存货	16 086	20 052	17 430	22 980	18 774	24 900	20 118	26 820	20 118	94 752
边际贡献（制造）		11 148		11 020		11 900		12 780		46 848
减：销管费用		468		510		552		594		2 124
边际贡献		10 680		10 510		11 348		12 186		44 724
减：固定成本										
制造费用	2 400		2400		2 400		2 400		9 600	
销管费用	1 440	6 840	1 440	6 670	1 440	7 508	1 440	8 346	5 760	29 364
营业收益		6 840		6 640		7 463		8 286		29 229
减：利息支出				30		45		60		135
税前净收益		6 840		6 640		7 463		8 286		29 229
减：所得税（25％）		1 710		1 660		1 865.75		2 071.5		7 307.25
净收益		5 130		4 980		5 597.25		6 214.5		21 921.75

表 9-25　　　　　　　　　　　　　**力胜公司资产负债表**

20××年度　　　　　　　　　　　　　　单位：元

资　　产	期初数	期末数	负债和权益	期初数	期末数
流动资产			流动负债		
现金	4 000	9 481	应付账款	5 000	5 160
应收账款	20 000	19 800	应付股息	13 000	
原材料	10 500	14 130	应付所得税		7 307.25
产成品	15 840	20 118	合　　计	18 000	12 467.25
合　　计	50 340	63 529	权益		
固定资产			股本	108 670	108 670
厂房和设备	100 000	108 000	留存收益	3 670	25 591.75
减：折旧	20 000	24 800	合　　计	112 340	134 261.75
合　　计	80 000	83 200			
资产合计	130 340	146 729	负债和权益合计	130 340	146 729

（十一）预计现金流量表

现金流量表以现金的流入和流出来反映企业一定时期内的经营活动、投资活动和筹资活动的动态情况。该表能说明企业一定期间内现金流入和流出的原因、偿债能力和支付股利的能力。现金流量表还能够分析企业投资理财活动对经营成果和财务状况的影响。现金流量表的编制方法有直接法与间接法两种，现根据[例 9-7]至[例 9-15]及表 9-24 中的资料，以直接法编制预计现金流量表如表 9-26 所示。

表 9-26

力胜公司预计现金流量表

20××年度 单位：元

项　　目	金　　额
一、经营活动产生的现金流量	
销售商品、提供劳务收到的现金	141 800
收到的其他与经营活动有关的现金	
现金流入小计	
购买商品、接受劳务支付的现金	47 600
支付给职工以及为职工支付的现金	59 700
支付的其他与经营活动有关的现金	7 884
现金流出小计	115 184
经营活动产生的现金流量净额	26 616
二、投资活动产生的现金流量	
收回投资所收到的现金	
收到的其他与投资活动有关的现金	
现金流入小计	0
购建固定资产、无形资产和其他长期资产所支付的现金	8 000
支付的其他与投资活动有关的现金	
现金流出小计	8 000
投资活动产生的现金流量净额	−8 000
三、筹资活动产生的现金流量	
吸收权益性投资所收到的现金	
发行债券所收到的现金	
借款所收到的现金	3 000
收到的其他与筹资活动有关的现金	
现金流入小计	3 000
偿还债务所支付的现金	3 000
分配股利或利润所支付的现金	13 000
偿付利息所支付的现金	135
支付的其他与筹资活动有关的现金	
现金流出合计	16 135
筹资活动产生的现金流量净额	−13 135
现金流量净增加额	5 481

习　题

一、判断题

1. 所谓预算就是用货币来计量,将决策的目标具体地、系统地反映出来。　　　　　　　　　　　　　　　　　　（　　）

2. 滚动预算是因为每年连续作预算。　　　　　（　　）

3. 全面预算体系是以采购预算开始的。　　　（　　）

4. 变动制造费用可以根据预计生产量和预计单位生产量应负担的费用来编制预算。　　　　　　　　　　（　　）

5. 全面预算中的所有成本费用预算都与生产预算相联系。　　　　　　　　　　　　　　　　　　　　　　　　（　　）

6. 在编制制造费用预算时,应将固定资产折旧费剔除。　　　　　　　　　　　　　　　　　　　　　　　　　（　　）

7. 财务预算是关于企业在未来一定期间内财务状况和经营成果以及现金收支等价值指标的各种预算总称。　（　　）

8. 在编制零基预算时,应以企业现有的费用水平为基础。　　　　　　　　　　　　　　　　　　　　　　　（　　）

9. 预计资产负债表是以本期期初实际资产负债表各项目的数字为基础,作必要的调整进行编制的。　　（　　）

10. 生产预算是日常业务预算中唯一仅以实物量作为计量单位的预算,不直接涉及现金收支。　　　　　（　　）

二、单项选择题

1. 属于全面预算的财务方面预算是(　　)。

A. 销售预算　　　　　　　B. 成本预算

C. 现金预算　　　　　　　D. 采购预算

2. 全面预算是以(　　)预算开始的。

A. 采购预算　　　　　　　B. 生产预算

C. 直接材料预算   D. 销售预算

3. 生产预算是根据(　　)预算编制的。

    A. 直接材料   B. 销售

    C. 直接费用   D. 直接人工

4. 零基预算在编制时对于所有的预算支出均(　　)为基底。

    A. 以零字   B. 以销售预算

    C. 以原始资料   D. 实际出发

5. 编制生产预算时,关键是正确地确定(　　)。

    A. 销售价格   B. 销售数量

    C. 期初存货量   D. 期末存货量

6. 在编制预算时,不适宜采用弹性预算方法的是(　　)。

    A. 利润预算   B. 制造费用预算

    C. 销售及管理费用预算   D. 现金预算

7. 在编制预算时,预算期必须与会计年度口径一致的编制方法是(　　)。

    A. 定期预算   B. 零基预算

    C. 滚动预算   D. 弹性预算

8. 下列预算中,不属于日常业务预算的是(　　)。

    A. 生产成本预算   B. 销售预算

    C. 现金预算   D. 直接材料预算

9. 直接材料预算主要是根据(　　)编制的。

    A. 销售预算   B. 生产预算

    C. 现金预算   D. 产品成本预算

10. 在下列各项中,不能作为编制现金预算依据的是(　　)。

    A. 制造费用预算   B. 销售及管理费用预算

    C. 产品生产成本预算   D. 特种决策预算

三、多项选择题

1. 属于全面预算的业务方面预算有(　　)。

A. 销售预算　　　　　　　B. 生产预算

C. 成本预算　　　　　　　D. 预计财务报表

2. 全面预算的作用有(　　)。

A. 提高企业经济效益　　　B. 明确目标,控制业务

C. 协调各部门的工作　　　D. 评定实际工作的成果

3. 全面预算的主要内容包括(　　)。

A. 专门决策预算　　　　　B. 业务预算

C. 财务预算　　　　　　　D. 综合预算

4. 现金预算包括(　　)组成。

A. 现金收入　　　　　　　B. 现金的多余和不足

C. 现金支出　　　　　　　D. 融资

5. 从实用角度看,弹性预算主要用于编制(　　)。

A. 特种决策预算　　　　　B. 成本预算

C. 利润预算　　　　　　　D. 销售及管理费用预算

6. 下列各项中,属于滚动预算优点的有(　　)。

A. 透明度高　　　　　　　B. 及时性强

C. 连续性　　　　　　　　D. 完整性

7. 下列项目中,属于直接人工预算的内容有(　　)。

A. 预计生产量　　　　　　B. 单位产品耗用工时

C. 人工总工时　　　　　　D. 人工总成本

8. 产品生产成本预算,是(　　)的汇总。

A. 销售及管理费用预算　　B. 直接材料预算

C. 直接人工预算　　　　　D. 制造费用预算

9. 下列预算中,能够既反映经营业务又反映现金收支内容的
有(　　)。

A. 销售预算　　　　　　　B. 生产预算

C. 直接材料预算　　　　　D. 制造费用预算

10. 编制预计资产负债表的依据包括(　　)。

A. 现金预算　　　　　　　B. 特种决策预算

C. 日常业务预算　　　　　D. 预计损益表

四、计算题

1. 资料：某企业生产甲产品，年生产能力 40 000 件，每件产品工时定额为 0.5 小时，有关计划年度的企业制造费用资料如表 9-27 所示。

表 9-27　　　　　　　　　　　**制造费用资料表**　　　　　　　单位:元

项　　　目	每小时变动成本	全年固定成本
间接人工	0.20	10 000
间接材料	0.15	1 200
水费	0.08	1 000
修理费	0.10	800
折旧		5 000
保险费		500
合　　　计	0.53	18 500

如果产量达到正常生产能力的 110%，则固定成本中的间接材料增加 200 元，修理费增加 200 元，间接人工增加 500 元。

要求：根据上列资料，按正常生产能力的 80%、90%、100%、110% 分别编制制造费用的弹性预算。

2. 资料：

（1）某企业 2014 年 5 个月的销售预算如下：

1月	10 800 件
2月	15 600 件
3月	12 200 件
4月	10 400 件
5月	9 800 件

（2）该企业每月月末产品存货为第二个月估计销售数的 25%。

（3）1 月 1 日,该企业有 2 700 件产品(假定无在产品)。

（4）每单位产品需用甲材料 4 千克,乙材料 5 千克,甲材料每千克 10 元,乙材料每千克 5 元。

（5）每月末该企业应保存下个月材料需要量的一半。

要求：编制 2014 年第一季度的材料预算。

3. 资料：某企业生产 B 种产品,预算期 2014 年四个季度预计销售量分别为 2 000 件、1 800 件、2 400 件和 2 200 件;年初结存量 400 件;预计各季度期末结存量为下一季度销售量的 20%;预计 2015 年一季度销售量 2 100 件。

预计 B 产品单位生产成本为：直接材料 15 元、直接人工 6 元、变动制造费用 8 元;年初结存 B 产品的总成本为 12 000 元,发出存货采用先进先出法计价。

要求：

（1）计算 2014 年 B 产品的生产总成本。

（2）计算 2014 年 B 产品的销售总成本。

4. 资料：大华厂本年第四季度销售预算如下：

月份	10 月	11 月	12 月	合计
销售额(元)	25 000	35 000	40 000	100 000

销售结款的付款办法：销售当月收 70%,次月收 30%,10 月的期初应收账款为 6 000 元。

要求：

（1）计算 9 月份的销售额。

（2）编制第四季度预计现金收入表。

（3）计算 12 月底期末应收账款的数额。

5. 资料：某企业拟编制 2014 年 9 月份的现金收支预算。预计 2014 年 9 月初现金余额为 9 000 元;月初应收账款 40 000 元,预计可收回 60%;本月销售收入 200 000 元,预计现销比例为 40%;本月采购材料 40 000 元,预计现付比例为 50%;月初应付账款 30 000 元需在月内全部付清;月内需支付的工资为 35 000 元、制造费用 18 000 元、营业费用 13 000 元、管理费用 36 000 元;购置设备需支付的现金 20 000 元。企业现金不足时,可向银行借款,借款金额为 2 000 元的倍数;现金多余时可购买有价证券。企业月末现金余额不低于 8 000 元。

要求:

(1)计算本月经营现金收入。

(2)计算本月经营现金支出。

(3)计算本月现金收支差额。

(4)确定最佳资金筹措或运用数。

(5)确定现金月末余额。

6. 资料:假设期末现金最低应保持的余额为 4 000 元,银行借款以 1 000 元为单位,贷款利率每年 6%,还本时付息,于每季初借入,每季末偿还。

要求:将表 9-28 现金预算中的空缺数据按其内在联系填补齐全。

表 9-28   现金预算

2014 年度   单位:元

项　　目	第一季度	第二季度	第三季度	第四季度	全年合计
期初余额	4 000			4 56	
加:现金收入		16 300	17 700		65 900
可动用现金合计	16 800		22 620		
减:现金支出					
采购材料	4 675	4 470		4 990	
人工成本	6 780	7 380	7 980		30 660

项　　目	第一季度	第二季度	第三季度	第四季度	全年合计
费用		2 713	2 794	2 869	
支付股息	1 000	—	—	—	
购买设备	—	500	1 500	—	
现金支出合计		15 063			
现金收支差额	1 713		5 606		
银行借款			—	—	3 000
偿还借款	—		1 000		
利息	—				
期末余额					

第十章 成本控制与标准成本系统

第一节 成本控制概述

一、成本控制的含义

控制是通过一定手段对实际行动施加影响，使之能按预定的目标或计划进行的过程。为了保证全面预算所确定的各项目标和任务的完成，还必须根据责任预算对各个责任中心的一切经济活动进行事前与日常的控制。如发现问题，应迅速采取有效措施进行促进、指导、干预或调节，借以巩固成绩、纠正缺点或修改目标。这里所说的一切经济活动，当然包括生产、销售、供应、成本、财务等各个方面，而其中成本控制是最关键的一环。

成本控制就是在整个生产经营活动过程中，对各项生产费用的发生进行的引导和限制，以及对每项成本形成的具体活动进行严格的监督，促使企业目标成本的实现和经济效益的提高。

成本控制有广义和狭义之分，广义的成本控制包括事前控制、事中控制和事后控制三部分。成本事前控制，是指产品投产前，对影响成本的经济活动进行事前规划，即通过成本预测和决策，选择最佳的降低成本措施，确定未来期的目标成本，编制成本预算，作为成本控制依据的活动。成本的事中控制是对成本的形成和偏离成本预算的差异及其原因进行日常的揭示，并采取措施加以改进，保证成本预算目标实现的活动。成本的事后控制是在产品形成之后，把日常发生的差异及其原因汇总起来进行分析研究，找到成本升降的规律性,提出今后进一步改进的措施,为不断降低成本指明方向的活动。

狭义的成本控制主要是指成本事中控制,也就是指生产阶段产品成本的控制,即运用一定的方法对产品生产过程中构成产品成本的一切耗费进行科学严格的计算、限制和监督。所以,狭义的成本控制比较看重对日常生产阶段产品成本的限制。

二、成本控制的种类

成本控制可按不同的标准进行分类,常见的分类有三种。

(一)按控制时期的不同分类

按控制时期的不同分,成本控制可分为事前成本控制、事中成本控制和事后成本控制三类。

从某种意义上说,目标成本的制订就是成本的事前控制。因为在目标成本制订的过程中,剔除各种不合理因素选择最佳方案这一过程,本身就是一种控制行为。在费用发生过程中,对各项费用根据目标成本的要求进行严格的控制,同时,对生产计划执行情况加以密切的关注(因为产量的多少对产品成本有着直接的影响),称为事中控制。成本的事后控制是指对所揭示的各种差异进行汇总、分配,计算出产品的实际成本,揭示整个产品脱离目标成本的差异,并分析原因,从中总结经验,以便为制订新的目标成本提供可靠的依据。

(二)按控制范围的不同分类

按控制范围的不同分,成本控制可分为狭义的成本控制和广义的成本控制两类。

狭义的成本控制,就是指日常成本控制。广义的成本控制,就是除日常成本控制外,再加上事前与事后成本控制。

(三)按控制手段的不同分类

按控制手段的不同分,成本控制可分为绝对成本控制与相对成本控制两类。

绝对成本控制,指的是只采用精打细算,节约开支,消灭浪费等节约措施控制成本的控制。相对成本控制,则是采用节流、开源双管齐下的办法,既千方百计地节约开支、降低成本,又通过本量利分析的方法,把握成本和业务量与利润之间的关系,找出成本最低、利润最大的最佳销售量,充分利用生产能力,以达到相对降低成本目的的控制。

三、成本控制的原则

（一）全面性原则

所谓全面性,包括三个方面。

（1）对产品形成的全过程加以控制,从产品投产前的设计阶段开始,包括试制阶段、生产阶段、销售阶段直至产品售后阶段的所有阶段都应当进行成本控制。

（2）对生产耗用的全部费用加以控制,正确地处理好降低产品成本与提高产品质量的关系,不允许通过以次充好、以假乱真、欺骗消费者和不正当竞争手段来达到压缩成本的目的。

（3）企业必须充分调动每个部门和每个职工控制成本、关心成本的积极性和主动性,达到全员控制的目的。

（二）讲求效益的原则

总体说来,这个原则要求成本控制最终应能获取最大的经济效益,具体有以下三层含义:

（1）厉行节约。成本控制首先要求尽可能地降低成本支出。

（2）广开财路。充分利用企业现有的资源,实现生产要素的最佳配置。

（3）核算信息成本。按照成本—效益原则,将进行成本控制所必须支付的代价限制在最经济的限度内。因为进行成本控制必须依赖一定的信息,按照信息理论,任何的信息取得均需花费代价,只有当成本控制取得的效益大于其代价时,成本控制才是必要的和可行的。

（三）分级归口管理原则

企业的成本目标要层层分解，落实到各部门或个人，形成一个成本控制系统。一般来说，控制的范围愈小、每个部门或个人责任愈明确，则效果愈好。

（四）责权利相结合原则

对每个部门或个人进行控制，它的内容必须是该部门或个人应该负责、有权处理的事情，否则控制就不可能有效。同时，对完成目标好的，除给予精神鼓励之外，还应与物质奖励挂钩，以便更好地调动群众的积极性。

（五）例外管理原则

企业实际发生的费用，很难做到每一项都和预算完全一致。如果有点滴差异都要查明原因、追究责任，不仅不胜其烦，而且也无此必要。成本控制应该把注意力集中在非正常的例外事项上，解决这些问题，就等于解决了关键，目标成本的实现就有可靠的保证。

在实际工作中，确定"例外"的标准通常可考虑如下几项标志：

（1）重要性。"例外"标准首先要体现重要性原则的要求，它是根据成本差异金额的大小来决定的。一般来说，只有数额较大的差异才应给予足够的重视。这里金额的大小通常以成本差异占标准或预算的百分比来表示，如有的企业将达到差异率在10%以上的差异作为例外处理。

（2）一贯性。如果有些成本差异虽未达到重要性标准，但却一贯在控制性的上下限附近徘徊，则也应引起管理人员足够的重视，因为这种情况可能由于原标准已过时失效或成本控制不严造成的。

（3）可控性。凡属管理人员无法控制的成本项目，即使差异达到重要性标准，也不应视为例外，否则会挫伤责任人的积极性。

（4）特殊性。凡对企业的长期获利能力有重要影响的成本项目，即使其差异没达到重要标准，也应视为例外，查明原因。

四、成本控制的程序

（1）确定成本控制的目标或标准。

（2）分解落实成本控制的目标。

（3）计算成本差异并分析成本差异。

（4）针对影响成本的因素，采取积极措施，并对有关责任人进行奖惩。

第二节　标准成本系统概述

一、标准成本的含义

所谓标准成本，是指按照成本项目反映的、根据已达到的技术水平和有效经营的条件，以对未来情况的分析为基础，应用科学方法确定生产产品所需发生的各项成本。因而，标准成本是一种预定的目标成本。同时，它是判断工作效率和效果的尺度。所以，目标性和尺度性是标准成本的特点。

二、标准成本的种类

一般地说，标准成本有三种。

（一）基本的标准成本

较长期使用而不变更的标准成本称为基本标准成本。这种标准成本一经制定，多年保持不变，它可以使各个时期的成本以同一标准为基础进行比较。但随着时间推移，产品的生产技术和经营情况会发生变化，使原有的标准成本显得日益过时，使它在成本管理中不能发挥应有的作用。所以，这种标准成本在实际工作中较少采用。

（二）理想的标准成本

理想的标准成本是根据最佳的生产技术条件、最优经营状况下所能达到的标准制订的标准成本。它是现有条件下最理想的成本的最低水平，它意味着没有一点浪费，无废料、废品，无机器损失故障，无闲置时间等不利因素。由于这种标准成本要求过高，一般难以达到,所以,在实际工作中也很少采用。

（三）正常的标准成本

正常的标准成本是根据现有生产技术水平,在有效的经营条件下预期能达到的标准制订的。它允许材料的正常损耗,工人的一定间歇时间,机器的故障。这就意味着它的实现虽非轻而易举,但也不是高不可攀,经过努力是可以达到的。因而,正常的标准成本在实际工作中应用最广泛。

三、标准成本系统的含义

标准成本系统亦称标准成本制度或标准成本法,是指预先制定标准成本,将标准成本与实际成本相比较,以揭示成本差异、对成本差异进行分析处理并据以加强成本控制的一种会计信息系统和成本控制系统。所以,标准成本系统包括标准成本、差异分析和差异处理三方面内容。

标准成本系统最初产生于 20 世纪 20 年代的美国,随着其内容的不断发展和完善,被西方国家广为采用,成为管理会计日常成本管理中应用得最为普遍和最为有效的一种控制手段。因为,从管理会计看来,成本的控制比单纯的成本计算更为重要,而实现成本的控制,关键不在于事后如何确定产品的实际成本,而在于围绕各个"责任中心",善于把成本的事前计划、日常控制和最终产品成本的确定有机地结合起来。而标准成本系统的正确运用,有助于这一目标的实现。

四、标准成本系统的意义

（一）标准成本系统的一般意义

标准成本系统是将目标成本纳入会计科目体系所形成的一整套会计核算程序。与传统的成本核算程序相比,标准成本系统至少具有如下三方面的意义。

1. 便于分清各部门责任,有效地控制成本

传统的成本核算方法可以用来确定料、工、费耗用的实际发生

额,但是这些实际成本并不提供为了制造这些产品究竟应耗用多少资源的信息,因此管理当局也就无法据此评价生产上的耗用是否合理,也不便于考核下属部门的工作成绩。

标准成本系统事先对每个成本项目制定一个标准成本,因而就可确定每个成本项目实际脱离标准的差异归属,从而分清各部门责任。例如,某公司某产品的实际单位成本为 300 元,若没有标准成本,经理就无法知道这 300 元成本是否先进合理,如果该产品的标准成本是 250 元,那么就表明实际成本超过应发生额 50 元。同时还可以进一步分析这 50 元差异的形成原因,明确管理人员、责任者应负的责任,对于不利差异,应采取相应的措施,从而达到有效控制成本的目的。

2. 为编制预算或计划提供可靠的依据

企业为了实行其经营目标必须编制预算(或计划),如果没有一个先进合理的依据,那么预算(或计划)只能在历史资料的基础上,再根据主观意愿作适当的调整。但如此制定的预算(或计划)是否合理、能否实现缺乏科学的依据。而标准成本是一种预定的成本目标,它剔除了各种不合理的因素,为编制预算(或计划)提供了可靠的依据。

3. 便于成本核算,提高记账速度

采用标准成本,不必将全部生产费用按一定的标准在完工产品和在产品之间分配,也就是说,一旦产品的产量出来,马上就可确定整批产品的成本总额,既简单又迅速,大大简化了成本核算的工作,提高了记账速度。

(二)标准成本系统在现代化管理形势下的推广意义

标准成本系统并不是一个新的课题,其有关的一些技术方法,早在 20 世纪 20 年代就已经产生。就国内来说,管理会计的引入也有十多年历史了,但标准成本系统的应用一直得不到人们的重视。首先,标准成本作为有效控制成本的手段以及编制预算(或计划)的可靠依据,实质上起着"成本标准"的作用,可以通过编制计划成本或定额成本来替代。其次,如果只是为了简化记账,提高记账速度而对成本模式进行较大的变革,有点得不偿失。然而,在当前深化改革、推行现代化管理的形势下,标准成本系统对于责任会计制度的实施以及会计电算化的推广应用有着非常重要的意义。

1. 标准成本系统有利于责任会计的实施

当前,我国的全民所有制企业大都实行了经营承包制,企业必须将总体目标分解落实到每一下属部门,并需进行相应的业绩考评。于是,对会计核算、管理提出了新的要求,有必要建立适应我国国情的责任会计制度。责任会计的主要职责是分清责任中心的责任。在责任会计中,以责任中心为费用归集的对象,最终将实际发生的成本与应发生的标准(或定额)成本对比,揭示差异,明确责任,反映业绩。目前,我国企业采用的是传统的实际成本模式,因此这种实际成本与标准(或定额)成本的对比、差异的揭示无法在正常的账务体系中得到体现,只能通过设置辅助账户的方式来反映。这样,不仅加重了成本核算工作,也不利于账务处理的规范,甚至有可能导致差错。

在标准成本系统中,标准成本纳入了正常的账务处理体系,各种账户能客观地反映"标准成本"以及实际成本与标准成本的差异,无需通过辅助方式反映。因此,如果在企业中推行标准成本系统,就可将成本核算、成本管理与责任会计有机地结合在一起,不但减轻了成本核算的工作量,提高成本管理水平,同时也有利于责任会计的实施。在标准成本系统中,各种差异账户下可按责任中心设置明细账,那么,每一成本差异明细账户就能较明确地反映各责任中心的业绩。

2. 有利于推广会计电算化

在我国,会计电算化的应用、推广已有十多年的历史,但至今步履艰难、进展缓慢，其原因是多方面的，但最主要的原因是应用软件的通用性甚差，因此无法做到商品化。如果每个企业"各自为战"，势必造成低水平的重复，不仅影响软件的质量，浪费大量的人力、财力，而且也不能建立起高效率的数据通讯网络，会计电算化的优越性也无法体现。经过多年的摸索，人们逐渐认识到要推广会计电算化，首先要解决应用软件的通用化、商品化问题，也就是必须考虑如何实现整个会计信息系统的软件通用化，而其中最为棘手的莫过于成本核算环节。由于受生产类型、工艺过程、企业规模以及习惯做法等诸多因素的影响，各行各业中成本核算的差别甚大，即使在同行业规模相同的企业中，成本核算工作也存在着一定程度的差别。无疑，这种差别给成本核算软件通用化带来了极大的麻烦，甚至可以说是不可逾越的障碍。

标准成本系统不仅是成本控制的手段，而且也是与众不同的账务处理体系。在标准成本系统中，"材料"、"在产品"以及"产成品"账户均采用标准成本计价。在实际发生料、工、费支出时，与预先制定的标准成本对比，揭示差异，将差异汇集在各有关账户之内，到月底一次性分配结转，甚至不进行分配，所有差异全部由当期销售产品负担，大大简化了成本核算工作，成本核算程序也比较固定，即使是不同规模甚至是不同行业的企业，成本核算模式也大致相同，于是，软件的"通用"也就不难实现了。标准成本系统既然有利于成本核算软件的通用化，而成本核算软件的通用，又是整个会计信息系统通用化的关键。因此，标准成本系统的实施将有利于会计电算化的推广。

综上所述，标准成本系统既具有有效控制成本、便于编制预算、简化记账、提高记账速度的优点，同时，又有利于责任会计的实施及会计电算化的推广，因此，应该大力推广实施标准成本系统。当然，标准成本系统的推广、实施，要对传统的成本模式作重大的变革，这并非短时间内能完成的。同时，标准成本系统的推行，也必然会碰到许多困难。但只要我们为此作出努力，我们有理由相信，先进的终究会淘汰落后的。

第三节 标准成本的制定

产品的标准成本，是由产品的直接材料、直接人工和制造费用组成的。为了便于分析差异，有时又可将制造费用分为变动制造费用与固定制造费用，其基本形式，是以"数量"标准乘以"价格"标准，即分别根据直接材料、直接人工的标准用量、材料价格标准、人工工资率标准和制造费用分配率标准进行具体计算。

如前所说，标准成本的制定要尽可能符合实际，标准定得太高或太低，都不能在成本管理工作中发挥应有的作用。因此，"数量"标准主要由工程技术部门研究确定，"价格"标准则由会计部门会同有关责任部门（如采购部门等）研究确定，同时还要尽量吸收负责执行标准的职工参与各项标准的制定。

一、直接材料的标准成本

直接材料的标准成本等于各种材料标准需用量乘以标准价格。其中标准需用量应根据企业产品的设计、生产和工艺的条件，合理确定生产单位产品需用的材料数量，包括构成产品实体的材料、生产中必要的损耗和不可避免地形成一定废品所需用的材料等，以技术分析为基础、按产品耗用的各种材料分别计算确定。标准价格就是事先确定的购买材料应付的标准价格，包括购价和运杂费等，按各种材料分别计算。所以有

$$\text{某单位产品耗用某种材料的标准成本} = \text{标准价格} \times \text{标准需用量}$$

$$\text{某单位产品的直接材料标准成本} = \sum \text{该种产品所耗用的各种材料标准成本}$$

二、直接人工的标准成本

直接人工标准成本等于完成单位产品所需要的标准时间乘以

标准工资率。其中标准时间是"数量"标准,标准工资率是"价格"标准。标准时间是指企业在现有的生产技术条件、工艺方法和技术水平的条件下,生产单位产品需用的工作时间,包括对产品直接加工所用时间、必要的间歇和停工时间以及不可避免的加工废品所用的时间。标准工资率在计件工资制度下,就是单位产品应付的计件单价;在计时工资制度下,是指每一标准工时应分配的工资数。所以有

$$单位产品直接人工标准成本 = 标准时间 \times 标准工资率$$

三、制造费用的标准成本

制造费用的标准成本是指"数量"标准乘以"价格"标准。其中"数量"标准就是生产单位产品需用的直接人工小时(或机器工作小时),而"价格"标准是指制造费用分配率标准。制造费用的分配率标准,取决于以下两个因素:①生产量标准,是指企业充分利用现有生产能力可能达到的最高生产量。由于大多数企业不只生产一种产品,计量单位不同,无法综合,因此生产量标准通常用直接人工小时或机器工作小时表示。②制造费用预算,由于制造费用分为变动制造费用与固定制造费用两部分,其中变动制造费用按不同的生产水平编制"弹性预算",所以,制造费用分配率是根据制造费用预算数与生产量标准计算的。其计算公式如下:

$$变动制造费用分配率 = \frac{变动制造费用预算数}{生产量标准(以直接人工或机器工作小时表示)}$$

$$固定制造费用分配率 = \frac{固定制造费用预算数}{生产量标准(以直接人工或机器工作小时表示)}$$

四、标准成本卡

标准成本一经确定,应就为不同类别、不同规格的产品编制标准成本卡,作为编制预算、控制和考核成本的依据。标准成本卡应

分车间、分项目反映单位产品标准成本以及所依据的料、工、费的"数量"标准和"价格"标准。

【例 10-1】 表 10-1 是宏伟公司 20××年年初制定的 A 产品的标准成本卡。

表 10-1

A 产品标准成本卡

编制日期:20××年年初

项　　目	标准用量	标准价格(分配率)	标准成本(元/件)
直接材料			
101 材料	20 千克/件	8 元/千克	160
102 材料	25 千克/件	6 元/千克	150
小　计	—		310
直接人工	30 小时/件	6 元/小时	180
变动制造费用	30 小时/件	3 元/小时	90
固定制造费用	30 小时/件	5 元/小时	150
单位产品标准成本	—		730

第四节　成本差异分析

如前所说,产品的标准成本是一种预定的目标成本。产品的实际成本由于种种原因可能与预定的目标不符,其间的差额称为成本差异。在标准成本制度下,成本差异是指在一定时期生产一定数量的产品所发生的实际成本与相关的标准成本之间的差额。如实际成本超过标准成本,所形成的差异称为不利差异;反之,如实际成本低于标准成本,所形成的差异称为有利差异。

成本受产品的数量和价格两项因素的影响,因此实际成本和标准成本的差异也应由数量差异和价格差异构成。成本差异分析的目的就是分析差异发生的原因,进而采取相应的措施,实现对成本的有效控制,以促进成本的不断降低。

成本差异名目繁多。一般地说,变动成本差异有以下几种:

成本要素	数量差异	价格差异
直接材料	材料数量差异	材料价格差异
直接人工	人工效率差异	工资率差异
变动制造费用	变动制造费用效率差异	变动制造费用耗用差异

由于标准成本是根据标准数量和标准价格计算的,而实际成本是根据实际数量和实际价格计算的,因此,变动成本的数量差异和价格差异的计算可归纳成这样一句口诀:"价差乘实际数量,量差乘标准价格。"其计算公式如下:

$$价格差异＝实际数量×(实际价格－标准价格)$$

$$数量差异＝标准价格×(实际数量－标准数量)$$

$$变动成本总差异＝实际成本－标准成本$$

或　　　　$$变动成本总差异＝价格差异＋数量差异$$

固定制造费用的差异分析较为特殊,与变动成本差异分析有所不同,下面作具体介绍。

一、直接材料成本差异分析

直接材料成本差异由材料价格差异和材料数量差异构成。

材料的价格差异是指外购材料的实际价格与标准价格之间的差额。一般由客观原因造成,通常应由采购部门负责。因为材料的实际价格受到多因素的影响,例如采购的批量、交货方式、运输工具、材料质量、购货折扣等,其中任何一个方面脱离制定标准成本时的预定要求,都会形成价格差异。因而,对差异形成的原因和责任,需根据具体情况作进一步的分析,某些差异可能是由采购工作引起的;另一些差异可能是由生产环节造成的。例如,应生产上的要求,对某项材料进行小批量紧急订货,并由陆运改为空运,由此而形成的不利的差异,就不能归咎于采购部门,而应由生产部门负责。

材料数量差异是指生产过程中材料的标准耗用量与实际耗用量之间的差异,一般应由生产部门负责,但有时也可能是由采购部门工作引起的。例如,采购部门以较低的价格购进了质量较差的材料,从而引起材料耗用量增长,由此而形成的材料数量上的不利差异,就不能看作是由于生产上的缺点而形成的追加耗费,而应由采购部门负责。

直接材料成本差异的有关计算公式如下:

材料价格差异＝实际数量×(实际价格－标准价格)

材料数量差异＝标准价格×(实际数量－标准数量)

材料成本差异＝材料实际成本－材料标准成本

$$=\left(\begin{matrix}实际\\数量\end{matrix}×\begin{matrix}实际\\价格\end{matrix}\right)-\left(\begin{matrix}标准\\数量\end{matrix}×\begin{matrix}标准\\价格\end{matrix}\right)$$

或　　　　　材料成本差异＝材料价格差异＋材料数量差异

因为,材料成本差异分析是在实际产量的基础上进行的,所以,上述公式中:

标准数量＝产品实际产量×材料标准单位耗用量

上述计算结果,负数为节约(有利差异),正数为超支(不利差异)。

【例 10-2】 为民厂只生产一种 A 产品,只需用一种材料。本期实际产量为 200 件,耗用材料 800 吨,单位产品的实际用量为 4吨,实际价格为 180 元/吨。如果材料的标准价格为 190 元/吨,单位产品的标准用量为 4.2 吨,则直接材料的成本差异可分析如下:

材料成本差异＝(800×180－200×4.2×190)

　　　　　　＝144 000－159 600＝－15 600(元)(有利差异)

材料价格差异＝800×(180－190)＝－8 000(元)(有利差异)

材料数量差异＝190×(800－200×4.2)＝－7 600(元)(有利差异)

验证:

材料成本差异＝－8 000＋(－7 600)＝－15 600(元)(有利差异)

上述有关成本差异关系如图 10-1 所示。

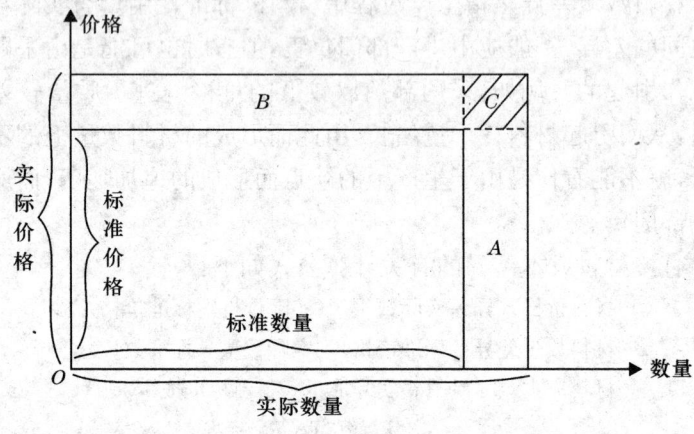

图 10-1　成本差异关系图

图 10-1 表明,A 为"纯数量差异",B 为"纯价格差异",C 为"价格—数量混合差异"。在实际工作中,为简化计算,"价格—数量混合差异"不单独表现。通常数量差异按标准价格计算,价格差异按实际用量计算。这样计算的结果,价格差异中实际上包含了部分数量差异因素,也就是将"价格—数量混合差异"归入价格差异。因为数量差异是内部控制的重点,为便于进一步分析研究,应使它尽可能用"纯粹"的形式来表现,从而正确反映生产部门应负的责任。

产品在生产过程中往往要耗用几种主要材料,而且是按照一定的比例混合使用的。在这种情况下,材料的标准成本是按照预定的混合比例制订的。如果生产中实际投料的混合比例和预定的混合比例不同,就会产生差异,这种差异叫做材料结构差异,亦即由于材料品种耗用结构变动所引起的差异。实际混合材料投入后的产出量与预定的混合材料的产出量的差异称作产出差异。所以,材料数量差异是由结构差异与产出差异这两个因素构成的。

其计算公式如下：

材料结构差异＝∑实际数量×(标准价格－平均标准价格)

材料产出差异＝平均标准价格×(∑实际数量－∑标准数量)

或 材料产出差异＝材料标准单位成本×(标准产量－实际产量)

成本差异计算分析一般是从投入的角度进行的,当实际成本大于标准成本时,是不利差异;当实际成本小于标准成本时,是有利差异。但是,材料产出差异,既可以从投入角度分析,也可以从产出角度分析。投入与产出是两个对立的角度,一般来说,投入越少,产出越多,其效益越佳。所以,如果从产出角度来分析差异的话,实际成本大于标准成本就是有利的差异;反之,为不利差异。

【例 10-3】 沪光公司生产甲产品,其单位产品的材料标准成本如表 10-2 所示。

表 10-2 **材料标准成本表**

材料名称	标准用量(千克)	标准价格(元/千克)	单位产品标准成本(元)
101	0.6	30	18
102	0.4	20	8
合　计	1.0	—	26

本月份实际投入 101 材料 2 200 千克,实际价格为 32 元/千克,102 材料 2 300 千克,实际价格为 18 元/千克,生产出甲产品 4 200 件。

材料成本差异分析如下：

材料成本差异＝(2 200×32＋2 300×18)－(4 200×0.6×30

　　　　　　＋4 200×0.4×20)

　　　　　＝111 800－109 200＝2 600(元)(不利差异)

材料价格差异＝2 200×(32－30)＋2 300×(18－20)

　　　　　＝4 400＋(－4 600)＝－200(元)(有利差异)

材料数量差异＝30×(2 200−4 200×0.6)+20×(2 300−4 200×0.4)

$\qquad$ ＝−9 600+12 400＝2 800(元)(不利差异)

验证：

材料成本差异＝(−200)+2 800＝2 600(元)(不利差异)

对材料数量差异进一步进行分析：

平均标准单价＝$\dfrac{26}{1}$＝26(元/千克)

材料结构差异＝2 200×(30−26)+2 300×(20−26)

$\qquad$ ＝8 800+(−13 800)＝−5 000(元)(有利差异)

材料产出差异＝26×[(2 200+2 300)−(4 200×0.6+4 200×0.4)]

$\qquad$ ＝7 800(元)(不利差异)

或 材料产出差异＝26×$\left(\dfrac{2\ 200+2\ 300}{1}−4\ 200\right)$

$\qquad$ ＝7 800(元)(不利差异)

验证：

材料数量差异＝(−5 000)+7 800＝2 800(元)(不利差异)

二、直接人工成本的差异分析

直接人工成本差异是由工资率差异和人工效率差异两部分组成的。工资率差异是指每单位时间标准工资率与实际工资率之间的差异。人工效率差异是标准工时与实际直接人工小时之间的差额，它反映了工人劳动效率的变化。因为完成一定的生产工作，用的工时少，说明生产效率高；用的工时多，说明生产效率低。所以，耗用工时的数量正是其生产效率高低的具体表现。其计算方法与材料成本差异基本上相同，公式如下：

工资率差异＝实际工时×(实际工资率−标准工资率)

人工效率差异＝标准工资率×(实际工时−标准工时)

直接人工成本差异＝人工实际成本－人工标准成本

$$＝\left(\begin{matrix}实际\\工时\end{matrix}\times\begin{matrix}实际\\工资率\end{matrix}\right)-\left(\begin{matrix}标准\\工时\end{matrix}\times\begin{matrix}标准\\工资率\end{matrix}\right)$$

或 　　　　直接人工成本差异＝工资率差异＋人工效率差异

　　人工成本差异分析同材料成本差异分析一样,也是在实际产量的基础上进行的,所以,上述公式中的标准工时的确定可参照材料成本差异分析中的标准数量。

　　其计算结果,负数为节约(有利差异),正数为超支(不利差异)。

　　【例 10-4】　接[例 10-2],本期实际耗用了 10 000 工时,平均每件耗用 50 工时,实际工资总额为 110 000 元,平均每工时 11 元。如果标准工资率为 10 元,单位产品的工时耗用标准为 48 工时,则直接人工成本差异分析如下:

人工成本差异＝(10 000×11)－(200×48×10)

　　　　　　＝110 000－96 000＝14 000(元)(不利差异)

工资率差异＝10 000×(11－10)＝10 000(元)(不利差异)

人工效率差异＝10×(10 000－200×48)

　　　　　　＝4 000(元)(不利差异)

　　验证:

人工成本差异＝10 000＋4 000＝14 000(元)(不利差异)

　　与直接材料一样,直接人工也存在结构差异问题,一种产品生产可能要由不同工资等级的工人来完成,而不同工资等级的小时工资率是不同的。因此,当实际的等级工人工时的构成与预定的构成不一致时,就会发生与材料相类似的工资结构差异和人工产出差异,其计算公式如下:

工资结构差异＝$\sum$ 实际工时×(标准工资率－平均标准工资率)

人工产出差异＝平均标准工资率×(∑实时工时－∑标准工时)

或 人工产出差异＝人工标准单位成本×(标准产量－实际产量)

【例 10-5】 接[例 10-3]资料,为生产甲产品 4 200 件的标准工时及不同等级工人的构成情况如表 10-3 所示。

表 10-3 　　　　　生产甲产品的标准情况表

工人等级	单位产品标准工时(小时)	标准工时(小时)	标准工资率(元/小时)	标准工资总额(元)
一级工	3	12 600	8	100 800
三级工	2	8 400	10	84 000
合计	5	21 000	—	184 800

该公司实际完成情况如表 10-4 所示。

表 10-4 　　　　　　　实际完成情况表

工人等级	实际工时(小时)	实际工资率(元/小时)	实际工资总额(元)
一级工	14 000	8.50	119 000
三级工	8 000	9.50	76 000
合计	22 000	—	195 000

直接人工成本差异＝195 000－184 800＝10 200(元)(不利差异)

工资率差异＝14 000×(8.50－8)+8 000×(9.50－10)

　　　　＝7 000+(－4 000)＝3 000(元)(不利差异)

人工效率差异＝8×(14 000－12 600)+10×(8 000－8 400)

　　　　＝11 200+(－4 000)＝7 200(元)(不利差异)

验证:

人工成本差异＝3 000+7 200＝10 200(元)(不利差异)

对人工效率差异进一步分析:

$$平均标准工资率＝\frac{184\ 800}{21\ 000}＝8.8(元/小时)$$

工资结构差异＝14 000×(8−8.8)+8 000×(10−8.8)

$$=-11\ 200+9\ 600=-1\ 600(元)(有利差异)$$

人工产出差异＝8.8×(22 000−21 000)＝8 800(元)(不利差异)

人工标准单位成本＝3×8+2×10＝44(元/件)

标准产量＝$\dfrac{22\ 000}{5}$＝4 400(件)

或　人工产出差异＝44×(4 400−4 200)

$$=8\ 800(元)(不利差异)$$

验证：

人工效率差异＝−1 600+8 800＝7 200(元)(不利差异)

三、变动制造费用的差异分析

变动制造费用差异由变动制造费用耗用差异和变动制造费用效率差异两部分构成。变动制造费用耗用差异是指实际的分配率与标准的分配率之间的差异,由于制造费用分配率是制造费用与总工时之比,因此,制造费用耗用差异受到变动制造费用的节约和浪费的影响,同时也受到生产工时的影响。变动制造费用效率差异主要受工时变化的影响。具体计算公式如下：

变动制造费用耗用差异＝实际工时×(实际分配率−标准分配率)

变动制造费用效率差异＝标准分配率×(实际工时−标准工时)

变动制造费用差异＝实际变动制造费用−标准变动制造费用

或　变动制造费用差异＝耗用差异+效率差异

计算结果,负数为节约(有利差异),正数为超支(不利差异)。

【例 10-6】　接［例 10-4］资料,为民厂本期生产 A 产品 200件,实际耗用了 10 000 工时,实际发生了变动制造费用 50 000 元,平均每工时 5 元。如果标准费用率为 6 元,单位产品的工时耗用标准为 48 工时,则变动制造费用的差异分析如下：

变动制造费用差异＝50 000−200×48×6

$$=50\ 000-57\ 600=-7\ 600(元)(有利差异)$$

变动制造费用耗用差异＝10 000×(5－6)

$$=-10\ 000(元)(有利差异)$$

变动制造费用效率差异＝6×(10 000－200×48)

$$=6×(10\ 000-9\ 600)$$

$$=2\ 400(元)(不利差异)$$

验证：

变动制造费用差异＝－10 000＋2 400＝－7 600(元)(有利差异)

四、固定制造费用差异分析

固定制造费用主要是同生产能力的形成及其正常维护相联系的,生产活动水平在一定范围内变动,并不会对它直接发生影响。因此,固定制造费用一般是采用固定预算进行控制的。但是,在日常经济活动过程中,由于实际耗用的工时(或机器小时)总数与预计的标准不一致,而固定制造费用的实际发生数与预算数往往也会有出入,因此就会发生差异。

固定性制造费用总差异的分解具体有两种方法:一种是两分法;另一种是三分法。

(一)两分法

两分法是指把固定制造费用差异分为预算(耗用)差异和能量(除数)差异的方法。固定制造费用预算差异是指固定制造费用实际发生额与固定制造费用预算数之间的差异;能量差异是指预算工时与标准工时所造成的差异。

这里首先要区分一下预算工时、实际工时、标准工时三个概念。预算工时是指预计应该达到的生产能力;实际工时是实际完成的工作量;标准工时则是实际产量与标准单位工时的乘积。有关差异计算公式如下:

$$\begin{matrix}固定制造费用\\预\ 算\ 差\ 异\end{matrix}=\begin{matrix}固定制造费用\\实\ 际\ 支\ 付\ 数\end{matrix}-\begin{matrix}固\ 定\ 制\ 造\\费用预算数\end{matrix}$$

$$\begin{matrix}固定制造费用\\能\ 量\ 差\ 异\end{matrix}=\begin{matrix}固定制造费用\\标准分配率\end{matrix}×\left(\begin{matrix}预算\\工时\end{matrix}-\begin{matrix}标准\\工时\end{matrix}\right)$$

$$\underset{\text{费用差异}}{\text{固定制造}} = \underset{\text{制造费用}}{\text{实际固定}} - \underset{\text{制造费用}}{\text{标准固定}}$$

或 $\qquad\qquad\qquad = 预算差异 + 能量差异$

计算结果,负数为节约(有利差异),正数为超支(不利差异)。

【例 10-7】 接[例 10-6]资料,本期实际发生固定制造费用 58 000 元,预计本厂生产能力为 12 000 工时,固定制造费用预算数为 60 000 元,单位产品的工时耗用标准为 48 工时,则固定制造费用差异分析如下:

固定制造费用标准分配率 $= \dfrac{60\ 000}{12\ 000} = 5(元)$

固定制造费用差异 $= 58\ 000 - 200 \times 48 \times 5$

$\qquad\qquad\qquad\quad = 58\ 000 - 48\ 000 = 10\ 000(元)(不利差异)$

固定制造费用预算差异 $= 58\ 000 - 60\ 000 = -2\ 000(元)(有利差异)$

固定制造费用能量差异 $= 5 \times (12\ 000 - 200 \times 48)$

$\qquad\qquad\qquad\qquad\quad = 12\ 000(元)(不利差异)$

验证:

固定制造费用差异 $= -2\ 000 + 12\ 000 = 10\ 000(元)(不利差异)$

(二)三分法

三分法是指将固定制造费用差异分为预算差异、能力差异和效率差异的方法。预算差异是指实际支付数与预算数的差异;能力差异是指预算工时与实际工时所造成的差异;效率差异是实际工时与标准工时所造成的差异。其计算公式分别如下:

$$\underset{\text{预 算 差 异}}{\text{固定制造费用}} = \underset{\text{实际支付数}}{\text{固定制造费用}} - \underset{\text{费用预算数}}{\text{固 定 制 造}}$$

$$\underset{\text{能 力 差 异}}{\text{固定制造费用}} = \underset{\text{标准分配率}}{\text{固定制造费用}} \times \left(\underset{\text{工时}}{\text{预算}} - \underset{\text{工时}}{\text{实际}}\right)$$

$$\underset{\text{效 率 差 异}}{\text{固定制造费用}} = \underset{\text{标准分配率}}{\text{固定制造费用}} \times \left(\underset{\text{工时}}{\text{实际}} - \underset{\text{工时}}{\text{标准}}\right)$$

$$\underset{\text{费用差异}}{\text{固定制造}} = \underset{\text{制造费用}}{\text{实际固定}} - \underset{\text{制造费用}}{\text{标准固定}}$$

或 $\qquad\qquad = \underset{\text{差异}}{\text{预算}} + \underset{\text{差异}}{\text{能力}} + \underset{\text{差异}}{\text{效率}}$

显然，三分法中的预算差异与两分法中的预算差异相一致。而三分法中的能力差异与效率差异之和等于两分法中的能量差异。

计算结果，负数为节约(有利差异)，正数为超支(不利差异)。

根据[例 10-7]资料，固定制造费用差异分析如下：

固定制造费用标准分配率 $= \dfrac{60\,000}{12\,000} = 5(元)$

固定制造费用差异 $= 58\,000 - 200 \times 48 \times 5$

$\qquad\qquad\qquad = 58\,000 - 48\,000 = 10\,000(元)(不利差异)$

固定制造费用预算差异 $= 58\,000 - 60\,000$

$\qquad\qquad\qquad = -2\,000(元)(有利差异)$

固定制造费用能力差异 $= 5 \times (12\,000 - 10\,000)$

$\qquad\qquad\qquad = 10\,000(元)(不利差异)$

固定制造费用效率差异 $= 5 \times (10\,000 - 200 \times 48)$

$\qquad\qquad\qquad = 2\,000(元)(不利差异)$

验证：

固定制造费用差异 $= -2\,000 + 10\,000 + 2\,000$

$\qquad\qquad\qquad = 10\,000(元)(不利差异)$

第五节　成本差异账务处理

一、标准成本制度下账务处理的特点

在日常核算中，标准成本制度下的账务处理既可按变动成本计算法，也可按全部成本计算法。它一般具有以下三个特点：

(1) 规定几个主要账户的借贷方均按标准成本入账。在标准成本制度下，凡记入"材料"、"生产成本"、"产成品"、"销售成本"等账户借方和贷方的金额都应该是标准成本。

(2) 根据各种成本差异的名称建立专门的成本差异账户，分别登记实际发生的各种成本差异,以便用来日常控制和考核各种成本指标。在各个成本差异账户内,借方登记不利差异,贷方登记有利差异。

(3)每月末编制"成本差异汇总表"。每月末根据各种成本差异账户的借贷方余额,编制成本差异汇总表。

二、成本差异账务处理的方法

(一)直接处理法

直接处理法将本期发生的成本差异全部由本期销售产品负担。也就是将各种差异全部计入损益表,由本期收入补偿,视同于本期产品销售成本的一项调整项目。此法的根据在于:本期差异应体现本期成本控制的业绩,要在本期利润上予以反映。这种方法比较简单,使当期经营成果与成本控制的业绩直接挂钩。但当成本标准过于陈旧或实际成本水平波动幅度过大时,就会因差异额过高而导致当期净收益失实,同时会使存货成本水平失实。

(二)递延法

递延法是将本期发生的成本差异在期末在产品、产成品和本期产品销售成本之间按一定比例分配,从而将存货成本和销售成本调整为实际成本的一种成本差异处理方法。该法强调成本差异的产生与存货、销货都有联系,不能只由本期销货负担,应该有一部分差异随期末存货递延到下期去。这种方法可以确定产品的实际成本,但分配差异工作过于繁琐。

(三)一次处理法

一次处理法是将每月发生的成本差异进行汇总归类,到年末一次性处理的方法。这样不仅可简化各月处理差异的手续,而且在正常情况下,各月差异正负相抵后,年末一次处理额并不大,可避免各月利润因直接负担差异而波动。但是如果年内某种差异只有一种变动趋势,那么年末一次处理时,累计差异过大会歪曲财务状况与经营成果,所以,在后一种情况下就不宜采用此法。

三、成本差异账务处理的会计分录

根据[例 10-2]、[例 10-4]、[例 10-6]和[例 10-7]的有关资料，编制会计分录如下。

1. 购入材料

借：材料	152 000
贷：材料价格差异	8 000
应付账款	144 000

2. 材料数量差异结转

借：生产成本	159 600
贷：材料	152 000
材料数量差异	7 600

3. 直接人工成本差异结转

借：生产成本	96 000
工资率差异	10 000
人工效率差异	4 000
贷：应付工资	110 000

4. 变动制造费用差异结转

借：生产成本	57 600
变动制造费用效率差异	2 400
贷：变动制造费用	50 000
变动制造费用耗用差异	10 000

5. 固定制造费用差异结转

借：生产成本	48 000
固定制造费用能力差异	10 000
固定制造费用效率差异	2 000
贷：固定制造费用	58 000
固定制造费用预算差异	2 000

6. 结转完工产品成本

假定无期初期末在产品，本月投产 200 件 A 产品全部完工，A产品标准成本如表 10-5 所示，结转产品成本。

表 10-5 **A 产品标准成本**

成本项目	标准用量	标准价格	标准成本（元）
直接材料成本	4.2 吨	190 元/吨	159 600
直接人工成本	48 工时	10 元/工时	96 000
变动制造费用	48 工时	6 元/工时	57 600
固定制造费用	48 工时	5 元/工时	48 000
合　　计	—	—	361 200

借：产成品 　　　　　　　　　　　361 200

贷：生产成本 　　　　　　　　　　361 200

7. 结转销售产品成本与差异

假定本月完工产品全部销售，月末编制成本差异汇总表如表 10-6 所示，结转销售成本与差异。

表 10-6　　　　　　　　　　**成本差异汇总表**　　　　　　　　单位：元

差　　　　　异	借方余额（不利差异）	贷方余额（有利差异）
材料价格差异	—	8 000
材料数量差异	—	7 600
工资率差异	10 000	—
人工效率差异	4 000	—
变动制造费用耗用差异	—	10 000
变动制造费用效率差异	2 400	—
固定制造费用预算差异	—	2 000
固定制造费用能力差异	10 000	—
固定制造费用效率差异	2 000	—
合　　计	28 400	27 600
差异净额	800	

借：销售成本 362 000

　　材料价格差异 8 000

　　材料数量差异 7 600

　　变动制造费用耗用差异 10 000

　　固定制造费用预算差异 2 000

贷：产成品 361 200

　　工资率差异 10 000

　　人工效率差异 4 000

　　变动制造费用效率差异 2 400

　　固定制造费用能力差异 10 000

　　固定制造费用效率差异 2 000

其中,记入"销售成本"账户借方的 362 000 元与产成品标准成本361 200 元的差额 800 元,就是各种差异轧抵数。由于是超支,它表现为销售成本的增加,否则,就表现为销售成本的减少,记入贷方。

　　假定上例中 A 产品的销售单价为 2 000 元,销售与管理费用为 10 000 元,编制收益表如表 10-7 所示。

表 10-7

为民厂收益表

20××年×月　　　　　　　　　　单位：元

销售收入		400 000
销售成本(标准成本)		361 200
加:成本差异净额	800	
销售成本(实际成本)		362 000
销售毛利		38 000
减:销售管理费用		10 000
净收益		28 000

习　题

一、判断题

1. 采用标准成本控制系统进行成本控制属于狭义成本控制。
（　　）

2. 理想的标准成本是现有条件下最理想的成本的最低水平，在实际工作中被广泛采用。　　　　　　　　　　　（　　）

3. 狭义的成本控制主要是指对生产阶段产品成本的控制。
（　　）

4. 实现成本全面控制的关键在全员控制。　　　（　　）

5. 标准成本系统仅具有编制预算、简化记账、提高记账速度三个传统的优点。　　　　　　　　　　　　　　　（　　）

6. 混合差异指总差异扣除纯价格差异和纯数量差异后的剩余差异。　　　　　　　　　　　　　　　　　　　（　　）

7. 标准成本不同于预算成本，标准成本是一种总额的概念，而预算成本则是一种单位的概念。　　　　　　　　　（　　）

8. 在标准成本控制系统中，计算价格差异的用量基础是实际产量下的标准耗用量。　　　　　　　　　　　　　（　　）

9. 单位产品任何一项成本的标准成本都应等于该项目的价格标准与标准用量的乘积。　　　　　　　　　　　　（　　）

10. 在期末成本差异账务处理方法中，将本期的各类差异按标准成本的比例在期末存货和本期销货之间进行分配，从而将存货成本和销货成本调整为实际成本的方法，叫做递延法。（　　）

二、单项选择题

1. 在日常实施成本全面控制的同时，应有选择地分配人力、物力和财力，抓住那些重要的、不正常的、不符合常规的关键性成本差异作为控制重点，该项成本控制原则是指（　　　）。

A. 全面控制原则　　　　　　B. 责权利相结合原则

C. 讲求效益原则　　　　　　D. 例外管理原则

2. 无论是哪个成本项目,在制定标准成本时,都需要分别确定两个标准,两者相乘即为每一成本项目的标准成本,这两个标准是(　　)。

A. 价格标准和用量标准　　　B. 价格标准和质量标准

C. 历史标准和用量标准　　　D. 历史标准和质量标准

3. 可供选择的标准成本的种类很多,在实际工作中广为采用的一种经过努力可以达到的、既先进又合理的标准成本是(　　)。

A. 理想标准成本　　　　　　B. 正常标准成本

C. 平均标准成本　　　　　　D. 基本标准成本

4. 在标准成本制度下,分析计算各成本项目价格差异的用量基础是(　　)。

A. 标准产量下的标准用量　　B. 实际产量下的标准用量

C. 标准产量下的实际用量　　D. 实际产量下的实际用量

5. 在标准成本制度下,与管理者的主观努力程度相联系的差异是(　　)。

A. 价格差异　　　　　　　　B. 有利差异

C. 可控差异　　　　　　　　D. 混合差异

6. 在计算成本差异时,如果已知直接人工成本差异总额为 $-2\,300$ 元,工资率差异为 $+300$ 元,则人工效率差异为(　　)元。

A. $-2\,000$　　　　　　　　B. $-2\,600$

C. $+2\,000$　　　　　　　　D. $+2\,600$

7. 某企业本年1月份实际生产产品200件,实耗工时4200小时,变动制造费用实际分配率为 0.48 元,而标准分配率为 0.50 元,直接人工标准为 20 小时/件,变动制造费用耗费差异为(　　)元。

A. 16　　　　　　　　　　　B. -84

C. 100 　　　　　　　　　　D. 一100

8. 某企业生产 B 产品的实耗工时为 45 000 小时,实际产量标准工时为 47 375 小时,预算产量的标准工时为 50 000 小时,固定制造费用标准分配率为 0.64 元,则固定制造费用效率差异为(　　)元。

　　A. 一1 520 　　　　　　　　B. 一2 000

　　C. 3 120 　　　　　　　　　D. 1 600

9. 如果把其他因素固定在标准的基础上,这样所算出的成本差异是(　　)。

　　A. 价格差异 　　　　　　　　B. 客观差异

　　C. 纯差异 　　　　　　　　　D. 混合差异

10. 会计期末对本期发生的各类成本差异按标准成本的比例在期末存货和本期销货之间进行分配的成本差异处理方法称为(　　)。

　　A. 直接处理法 　　　　　　　B. 稳健法

　　C. 折中法 　　　　　　　　　D. 递延法

三、多项选择题

1. 按成本控制的手段分类,成本控制可以分为(　　)。

　　A. 绝对成本控制 　　　　　　B. 产品成本控制

　　C. 相对成本控制 　　　　　　D. 质量成本控制

2. 进行成本控制的最直接结果就是可以降低成本,从而可以使企业的(　　)。

　　A. 利润增加 　　　　　　　　B. 抗风险能力增加

　　C. 资金占用减少 　　　　　　D. 竞争能力增加

3. 成本控制中,全面性原则的含义包括(　　)。

　　A. 全员控制 　　　　　　　　B. 全方位控制

　　C. 全过程控制 　　　　　　　D. 全部费用控制

4. 按照"例外管理原则"的原理,下列各项中,能够作为确定

"例外"的标志有( )。

    A. 常规性   B. 重要性

    C. 可控性   D. 一贯性

5. 在标准成本制度下,如采用三差异法对固定制造费用总额进行分解,可将其分解为( )。

    A. 预算差异   B. 能量差异

    C. 能力差异   D. 效率差异

6. 下列项目中,属于数量差异的有( )。

    A. 人工效率差异   B. 工资率差异

    C. 变动制造费用耗费差异   D. 变动制造费用效率差异

7. 在变动成本法下,产品的单位标准成本包括( )。

    A. 直接材料标准成本   B. 直接人工标准成本

    C. 变动制造费用标准成本   D. 固定制造费用标准成本

8. 造成变动制造费用耗用差异的原因有( )。

    A. 直接材料质量次,废料多

    B. 间接人工工资调整

    C. 折旧的计算方法由直线法改为加速折旧法

    D. 间接材料价格变化

9. 下列各项中,属于标准成本控制系统构成内容的有( )。

    A. 标准成本的制定   B. 成本差异的计算与分析

    C. 成本差异的账务处理   D. 成本预算的编制

10. 下列各项中,属于成本差异处理方法的有( )。

    A. 直接处理法   B. 递延法

    C. 年末一次处理法   D. 边际分析法

四、计算题

1. 资料:假定利华家具厂本月共生产钢折椅 4 000 把,实际耗用钢材 20 800 千克,实际成本 23 296 元,而该厂钢折椅标准成本每把需用钢材 5 千克,每千克 1.05 元。

要求:

(1) 计算钢折椅所耗用的钢材的实际成本与标准成本的差异总额。

(2) 将上面计算出来的差异总额进一步分解为价格差异与数量差异。

2. 资料:假定群艺公司为了有效地控制成本,为 A 产品制订如下的人工标准:

工时:每个 15 分钟

工资率:5.20 元/工时

若本年度公司共生产 A 产品 30 000 个,计耗用直接人工 7 750 工时,直接人工成本总额为 39 525 元。

要求:

(1) 计算本年度的人工成本差异。

(2) 将本年度的人工成本差异进一步分解为工资率差异与人工效率差异。

3. 资料:假定某公司甲产品用料的单位标准如表 10-8 所示。

表 10-8　　　　　　　　　甲产品用料的单位标准

原料品种	标准用量(千克)	标准单价(元/千克)	标准成本(元)
101 原料	0.6	5	3
110 原料	0.4	10	4
合　计	—	—	7

本月生产产品 2 100 件,本月实际投入 101 原料 1 300 千克,实际成本 7 150 元,110 原料 850 千克,实际成本 7 650 元。

要求:

(1) 计算材料成本差异。

(2) 计算材料价格差异。

(3) 计算材料结构差异。

（4）计算材料产出差异。

（5）验算。

4. 资料：设某厂实际完成产量及单位产品标准工时如表 10-9 所示。

表 10-9　　　　　**实际完成产量及单位产品标准工时**

产品	产量(件)	单位产品标准工时		标准工资率(元/工时)	
		一级工	二级工	一级工	二级工
甲	500	2	1	5	4
乙	400	2	3	5	4

实际工时：一级工 1 700 工时，二级工 1 900 工时。

实际工资率：一级工 4.50 元/工时，二级工 4.20 元/工时。

要求：

（1）计算人工成本差异。

（2）计算工资率差异。

（3）计算工资结构差异。

（4）计算人工产出差异。

（5）验算。

5. 资料：新生工厂 2006 年度有关资料如下：

固定制造费用预算数 67 500 元，实际数 66 750 元，预算工作小时 18 000 小时（即生产能力），实际工作小时 16 200 小时，实际产量应耗标准小时 16 500 小时。

要求：

（1）计算固定制造费用的成本差异。

（2）计算固定制造费用的预算差异。

（3）计算固定制造费用的能力差异。

（4）计算固定制造费用的效率差异。

（5）验算。

6. 资料：

（1）A-1032 产品是由甲、乙、丙三种材料配制而成的，其标准耗用量和实际耗用量情况如表 10-10 所示。

表 10-10　　　　**材料标准耗用量和实际耗用量情况表**

材料	单位产品（每瓶）			实际产量 560 瓶		
	标准用量	标准单价	标准成本	实际耗用	实际单价	实际成本
甲	0.5 千克	6 元	3 元	200 千克	5.30 元	1 060 元
乙	1.0 千克	6 元	6 元	400 千克	6.30 元	2 520 元
丙	1.5 千克	2 元	3 元	1 000 千克	1.80 元	1 800 元
合计	—	—	12 元	—		5 380 元

（2）A-1032 产品预计标准工时总数中，不同等级工人所需工时及实际各种工种工人工时数如表 10-11 所示。

表 10-11　　　　**标准工时与实际工时情况表**

工人	单位产品（每瓶）			实际产量 560 瓶		
	标准工时	标准工资率	标准成本	实际工时	实际工资率	实际成本
三级工	1	1 元/工时	1 元	450	1.20 元/工时	540 元
一级工	4	0.5 元/工时	2 元	2 050	0.60 元/工时	1 230 元
合计	5		3 元	2 500	—	1 770 元

（3）A-1032 产品预计变动制造费用分配率和实际变动制造费用如表 10-12 所示。

表 10-12　**预计变动制造费用与实际变动制造费用情况表**

项目	标准费用分配率	实际费用发生额
变动制造费用	0.6 元/工时	1 750 元

（4）A-1032 产品预计生产 600 瓶（即生产能力），固定制造费用预算 1 800 元，实际固定制造费用 2 150 元。

要求：计算材料、人工成本及变动制造费用、固定制造费用的各种差异。

7．资料：四维公司为了控制成本指标，实行标准成本会计制

度。以下是在预计产量 2 500 件,预算直接人工 12 500 工时情况下的标准成本资料:

直接材料	11 250 元
直接人工	75 000 元
变动制造费用	16 875 元
固定制造费用	9 375 元
合　　计	112 500 元

该公司本年度实际共耗用 11 000 工时,生产 2 000 件产品,其实际成本资料如下:

直接材料	8 640 元
直接人工	? 元
变动制造费用	14 300 元
固定制造费用	9 525 元
合　　计	? 元

又,该公司本年度每件产品的标准成本的总差异为 2.5825 元(不利差异)。

要求:

(1) 计算该年度直接人工的实际成本总额。

(2) 计算人工工资率差异和人工效率差异。

8. 资料:湖北工厂于 20××年 1 月 1 日起生产一种新产品丙,对新产品丙所定的标准成本如表 10-13 所示。

表 10-13　　　　　　　　　丙产品标准成本表

成本项目	单 位 标 准		金 额
	标准耗用量	标准价格	
直接材料	6 千克	1 元/千克	6 元
直接人工	1 工时	4 元/工时	4 元
合　计	—		10 元

5 月份实际产量 4 000 件。丙产品 5 月份账簿上的有关实际数据如表 10-14 所示。

表 10-14　　　　　**丙产品实际数据表**　　　　单位：元

项　　目	借方(不利差异)	贷方(有利差异)
材料购入 26 000 千克	27 300	
材料价格差异	1 300	
材料数量差异	1 000	
人工工资率差异	760	
人工效率差异		800

注：上列材料价格差异仅包括 5 月份购入材料发生的差异。

要求：计算丙产品 5 月份：

(1) 按标准应耗的材料总数(千克)；

(2) 实际材料消耗总数(千克)；

(3) 按标准应耗用的直接人工工时总数；

(4) 实际耗用直接人工工时总数；

(5) 实际直接人工工资率。

第十一章 存货控制

第一节 存货控制概述

一、存货控制的含义

存货是指企业在生产经营过程中为耗用或销售而储存的各种物资。包括原材料、包装物、低值易耗品、在产品、半成品、产成品及外购商品等。存货占用了企业极大部分的流动资金,因而存货控制是企业管理的一个重要内容。

存货过多或存货不足对企业都是不利的。存货过多必然增加资金占用,因而增加利息支出,加重了企业财务负担,又会增加储存费用。存货不足会影响企业生产、销售的有序进行,造成停工待料、销售违约赔偿等损失,又会在购进材料时失去商业折扣优惠。

存货控制就是按照一定标准和方法通过一定程序对企业的存货所进行的控制。存货控制要分析确定量和期两个要素,即在购进材料时,每一批要购进多少数量,每两批进货之间要间隔多长时期。确定最优的批量和进货间隔期能使企业的存货保持在最优水平上,使存货所占用的资金得到最经济、最合理、最有效的使用,使与存货控制相关的成本费用最小化。

二、存货控制的 ABC 分类法

ABC 分类法又称巴雷特分析法。此法的要点是把企业的物资按其金额大小划分为 A、B、C 三类,然后根据重要性分别对待。

A 类物资是指品种少、实物量少而价值高的物资,其成本金额约占 70%,而实物量不超过 20%。

C 类物资是指品种多、实物量多而价值低的物资,其成本金额约占 10%,而实物量不低于 50%。

B 类物资介于 A 类、C 类物资之间。其成本金额约占 20%,而实物量不超过 30%。

当企业存货品种繁多、单价高低悬殊、存量多寡不一时,使用 ABC 分类法可以分清主次、抓住重点、区别对待,使存货控制更方便有效。通常情况下仅对 A 类物资进行最优批量控制。

三、存货控制的相关成本

企业花费在存货上的成本有以下三类。

1. 取得成本

取得成本指为取得某种存货而支出的成本。取得成本包括采购成本和订货成本。

采购成本指存货本身的价值。一般情况下,采购成本与订货批量无关,因而在存货控制中属于无关成本。当供应厂商规定大量购买可享受折扣优惠时,采购成本就成为存货控制的相关成本。

订货成本指因订货业务而发生的成本,分固定性的和变动性的两部分。固定性的订货成本指常设采购部门的人员工资等基本开支,与订货次数的多少无关,在存货控制中属无关成本。变动性的订货成本指差旅费、邮电费、文件处理费等与订货次数成正比的费用,在存货控制中属相关成本。

2. 储存成本

储存成本指为储存存货而发生的成本,分固定性的和变动性的两部分。固定性的储存成本包括仓库房屋、机械设备的折旧费、维修费,仓库职工的工资等与存货数量无关的固定费用,在存货控制中属无关成本。变动性的储存成本指存货资金的应计利息,存货的仓储费、搬运费、保险费,存货的破损、变质损失等与存货数量成正比的变动费用,在存货控制中属相关成本。

3. 缺货成本

缺货成本指未能保持足够存货而给生产和销售带来的损失。它包括：停工待料损失，因延期交货而支付的违约罚金，紧急补救采购而发生的额外采购支出，不能大量采购而丧失的商业折扣损失，丧失销售机会损失，商誉损失。缺货成本很多属于机会成本，需凭经验估算方能确定。

企业花费在存货上的成本并不全与存货控制有关，要看我们面对的是一个什么样的存货控制模式。但不管何种模式，有两项成本总是与存货控制相关的，这就是变动性的订货成本与变动性的储存成本。

第二节　存货控制的基本模式

存货控制的基本模式需满足以下假设条件：

(1) 存货单价不变，不存在商业折扣；

(2) 不允许缺货，即无缺货费用；

(3) 订货时能立即一次全部到货；

(4) 存货的消耗是连续的、均匀的；

(5) 单位变动订货成本不变；

(6) 单位变动储存成本不变。

存货控制的基本模式只涉及两项相关成本：变动性的订货成本 TC_0 和变动性的储存成本 TC_c。

设存货年需用量为 A，每次订货的变动性订货成本为 P，全年订货 n 次，每次订货量为 Q，则

$$TC_0 = P \cdot n = P \cdot \frac{A}{Q}$$

设存货的年平均单位变动性储存成本为 C_1，年平均储存量为 $\overline{Q}$，则

$$TC_c = C_1 \cdot \overline{Q} = C_1 \cdot \frac{Q}{2}$$

存货的年相关总成本 TC 是变动性的订货成本与变动性的储存成本之和：

$$TC = TC_0 + TC_c = P \cdot \frac{A}{Q} + C_1 \cdot \frac{Q}{2} \qquad (1)$$

显然，每次订货量少，则储存成本小，但必然导致订货次数增多，引起订货成本增大；反之，每次订货量多，则储存成本大，但可使订货次数减少，导致订货成本降低。可见，每次订货量太多或太少都不好。存货控制就是要寻求最优的订货量 Q^*，使全年存货相关总成本达到最小值 TC^*。这个 Q^* 就是经济订货量，或称经济批量，简称 EOQ。

基本模式可以用微分极值原理求解。

由(1)式，TC 对 Q 求导：

$$TC' = -\frac{PA}{Q^2} + \frac{C_1}{2}$$

令　$TC' = 0$，得　$Q^* = \sqrt{\frac{2PA}{C_1}}$ \qquad (2)

$\because\ TC'' = \frac{2PA}{Q^3} > 0$

$\therefore\ Q^*$ 处 TC 出现最小值

将(2)式代入(1)式，得

$$TC^* = \sqrt{2PAC_1} \qquad (3)$$

如读者不具备微分学知识，也可用初等方法求解，利用基本不等式：

$a + b \geqslant 2\sqrt{ab}$　$(a \geqslant 0, b \geqslant 0$，当且仅当 $a = b$ 时等号成立)

在(1)式中，把 $P \cdot \dfrac{A}{Q}$ 看作 a；把 $C_1 \cdot \dfrac{Q}{2}$ 看作 b；则有

$$TC = P \cdot \frac{A}{Q} + C_1 \cdot \frac{Q}{2} \geqslant 2\sqrt{P \cdot \frac{A}{Q} \cdot C_1 \cdot \frac{Q}{2}} = \sqrt{2PAC_1}$$

$$P \cdot \frac{A}{Q} = C_1 \cdot \frac{Q}{2} \Rightarrow Q = \sqrt{\frac{2PA}{C_1}}$$

得到与微分极值原理求解相同的结果。

（2）式与（3）式就是存货控制基本模式的最优解，即每次订货量为 Q^* 时能使存货控制的年相关总成本达到最小值 TC^*。

基本模式下，存货储存情况如图 11-1 所示。

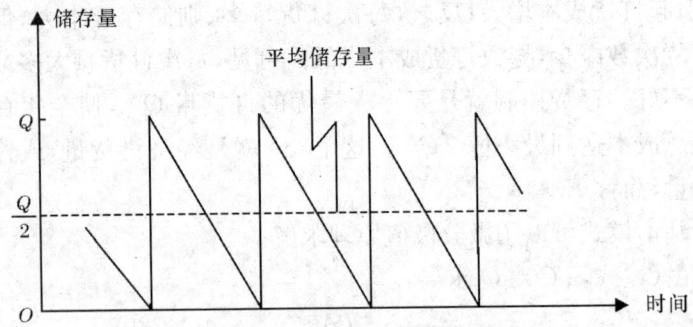

图 11-1　存货储存情况（基本模式）

【例 11-1】　假设大华工厂全年需用甲材料 1 200 千克，每次订货的变动性订货成本为 100 元，每千克甲材料年平均变动性储存成本为 1.5 元。要求计算经济批量及全年最小相关总成本。

已知 $A=1\ 200$　$P=100$　$C_1=1.5$

经济批量$(Q^*)=\sqrt{\dfrac{2\times100\times1\ 200}{1.5}}=400（千克）$

全年最小相关总成本$(TC^*)=\sqrt{2\times100\times1\ 200\times1.5}=600（元）$

第三节　存货控制的扩展模式

存货控制的基本模式需满足六项假设条件，当某项假设条件不满足时应如何决策？存货控制的扩展模式旨在解决这一问题。

一、存在商业折扣

当存在商业折扣时，采购成本与订货批量相关，这时采购成本成为存货控制的相关成本。设采购单价为 p，采购成本为 TC_p，则有

$$TC = TC_p + TC_0 + TC_c = pA + P \cdot \frac{A}{Q} + C \cdot \frac{Q}{2} \tag{4}$$

因为商业折扣条款往往是按购销量分段确定的，也即单价 p 不是批量 Q 的连续函数；因此本模式不能用微分学方法确定最优解的计算公式。我们可按下列程序确定本模式的最优解：

（1）按基本模式求出订货批量。

（2）按商业折扣条款查出与第一步求出的批量对应的采购单价及相关总成本。

（3）按商业折扣条款中采购单价低于第二步的各档次的最低批量计算各档次的相关总成本。

（4）比较各相关总成本，最低的一个为最优解。

【例 11-2】 假设红星工厂全年需用 A 零件 20 000 件，每次订货的变动性订货成本为 36 元，每件 A 零件年平均变动性储存成本为 4 元。当采购量小于 500 件时，单价为 11 元；当采购量大于或等于 500 件，但小于 800 件时，单价为 10 元；当采购量大于或等于 800 件时，单价为 9 元。要求计算最优采购批量及全年最小相关总成本。

已知 $A = 20\,000$　$P = 36$　$C_1 = 4$

先按基本模式计算采购批量，得

$$Q_1 = \sqrt{\frac{2 \times 36 \times 20\,000}{4}} = 600 \text{（件）}$$

这一采购量对应的采购单价为 10 元，这时的相关总成本为：

$$(TC)_1 = 10 \times 20\,000 + \sqrt{2 \times 36 \times 20\,000 \times 4} = 202\,400(\text{元})$$

采购单价低于 10 元的仅一种可能,就是 9 元;单价为 9 元的最低批量为 800 件。

$$Q_2 = 800(\text{件})$$

$$(TC)_2 = 9 \times 20\,000 + 36 \times \frac{20\,000}{800} + 4 \times \frac{800}{2} = 182\,500(\text{元})$$

因为 $(TC)_1 > (TC)_2$,所以最优采购批量为 800 件,全年最小相关总成本为 182 500 元。

二、每批订货陆续到达

当每批订货陆续到达时,最高储存量不是订货批量,使储存成本有所改变。本模式下,存货储存情况如图 11-2 所示。

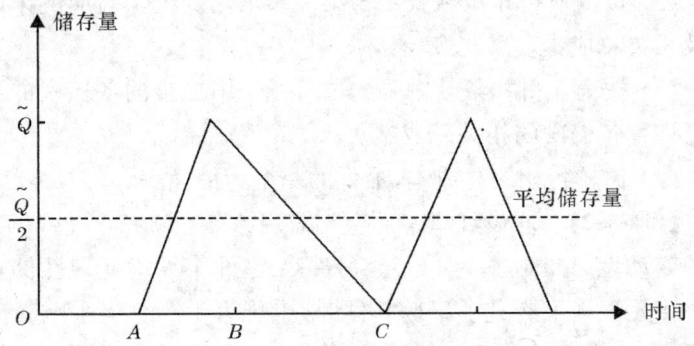

图 11-2 存货储存情况(订货陆续到达)

设材料的每日耗用量为 d,每日到货量为 e,最大储存量为 $\tilde{Q}$。图 11-2 中,在 AB 时间段材料边到货、边消耗,在 BC 时间段材料只消耗,以 AC 时间段为一个周期。

在 AB 时间段,每天增加储存 $e - d$,共到货 $\dfrac{Q}{e}$ 天。

$$\overline{Q} = \frac{\tilde{Q}}{2} = \frac{1}{2}(e - d) \cdot \frac{Q}{e} = \frac{Q}{2}\left(1 - \frac{d}{e}\right)$$

$$TC = TC_0 + TC_c = P \cdot \frac{A}{Q} + C_1 \cdot \frac{Q}{2}\left(1 - \frac{d}{e}\right) \tag{5}$$

本模式可以用微分极值原理求解。

由(5)式，TC 对 Q 求导：

$$TC' = -P\frac{A}{Q^2} + \frac{C_1}{2}\left(1 - \frac{d}{e}\right)$$

令 $TC' = 0$，得 $\quad Q^* = \sqrt{\dfrac{2PA}{C_1(1 - d/e)}} \tag{6}$

$\because \quad TC'' = \dfrac{2PA}{Q^3} > 0$

$\therefore \quad Q^*$ 处 TC 出现最小值

将(6)式代入(5)式，得

$$TC^* = \sqrt{2PAC_1\left(1 - \frac{d}{e}\right)} \tag{7}$$

如读者不具备微分学知识，也可仿照基本模式部分用基本不等式求解，这里不再赘述。

(6)式和(7)式就是每批订货陆续到达的存货控制扩展模式的最优解。

【例 11-3】 假定施宁药厂全年需 K 原料 1 000 千克，每次订货的变动性订货成本为 81 元，每千克 K 原料年平均变动性储存成本为 5 元。每次订货后只能每天运达 K 原料 16 千克，而该厂每天生产需消耗 K 原料 7 千克。要求计算最优订货批量及全年最小相关总成本。

已知 $A = 1\,000 \quad P = 81 \quad C_1 = 5 \quad d = 7 \quad e = 16$

$$Q^* = \sqrt{\frac{2 \times 81 \times 1\,000}{5 \times (1 - 7/16)}} = 240(\text{千克})$$

$$TC^* = \sqrt{2 \times 81 \times 1\,000 \times 5 \times (1 - 7/16)} = 675(\text{元})$$

最优订货批量为 240 千克，全年最小相关总成本为 675 元。

【例 11-4】 某企业生产甲产品供企业内部领用，全年总需求量为 3 600 件,每天领用 12 件,每天能生产 60 件。一次生产准备费用为 4 元,每件甲产品年储存成本为 1.6 元。要求计算最优生产批量及相关最小总成本。

分析:本例是最优生产批量控制模式。当企业的产品可分批生产时,每批生产多少?间隔多少时间生产一批?将对相关总成本产生影响。由于产品是陆续完工的,因此最优生产批量控制模式实质上就是每批订货陆续到达的存货控制模式。一次生产准备费用相当于一次订货费,每天生产量相当于每天到货量。

已知 $A = 3\ 600$　　$P = 4$　　$C_1 = 1.6$　　$d = 12$　　$e = 60$

$$最优生产批量(Q^*) = \sqrt{\frac{2 \times 4 \times 3\ 600}{1.6 \times (1 - 12/60)}} = 150(件)$$

$$全年最小相关总成本(TC^*) = \sqrt{2 \times 4 \times 3\ 600 \times 1.6 \times \left(1 - \frac{12}{60}\right)}$$

$$= 192(元)$$

【例 11-5】　新光机器厂每年需用 F 配件 3 600 件,既可自制,也可外购。如自制,每件需变动成本 28 元,另因添置某专用设备需负担专属成本每年 3 000 元。该厂每天能生产 F 配件 30 件,每天需耗用 10 件,每批生产准备成本为 800 元,每件年储存成本为 6 元。如果外购,则单价为 32 元,每次订货成本为 12 元,这时可将自制 F 配件的有关设备出租,每年可得租金收入 6 000 元。要求判断新光机器厂应自制还是外购 F 配件,这时的最优批量为多少。

计算最小相关总成本如下:

$$自制:28 \times 3\ 600 + 3\ 000 + 6\ 000 + \sqrt{2 \times 800 \times 3\ 600 \times 6 \times \left(1 - \frac{10}{30}\right)}$$

$$= 114\ 600(元)$$

$$外购:32 \times 3\ 600 + \sqrt{2 \times 12 \times 3\ 600 \times 6} = 115\ 920(元)$$

新光机器厂应自制 F 配件,最优生产批量为:

$$\sqrt{\frac{2\times 800\times 3\,600}{6\times(1-10/30)}}=1\,200(件)$$

三、允许缺货

当允许缺货时,存货控制的相关成本中要增加一项缺货成本 TC_W,这时

$$TC=TC_0+TC_c+TC_W$$

在允许缺货的情况下,存货储存情况如图 11-3 所示。

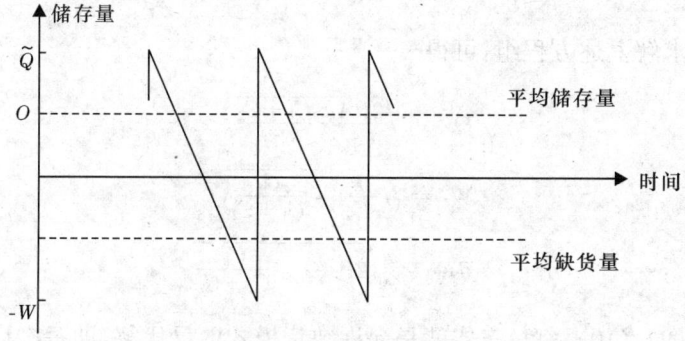

图 11-3 存货储存情况(允许缺货)

设 $\tilde{Q}$ 为最大储备量,W 为最大缺货量,t 为订货间隔期,t_1 为储存量是正数的时期,t_2 为缺货期,C_2 为年均单位缺货成本。则有

$$Q=\tilde{Q}+W$$
$$t=t_1+t_2$$
$$\tilde{Q}=d\cdot t_1$$
$$W=d\cdot t_2$$
$$Q=d\cdot t$$

$$平均储存量(\overline{Q})=\frac{\frac{1}{2}\tilde{Q}\cdot t_1}{t}=\frac{\frac{1}{2}\tilde{Q}\cdot\tilde{Q}/d}{Q/d}=\frac{(Q-W)^2}{2Q}$$

$$平均缺货量(\overline{W})=\frac{\frac{1}{2}W\cdot t_2}{t}=\frac{\frac{1}{2}W\cdot W/d}{Q/d}=\frac{W^2}{2Q}$$

$$TC = TC_0 + TC_c + TC_w = P \cdot \frac{A}{Q} + C_1 \cdot \frac{(Q-W)^2}{2Q} + C_2 \cdot \frac{W^2}{2Q} \qquad (8)$$

(8)式表明相关总成本 TC 是订货批量 Q 与最大缺货量 W 的二元函数。利用多元函数微分学知识,使 TC 对 Q、对 W 的偏导数等于零,即可求得允许缺货模式的最优解。

$$\begin{cases} \dfrac{\partial TC}{\partial Q} = \dfrac{C_1 Q^2 - 2PA - (C_1 + C_2)W^2}{2Q^2} = 0 \\[3mm] \dfrac{\partial TC}{\partial W} = -C_1 + \dfrac{C_1 + C_2}{Q}W = 0 \end{cases}$$

求解上述方程组,可得

$$Q^* = \sqrt{\frac{2PA}{C_1} \cdot \frac{C_1 + C_2}{C_2}} \qquad (9)$$

$$W^* = \sqrt{\frac{2PA}{C_2} \cdot \frac{C_1}{C_1 + C_2}} \qquad (10)$$

$$TC^* = \sqrt{2PAC_1 \cdot \frac{C_2}{C_1 + C_2}} \qquad (11)$$

(9)、(10)、(11)三式就是允许缺货模式的最优解,即每次订货量为 Q^* 及最大缺货量为 W^* 时能使存货控制的年相关总成本达到最小值 TC^*。

【例 11-6】 仍以[例 11-1]资料,如果每千克甲材料年均缺货成本为 4 元。要求计算最优订货批量,最大缺货量及全年最小相关总成本。

已知 $A = 1\,200$　$P = 100$　$C_1 = 1.5$　$C_2 = 4$

最优订货批量 $(Q^*) = \sqrt{\dfrac{2 \times 100 \times 1\,200}{1.5} \cdot \dfrac{1.5 + 4}{4}} \approx 469(千克)$

最大缺货量 $(W^*) = \sqrt{\dfrac{2 \times 100 \times 1\,200}{4} \cdot \dfrac{1.5}{1.5 + 4}} \approx 128(千克)$

全年最小相关总成本 $(TC^*) = \sqrt{2 \times 100 \times 1\,200 \times 1.5 \times \dfrac{4}{1.5 + 4}}$

$\approx 511.68(元)$

第四节　不同采购方式下的存货控制

在前两节中,已对若干不同模式的存货控制作了分析并得出了最优订货批量的计算方法,理论上解决了每批订购多少货及每隔多长时期订一次货的问题,但实际运作时还有一些尚待解决的问题。

问题一:订货后能立即到货是一个理想的假定,事实上订货时办理必要的手续,然后组织运输、验收入库等都需要时间;如供货单位在外地,则需要更多的时间。从办理订购手续起到完成入库止,这段时间间隔称为交货期。显然,到存货用完时再订货为时已晚,必须提前订货。

问题二:前述各种模式,求出了最优订货批量后,即能根据全年的总需求确定一年中的订货次数及订货间隔期。然而事实上各个周期内工作天数与休假天数的比例并不是一样的,除了一个周期内会有双休日的跨入与跨出外,还有包含国定假日的多少不一。如果某周期内工作天数比较多,就有可能造成供货中断,发生停工待料等损失。为此,企业应多储备一些存货以备应急之需,称为保险储备量。保险储备量的设置也能缓冲临时用量增大及交货误期。保险储备量会影响订货日期或订货数量。

除上述两个问题外,还有其他一些问题,但比较次要,这里不予赘述。企业在考虑了两个采购存货的主要问题后,采购存货时可按两种方式进行,即定量采购方式和定期采购方式。

一、定量采购方式

定量采购方式是以最优批量作为定量采购的基础,以现有库存材料量是否达到再订货点作为决定是否采购的依据的一种采购方式。定量采购方式的特点是定量不定期,应用该法的关键是确定再订货点。

设材料每日耗用量为 d，交货期天数为 t_1，保险储备天数为 t_2，再订货点为 R。则有

$$R=(t_1+t_2)\cdot d \tag{12}$$

当材料储存量大于 R 时，不需组织采购；当材料储存量等于 R 时，应立即组织采购。

定量采购方式下，存货储存情况如图 11-4 中粗实线所示。A、B、C 三处为再订货点。

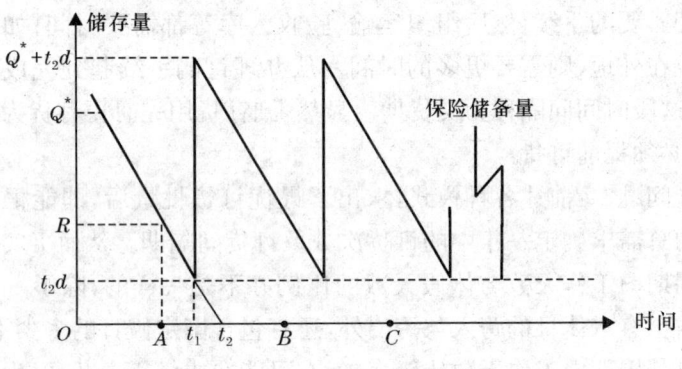

图 11-4　存货储存情况（定量采购）

【例 11-7】　依［例 11-1］的资料，设大华工厂每天耗用甲材料 4 千克，交货期为 6 天，保险储备 2 天。

要求：计算定量采购方式下的再订货点；回答：在每订货点应订货多少？当库存储备为 50 千克时，应否组织采购？当库存储备为 32 千克时，应否组织采购？

（1）再订货点 $R=(6+2)\times4=32$（千克），即再订货点为 32 千克。

（2）在每订货点应订购甲材料 400 千克。

（3）当库存储备为 50 千克时，不需组织采购。

（4）当库存储备为 32 千克时，应立即组织采购。

二、定期采购方式

定期采购方式是在事先决定采购周期的基础上,按照既定的定期采购量标准扣除采购日实际库存量后的差额作为实际采购量的一种采购方式。定期采购方式的特点是定期不定量,应用该法的关键是正确计算每次采购的实际采购量。

设材料每日耗用量为 d,订货间隔天数为 t_0,交货期天数为 t_1,保险储备天数为 t_2,定期采购量标准为 Q_1,采购日实际库存量为 Q_2,实际采购量为 Q。则有

$$Q_1 = (t_0 + t_1 + t_2) \cdot d \tag{13}$$

$$Q = Q_1 - Q_2 \tag{14}$$

采购周期可参照最优批量所对应的订货间隔期作适当调整决定,以便于操作。如:求得的订货间隔期为 29 天,不妨每月采购一次,定每月×日为订货日。

【例 11-8】 三星工厂需用 A 材料,每 20 天采购一次,每日耗用 1 吨,交货期为 5 天,保险储备为 3 天。

要求:计算三星工厂定期采购量标准。假定 3 月 5 日、3 月 25 日、4 月 15 日实际盘存 A 材料分别为 9 吨、8 吨、7 吨,分别计算这三次的实际采购量。

已知 $t_0 = 20$ 天 $t_1 = 5$ 天 $t_2 = 3$ 天 $d = 1$ 吨

(1) 定期采购量标准 $Q_1 = (20 + 5 + 3) \times 1 = 28$(吨)

(2) 3 月 5 日实际采购量 $Q = 28 - 9 = 19$(吨)

    3 月 25 日实际采购量 $Q = 28 - 8 = 20$(吨)

    4 月 15 日实际采购量 $Q = 28 - 7 = 21$(吨)

图 11-5 反映了[例 11-8]三星工厂 A 材料储备情况。

各时点处的情况分述如下:

A 点,3 月 5 日,库存 9 吨,安排采购 19 吨。

B 点,3 月 10 日,库存 4 吨,到货 19 吨,达到最大库存量

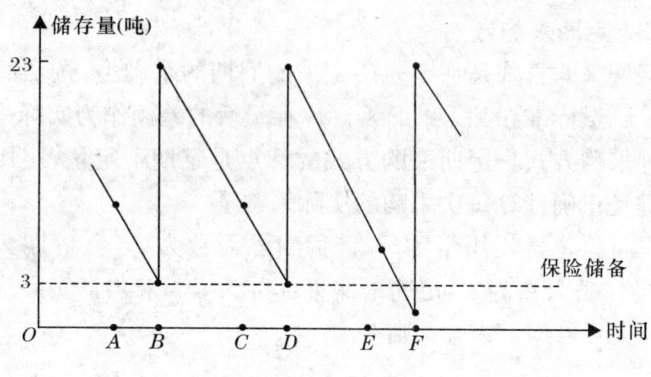

图 11-5 A 材料储备情况

23 吨。

　　C 点,3 月 25 日,库存 8 吨,安排采购 20 吨。

　　D 点,3 月 30 日,库存 3 吨,到货 20 吨,达到最大库存量
23 吨。

　　E 点,4 月 15 日,库存 7 吨,安排采购 21 吨。

　　F 点,4 月 20 日,库存 2 吨,到货 21 吨,达到最大库存量
23 吨。

　　本例中,假定三星工厂常年生产,无休息日。在 3 月 5 日时,
因前一期中含 2 月份,少了 1 天,因而库存较多,有 9 吨,这时实际
采购量可少一些。在 3 月 25 日时,因前一期天数恰好为 15 天,库
存 8 吨,到 3 月 30 日又消耗了 5 吨,还有 3 吨,恰好为保险储备
量,这是标准的情况。在 4 月 15 日时,因前一期有 3 月 31 日,多 1
天消耗,因而库存较少,只有 7 吨,到 4 月 20 日又消耗了 5 吨,库
存还有 2 吨,这时保险储备起了缓冲作用。

　　通过本例可以懂得,保险储备可以缓冲某些订货周期内因工
作日超过标准导致的材料供应中断。然而,保险储备多了又会增
加储存费用,因此,储备多少天的存货是既保险又使相关费用最小
的问题还有待探讨。

习　　题

一、判断题

1. 在存货采购和使用过程中发生的成本都是存货控制的相关成本。（　　）

2. 材料采购经济批量是指保证生产经营需要的前提下的最低采购批量。（　　）

3. 存货控制的 ABC 分类法是依据企业对存货需要量的多少分类的。某种物资需要量多，对企业就显得重要，就应当把它归入 A 类物资。（　　）

4. 采购部门的一般经费属于存货的订货成本。（　　）

5. 经济批量控制所要考虑的相关成本包括订货成本和储存成本两部分。（　　）

6. 当存在商业折扣时，求存货控制最优解必须求出各档次最低批量对应的相关总成本。（　　）

7. 定量采购方式的特点是：采购批量固定不变，采购日期不定期。（　　）

8. 在允许缺货的存货控制模式下，缺货成本是一种相关成本，它指因材料供应短缺而造成的损失。（　　）

9. 材料采购所花的运输费对存货成本造成影响，因此降低运输费能减少存货控制的相关总成本。（　　）

10. 在基本模式下，能使变动性的订货成本和变动性的储存成本相等的订货批量必是最优批量。（　　）

二、单项选择题

1. 在取得存货过程中，与存货控制必定相关的成本只可能是（　　）。

　　A. 存货买价　　　　　　　　B. 采购部门人员工资

C. 与订货次数成正比的费用 D. 采购部门房租和水电费

2. 存货采购批次的计算公式为( )。

    A. 总成本÷单位订货成本   B. 总成本÷单位储存成本

    C. 全年需求量÷最高库存量   D. 全年需求量÷最优批量

3. 在基本模式下,甲材料年需求 3 600 千克,经济批量为 300 千克,每次订货变动性订货成本 25 元,每千克甲材料年均变动性储存成本 2 元。则最低相关总成本为( )元。

    A. 600   B. 7 500

    C. 3 600   D. 900

4. A 材料订货后陆续到货,如每天到货 50 件,每天生产上消耗 10 件,已求得最优批量为 400 件,则最大库存量为( )件。

    A. 400   B. 320

    C. 80   D. 250

5. 定量采购方式下,每次采购量应为( )。

    A. 日均耗用量×交货期日数

    B. 经济批量

    C. 经济批量+日均耗用量×交货期日数

    D. 日均耗用量×(交货期日数+保险储备日数)

6. 定期采购方式下,如每 18 天采购一次,日均耗用材料 10 吨,交货期 5 天,保险储备 2 天,则每次采购最高限额为( )吨。

    A. 250   B. 180

    C. 70   D. 200

7. 某企业生产 K 配件,年需求 1 200 件,每批调整准备成本 160 元,单位储存成本 3 元,最优生产批次 3 次,最优生产批量为( )件。

    A. 800   B. 320

    C. 160   D. 400

8. 某企业生产 K 配件,年需求 1 200 件,每批调整准备成本

160元,单位储存成本3元,最优生产批次3次,则全年最小相关总成本为(　　)元。

A. 1 920 　　　　　　　　 B. 1 000

C. 960 　　　　　　　　 D. 500

9. 在基本模式下,与采购量不直接联系而与采购次数成正比的成本是(　　)。

A. 材料买价 　　　　　　 B. 订货成本

C. 变动性订货成本 　　　　 D. 变动性储存成本

10. 在基本模式下,与采购量成正比而与采购次数不直接联系的成本是(　　)。

A. 材料买价 　　　　　　 B. 订货成本

C. 变动性订货成本 　　　　 D. 变动性储存成本

三、多项选择题

1. 有可能成为存货控制相关成本的有(　　)。

A. 材料买价 　　　　　　 B. 缺货损失

C. 变动性订货成本 　　　　 D. 固定性储存成本

2. 存货控制基本模式需满足的假设条件包括(　　)。

A. 陆续到达所订货物 　　　 B. 不允许缺货

C. 存货消耗是随机的 　　　 D. 不存在商业折扣

3. 存货控制各模式中,最大库存量与最优批量不相等的有(　　)。

A. 基本模式 　　　　　　 B. 存在商业折扣模式

C. 允许缺货模式 　　　　　 D. 订货陆续到达模式

4. 在允许缺货的存货控制模式中,对最优批量构成影响的有(　　)。

A. 一次订货变动性订货成本

B. 年均单位变动性储存成本

C. 存货的年需要量

D. 年均单位缺货成本

5. 在每批订货陆续到达的存货控制模式中,对全年最小相关总成本构成影响的有( )。

A. 固定性订货成本　　　　B. 每天到货量

C. 每天耗用量　　　　　　D. 存货买价

6. 存在商业折扣的存货控制模式中,与最优批量相关的有( )。

A. 商业折扣条款

B. 存货年需求量

C. 缺货成本

D. 年均单位变动性储存成本

7. 采用定量采购方式时,会影响再订货点的有( )。

A. 单位变动性订货成本　　B. 材料日均耗用量

C. 单位变动性储存成本　　D. 保险储备天数

8. 采用定期采购方式时,会影响订货间隔期的有( )。

A. 单位变动性订货成本　　B. 材料日均耗用量

C. 单位变动性储存成本　　D. 交货期天数

9. 最优生产批量控制要考虑的相关成本有( )。

A. 订货成本　　　　　　　B. 变动性储存成本

C. 调整准备成本　　　　　D. 直接材料

10. 存货控制采用 ABC 分类法时,可以不作最优批量控制的有( )。

A. A 类物资　　　　　　　B. B 类物资

C. C 类物资　　　　　　　D. 所有物资

四、计算题

1. 资料:星光工厂全年需要 A 材料 3 000 千克,每次订货的变动性订货成本为 100 元,每千克 A 材料的年均变动性储存成本为 15 元。

要求:计算经济批量及全年最小相关总成本。

2. 资料:精艺工厂全年需用甲部件 50 000 件。当采购量小于 100 件时,单价为 100 元;当采购量达到 100 件时,单价为 96 元;当采购量达到 500 件时,单价为 92 元;当采购量达到 5 000 件时,单价为 85 元。每次订货的变动性订货成本为 16 元,每件甲部件年均变动性储存成本为 10 元。

要求:计算最优采购批量及最小相关总成本。

3. 资料:假定永康制药厂全年需 E 原药 1 500 千克,订货后每天能运达 8 千克,而厂里每天需消耗 5 千克。每次订货的变动性订货成本为 100 元,年均每千克 E 原药变动性储存成本为 5 元。

要求:计算最优订货批量及全年最低相关总成本。

4. 资料:飞灵饮水机厂年产 6 000 件 A 部件,产品单位成本为 12 元,每批调整准备成本为 120 元,单位产品年储存成本为 3 元,平均每日生产 A 部件 30 件,耗用 20 件。

要求:计算最优生产批量及全年最小相关总成本。

5. 资料:振新机器厂每年需用 S 配件 4 900 件,既可自制,也可外购。如自制,每件需变动成本 20 元,另需承担相关固定成本总额为 4 000 元,每天可以生产 S 配件 50 件,耗用 40 件。每批生产调整准备成本为 500 元,每件年储存成本为 0.5 元。如果外购,则单价为 22 元,每次订货需支出费用 9 元,这时可将自制 S 配件的有关设备改为生产 B 产品,每年可得边际贡献 7 000 元。

要求:判断振新机器厂应自制还是外购 S 配件?这时最优批量是多少?全年最小相关总成本是多少?

6. 资料:光明加工厂全年需耗用乙材料 16 000 吨,单价为 400 元,每次订货成本为 240 元,每吨乙材料年储存成本为 60 元,单位缺货成本每年 240 元。

要求:计算最优批量、最大缺货量及最小年相关总成本。

7. 资料:启明公司每年需甲材料 12 000 千克,每次变动性订货成本为 400 元,材料单价为 100 元,年均每千克甲材料储存成本为 15 元。日均耗用甲材料 40 千克,交货期 4 天,保险储备 1 天。

　　要求:计算定量采购方式下的每次采购量及再订货点。

　　8. 资料:三阳商店经销 A 商品,按计划每月 8 日采购一次。正常情况下每天可销售 A 商品 500 千克,每次订购后约 6 天到货,该店拟定 3 天的保险储备。试计算三阳商店的定期采购量标准,如 5 月 8 日实际盘存 A 商品 3 500 千克。

　　要求:计算该日实际应订购的 A 商品为多少千克。

第十二章 责任会计

第一节 责任会计概述

一、责任会计的意义

责任会计是现代分权管理模式的产物,它是根据授予各级单位的权力、责任以及对其业绩的评价方式,将企业内部各单位划分成若干个不同种类、不同层次的责任中心,并对其分工负责的经济活动进行规划和控制,以实现业绩考核与评价的一种内部控制系统,即责任会计制度。

分权管理就是将生产经营决策权在不同层次的管理人员之间进行适当划分,并将决策权随同相应的经济责任下放给不同层次的管理人员,使其能对日常的经营活动及时作出有效的决策,以迅速适应市场变化的需要的一种方式。实行分权管理,可以将日常管理工作交给下层管理人员处理,从而减轻高层管理人员的工作负担,把工作重点和精力集中于企业的长远规划上;可以使各层次的管理人员能在授权范围内,根据变化的市场环境迅速作出应变的决策,从而避免因层层汇报、延误决策时间可能造成的损失;可以有效地调动各级管理人员的积极性和创造性,提高工作效率和工作质量;可以为下层管理人员提供培训机会,提高业务素质水平。

但实行分权管理,一方面会使各分权单位之间具有某种程度的相互依存性;另一方面又允许各分权单位具有相对的独立性。这样,可能会出现分权单位损害企业整体利益或长远利益而片面追求局部利益、各分权单位之间为了各自的利益相互冲突和竞争的状况；而且各分权机构的设置、各项管理信息的归集，会相应地增加各种行政费用开支，引起浪费。为了既能充分发挥分权管理的作用，又能避免分权管理所带来的矛盾，就必须加强企业内部控制，实行经济责任制，而责任会计正是适应这种管理要求而不断发展和完善起来的一种行之有效的控制制度。

二、责任会计的内容

责任会计的重点在于利用会计信息对各分权单位的业绩进行计量、控制与考核，它的主要内容应包括以下几个方面。

(一)划分责任中心，明确权责范围

建立责任会计制度，首先应根据企业内部管理的需要，结合企业生产组织、工艺过程的特点，将企业内部各单位划分为若干个责任中心，如分厂、车间、班组，这是纵向责任中心组织；各分厂、各车间、各班组之间是横向的责任中心组织；并依据各责任中心经营活动的特点，明确规定其权责范围，使其能在权限范围内独立自主地履行职责。

(二)编制责任预算，确定考核标准

责任预算是按照责任中心来落实企业的总体经营目标的，即将企业的总体经营目标层层分解，逐级落实到不同层次、不同种类的责任中心，并以此作为各责任中心开展经营活动、评价工作成果的主要依据和基本标准。这种预算明确了各责任中心应完成的预算任务和应控制的事项，因此，编制的责任预算应既先进又可行。

(三)进行责任信息记录加工

进行责任信息记录加工，即对责任中心的经济活动进行必要的会计记录和整理加工。其主体是责任中心，对象是责任中心的可控成本、费用、利润和资金等经济活动的信息，这个过程要经过登记凭证、账簿和编制报表几个步骤。目的是对责任信息进行详细记录，为考核、评价和分析责任中心的业绩提供依据。

（四）建立跟踪系统，进行反馈控制

对责任预算的执行情况，每个责任中心应建立一套健全的跟踪系统和反馈系统，定期编制"责任报告"或"业绩报告"，使各个责任中心不仅能保持良好完善的记录和报告制度，及时掌握预算的执行情况，而且通过实际数与预算数的对比，找出差异，分析原因，控制和调节各责任中心的经营活动，以保证企业预定目标的实现。

（五）分析评价业绩，建立责任奖罚制度

根据责任信息记录编制的业绩报告，全面分析和评价各个责任中心的工作实绩，并按工作实绩的好坏作相应的奖罚，把责任者的物质利益同任务完成情况的好坏紧密联系起来，最大限度地调动各个责任中心的积极性，做到责、权、利相结合。

三、建立责任会计制度的原则

在建立责任会计制度时，应遵循如下基本原则。

（一）责任主体原则

当企业建立责任会计制度时，企业所发生的每一项经济业务都由特定的责任中心负责。因此，责任会计的核算应以企业内部各责任中心为对象，责任会计资料的搜集、记录、整理、计算、对比和分析等各项工作，都必须按责任中心进行。

（二）目标一致性原则

在编制和执行责任预算以及对责任业绩进行评估时，应促使企业内部各责任中心协调一致地为实现企业的总体目标而努力工作。一是要强调责任目标服从总体目标，责任中心的局部利益服从总体利益；二是要强调责任中心之间的协调性，避免各自为政，不能单纯追求责任中心的利益而损害总体利益和其他责任中心的利益。

（三）可控性原则

责任会计核算以一定的责任中心为主体组织实施，而各责任单位的责任核算内容、控制的对象只能是其可控的经济活动。在对其责任业绩评价考核时,应将不能控制的因素排除在外。

（四）激励性原则

实行责任会计制度的目的就是为了最大限度地调动企业职工的积极性和创造性,保证企业整体利益的实现。因此,责任预算的制定、责任业绩的评价考核标准要具有激励作用,制订的标准要合理。太高,会挫伤有关责任中心工作的积极性;太低,不利于提高企业的经济利益。

（五）反馈性原则

为了保证企业总体目标的实现,各责任中心必须对其经营业绩进行有效的控制,及时、准确、可靠地反馈其在生产经营过程中的各种信息,既能使各责任中心及时了解预算的执行情况,不断调整偏离目标的差异,同时又能使上一级责任中心及时了解全部责任范围的情况。

（六）例外管理原则

例外管理原则也称重要性原则,就是在分析评价各责任中心的责任执行情况和编制责任报告时,应重点分析和报告对各责任中心和企业有重大影响的事项或重大的差异。这样,能够集中精力和节省时间解决重大的问题,达到事半功倍的效果。

第二节　责任中心

实行责任会计制度的企业,首先必须将其内部各生产经营单位划分为若干个不同种类、不同层次的责任中心。责任中心是指具有一定的管理权限并承担相应的经济责任的企业内部单位。它的基本特征是责、权、利相结合。作为责任中心应具备如下四个条件:

(1) 有承担经济责任的主体——责任者。

(2) 有确定经济责任的客观对象——资金运动。

(3) 有考核经济责任的基本标准——经济绩效。

（4）具备承担经济责任的基本条件——职责权限。

不具备以上条件的单位或个人，不能构成责任实体，不能作为责任会计的基本单位。

企业内部怎样设置责任中心，应设置多少责任中心，完全取决于企业内部控制、考核的需要。不同的内部单位，因生产经营特点和相应的控制范围不同，可以成为不同的责任中心，对较大的责任中心又可按照责任区域和控制对象大小进一步划分成若干不同层次的较小的责任中心，如车间是一个责任中心，它又可以进一步按生产工段建立责任中心，而生产工段也可以按生产班组再进一步建立责任中心。根据企业内部责任单位的权限范围以及生产经营活动的特点，责任中心通常分为成本中心、利润中心和投资中心。

一、成本中心

（一）成本中心的含义

成本中心是指只对成本或费用负责的责任中心。成本中心的生产经营活动只发生成本或费用，通常没有收入，因而成本中心不需对收入、利润及投资负责。在企业内部，凡不直接对外销售产品、不实行独立经济核算，只有成本、费用发生的单位，通常是负责产品生产的生产部门、劳务提供部门以及给予一定费用指标的企业管理科室，如车间、供销服务部门乃至工段、班组，甚至职工个人都可成为成本中心。

（二）成本中心的控制范围

成本中心只对成本或费用负责，但并不一定能对其责任区域内的全部成本或费用负责。因为对某个具体的成本中心而言，其责任区域发生的成本并不一定全部能够受其影响和控制，例如生产车间作为一个成本中心，能够对其责任区域车间内发生的直接材料、直接人工成本负责，因为它能影响并控制这些成本的发生，但却不能对其责任区域内发生的折旧费负责，因为折旧费不受它的影响和控制。因此，为了正确确定成本中心的责任对象，明确各成本中心承担的责任范围，必须按可控性将成本分为"可控成本"和"不可控成本"。凡是责任中心能控制的各种耗费，称为可控成本；凡是责任中心不能控制的各种耗费，称为不可控成本。对某一个成本中心来说，可控成本应同时满足如下三个条件：

（1）责任中心能够通过一定的途径和方式预知将要发生的成本。

（2）责任中心能够对发生的成本进行计量。

（3）责任中心能够对发生的成本加以调节和控制。

凡不能同时满足上述三个条件的成本，通常是不可控成本，一般不属于成本中心的责任范围。可见，成本中心只对可控成本负责。

在理解和掌握成本中心的责任对象时要注意：可控成本与不可控成本的相对性。两者是相对于特定的成本中心和特定的期间而言的，这与责任中心所处的管理层次的高低、管理权限的大小以及控制范围的大小都有直接关系。对整个企业来说，一般不存在不可控成本，几乎所有的成本都可视为可控成本。但对于企业内部各个成本中心来说，有些成本对处于同一层次的某个成本中心是不可控的，而对另一成本中心却是可控的，例如广告费，对市场营销部门是可控的，但对生产部门却是不可控的。同时还要注意成本的部分可控性，某项成本是某个成本中心的可控成本，但并不一定意味着该项成本的全部耗费都是该成本中心的可控成本，例如材料成本，生产车间只能控制其消耗量，只能对因消耗量的变动引起的材料成本的变动负责，这部分的成本耗费是生产部门的可控成本，如果是因材料价格变动，或因材料规格质量不符要求造成超额消耗而引起材料成本变动，则应由采购供应部门负责，这部分的成本耗费是采购供应部门的可控成本。

总之，各成本中心有各自的可控成本，又有其各自的不可控成本。一项对于较高层次的成本中心来说是可控成本的,对于其下属的较低层次的成本中心来说,可能是不可控成本;反过来,较低层次成本中心的可控成本,则一定是其所属较高层次责任中心的可控成本。例如生产车间的管理费,对生产车间成本中心来说属于可控成本,而对下属各班组的成本中心来说是不可控成本。

（三）成本中心控制和考核的内容

成本中心当期发生的各项可控成本的总和,构成了其责任成本,成本中心控制和考核的内容就是其责任成本,而不是产品成本。因此,成本中心的主要责任就是控制和降低其责任成本。

成本中心的责任成本与产品成本既有联系又有区别,两者在性质上是相同的,同为企业生产经营过程中的资金耗费。两者的区别主要在于:

（1）成本核算的对象不同。产品成本以产品为成本核算对象,而责任成本按责任中心为成本计算对象。

（2）成本核算的原则不同。产品成本的核算原则是"谁受益,谁负担",而责任成本的核算原则是"谁负责,谁负担"。

（3）成本核算的内容不同。产品成本的构成内容无论是按变动成本计算法还是按全部成本计算法,只要应归属于产品,都须计算在内,既包括可控成本,又包括不可控成本,而责任成本的核算内容只包括可控成本,不可控成本只作为参考指标。

（4）成本核算的目的不同。产品成本核算旨在为考核产品成本计划执行情况及计算利润、制订产品价格提供依据,而责任成本旨在评价和考核责任预算的执行情况,作为控制生产耗费和贯彻企业内部经济责任制的重要手段。

在进行责任成本核算时,责任成本是由不同层次的责任成本逐级汇总计算的。某一责任层次的责任成本等于其所属的下一责任层次的责任成本之和加上本层次的可控成本。例如某企业的成本中心共设置三个责任层次,即班组、车间和分厂,它们的责任成本由下而上逐级汇总计算的具体做法如下：

首先，班组责任成本由班组长负责，计算公式如下：

$$班组责任成本 = \frac{可控直接}{材料成本} + \frac{可控直接}{人工成本} + \frac{可控间}{接成本}$$

其次，车间责任成本由车间主任负责，计算公式如下：

$$车间责任成本 = \Sigma各班组责任成本 + 车间可控间接成本$$

再次，分厂责任成本由分厂厂长负责，计算公式如下：

$$分厂责任成本 = \Sigma各车间责任成本 + 分厂可控间接成本$$

（四）成本中心的业绩评价和考核指标

期末，成本中心必须编制业绩报告，作为对其业绩评价和考核的依据。由于成本中心只对成本负责，对其评价和考核的主要内容是责任成本，因而成本中心的业绩报告主要根据责任成本的实际数与预算数编制，并将成本中心实际发生的责任成本同预算的责任成本或目标成本进行比较，包括成本降低额和降低率，以此反映成本中心责任预算的执行情况。成本降低额和降低率的计算公式如下：

$$成本（费用）降低额 = 预算责任成本 - 实际责任成本$$

$$成本（费用）降低率 = \frac{成本（费用）降低额}{预算责任成本} \times 100\%$$

业绩报告通常按该中心可控成本的各明细项目分别列示预算数、实际数和差异数，至于不可控成本既可不列示，也可列示，以作参考资料。业绩报告中的差异数，是显示成本中心的工作成果好坏的重要标志，凡预算数大于实际数，称为"有利差异"，表示节约；凡预算数小于实际数，称为"不利差异"，表示超支。在编制业绩报告时还应对差异数作必要的说明，分析节约或超支的原因。

成本中心业绩报告的一般格式如表12-1所示。

表 12-1

某成本中心业绩报告

20××年 12 月 单位：元

项　　　目	预算数	实际数	差　　异
可控成本：			
直接材料	50 000	50 640	640
直接人工	28 000	27 200	（800）
间接材料	9 600	9 670	70
间接人工	4 200	4 000	（200）
其他间接制造费用	3 000	3 160	160
合　　计	94 800	94 670	（130）

【例 12-1】 某成本中心生产 A 产品，预算（计划）产量为 800 台，单位成本 100 元；实际产量 1 000 台，单位成本 90 元。该成本中心的成本降低额和成本降低率计算如下：

$$成本降低额 = 1\,000 \times 100 - 1\,000 \times 90 = +10\,000（元）$$

$$成本降低率 = \frac{+10\,000}{1\,000 \times 100} \times 100\% = 10\%$$

进一步分析该成本中心成本降低的原因：

由于产量增加影响的成本降低额为：

$$（1\,000 - 800） \times 100 = +20\,000（元）$$

由于单位成本降低影响的成本降低额为：

$$（90 - 100） \times 1\,000 = -10\,000（元）$$

二、利润中心

（一）利润中心的含义

利润中心是指既能控制成本，又能控制收入的责任中心。由于利润等于收入减成本和费用，所以利润中心实际上就是对利润负责的责任中心。这类责任中心往往处于企业中较高的层次，一般指有产品或劳务生产经营决策权的部门,如分厂、分公司以及有独立经营权的各部门等。利润中心的权力和责任都大于成本中心。

（二）利润中心的类型

利润中心分为自然的利润中心和人为的利润中心两大类。

自然的利润中心是指能直接对外销售产品或提供劳务取得实际收入的利润中心。这类利润中心一般具有材料采购权、生产决策权、价格制定权、产品销售权,有很大的独立性。

人为的利润中心是指在企业内部,按照内部结算价格将产品或劳务提供给本企业其他责任中心取得收入,实现内部利润的责任中心。这类利润中心的产品主要在本企业内转移,它们只有少量对外销售,或者全部对外销售均由企业专设的销售机构完成,如钢铁公司的炼铁、炼钢、轧钢、供水、供电等部门。由于人为的利润中心能够为成本中心相互提供产品或劳务规定一个适当的内部转移价格,使得这些成本中心可以"取得"收入进而评价其收益,因此,大多数成本中心总能转化为人为的利润中心。

（三）利润中心的责任对象

利润中心的利润是按照利润中心所能影响和控制的可控收入和成本来计算决定的,那些在其经营活动范围内发生或取得但不直接有关或不可控的收入和成本,则排除于利润中心的利润计算之外。而且人为的利润中心的收入是按其对其他责任中心提供的产品或劳务数量与一定的内部结算价格计算的,并不构成企业实际上的收入,因此,相应确定的利润也不是企业的财务成果。换言之,利润中心的利润只是据以对其进行责任业绩评价与考核的与其责任相关的责任利润,其总和并不一定与整个企业实际取得的利润总额相等。

（四）利润中心的业绩评价与考核指标

由于利润中心既要对成本费用负责,又要对收入和利润负责,因此每个利润中心都应对其成本、收入和利润进行完整、独立的责任会计核算,提供必要的资料,以便为正确进行责任业绩的评价与考核提供依据。

利润中心的工作业绩通过编制利润中心业绩报告显示,其业绩评价主要集中于分析收入、成本及利润的责任预算数执行情况,通过一定期间实际实现的责任利润同预算的责任利润进行比较,并对产生差异的原因和应负的责任进行具体分析。

利润中心的考核指标主要是利润,但不同的利润中心,其利润指标的表现形式并不相同,一般有如下几种形式:

(1) 部门贡献边际 = 部门销售收入总额 − 部门变动成本总额

(2) 部门经理边际 = 部门贡献边际 − 部门经理可控固定成本

(3) 部门边际 = 部门经理边际 − 部门经理不可控固定成本

(4) 公司税前利润 = 各部门边际总和 − 公司各种管理费用、财务费用等

利润中心业绩报告的一般格式如表 12-2 所示。

表 12-2　　　　　　　　　　**某利润中心业绩报告**

20××年12月　　　　　　　　　　　　　单位:元

项　　目	A 分部	B 分部	合　计
销售收入	120 000	110 000	230 000
变动成本	100 000	70 000	170 000
部门贡献边际	20 000	40 000	60 000
经理可控固定成本	16 000	18 000	34 000
部门经理边际	4 000	22 000	26 000
经理不可控固定成本	5 000	5 000	10 000
部门边际	−1 000	17 000	16 000
公司各种管理费用、财务费用等			7 000
公司税前利润			9 000

三、投资中心

（一）投资中心及其责任对象

投资中心是指既对成本、收入和利润负责，又对资金及其利用效益负责的责任中心。这类责任中心不仅在产品和销售上享有较大的经营自主权，而且能够相对独立地运用其所掌握的资金，如大型集团公司下面的分公司、子公司等。投资中心的责任对象必须是其能影响和控制的成本、收入、利润和资金。

由于投资的目的是为了获取利润，因而投资中心同时也是利润中心，但两者又有区别：投资中心拥有投资决策权，即能够相对独立地运用其所掌握的资金，有权购置和处理固定资产，扩大或缩小生产能力；而利润中心没有投资决策权，它是在企业确定投资方向后进行的具体经营。

投资中心是分权管理模式的最突出表现，它在责任中心中处于最高层次，具有最大的经营决策权，也承担着最大的责任。在组织形式上，成本中心基本上不是独立的法人，利润中心可以是也可以不是独立的法人，但投资中心基本上都是独立的法人。

（二）投资中心的业绩评价与考核指标

由于投资中心不仅要对成本、收入和利润负责，而且要对资金的利用效果负责，因此对投资中心的业绩评价与考核不仅是投资中心的成本、收入和利润，而且还有资金利用效益。通常，评价和考核投资中心业绩的指标，主要有投资报酬率和剩余收益。

1. 投资报酬率

投资报酬率又称投资利润率，是指投资中心所获得的利润与投资额之间的比率。其计算公式如下：

$$投资报酬率 = \frac{利润}{投资额（或经营资产）} \times 100\%$$

上式中的投资额（或经营资产）是指经营中占用的固定资产和流动资产的平均余额，即为两者的期初数加期末数除以 2 的平均数。投资报酬率按其构成因素还可由下式展开计算：

$$投资报酬率 = \frac{销售收入}{投资额} \times \frac{销售利润}{销售收入}$$

$$= 投资周转率 \times 销售利润率$$

这一公式表明，提高投资报酬率不仅仅在于降低成本、增加利润、提高销售利润率，而且还要有效地运用经营资产，加快经营资产（或投资）的周转率。

投资报酬率是全面评价投资中心经济效益的综合性指标，它不仅能够反映投资中心的综合盈利能力，还使不同经营规模的责任中心的业绩具有可比性，从而对各责任中心的业绩作出客观公正的评价和考核，而且还为企业合理调整资金布局、优化资源配置和选择投资机会提供了依据。

【例 12-2】 某公司下属 A、B 两个分公司均为投资中心。报告期 A 分公司的经营资产平均余额为 280 万元，利润为 56 万元；B 分公司的经营资产平均余额为 200 万元，利润为 50 万元。

从利润的绝对数看，A 分公司的利润高于 B 分公司，但这并不能真正说明 A 分公司的经营业绩优于 B 分公司。因为两个投资中心的经营规模不同，从利润的绝对数比较缺乏可比性，应用相对数指标分析比较。

$$A 分公司的投资报酬率 = \frac{560\,000}{2\,800\,000} \times 100\% = 20\%$$

$$B 分公司的投资报酬率 = \frac{500\,000}{2\,000\,000} \times 100\% = 25\%$$

计算结果表明，B 分公司的经营业绩优于 A 分公司。

但投资报酬率作为评价投资中心经营业绩的指标也有其局限性，有的投资中心可能会为了达到较高的投资报酬率而采取减少投资的方式，导致个别投资中心局部目标与企业总体目标不一致。

【例 12-3】 假定上例中，公司要求 B 分公司计划期生产某种新产品,该产品的预计投资额是 38 万元,预计年利润将增加 8 万元,生产新产品后 B 分公司计划期预计的投资报酬率为:

$$\frac{\text{B 分公司预计}}{\text{投 资 报 酬 率}} = \frac{500\ 000 + 80\ 000}{2\ 000\ 000 + 380\ 000} \times 100\% = 24.37\%$$

生产新产品后,B 分公司的投资报酬率从 25% 下降到 24.37%,说明经营业绩下降,B 分公司当然不乐意接受这一新的投资项目。为了克服以投资报酬率评价、考核投资中心经营业绩的局限性,往往采用剩余收益作为评价指标。

2. 剩余收益

剩余收益是指投资中心获得的利润扣减其经营资产(或投资额)按规定的投资报酬率计算的投资报酬额后的余额。其计算公式如下:

剩余收益=利润-(经营资产×规定的投资报酬率)

上述公式中,规定的投资报酬率一般是指企业各投资中心的平均投资报酬率或企业期望的最低投资报酬率。剩余收益指标的含义是只要投资收益超过平均或期望的报酬额,该项投资是可行的。以剩余收益指标评价和考核投资中心的经营业绩,不仅具有投资报酬率指标同样的优点,而且还克服了投资报酬率指标的缺陷。

【例 12-4】 假定在[例 12-3]中,企业改用剩余收益指标评价和考核 B 分公司。企业各投资中心的平均投资报酬率为 20%,则 B 分公司生产新产品的剩余收益为:

生产新产品的剩余收益=80 000-380 000×20%=4 000(元)

计算结果表明:B 分公司可以增加剩余收益 4 000 元,当然乐意接受该项投资项目,利用剩余收益指标评价和考核投资中心的经营业绩使投资中心的局部利益与企业的整体利益趋于一致。但并不是说,采用剩余收益作为考核指标一定比投资报酬率好,要视具体情况而论:当资金比较充裕时,一般采用剩余收益指标较好,因为资金较难找到市场,只要有利可图即可;而当资金比较短缺时,应尽可能充分利用好资金,将其投入到最有利的项目中去,力求尽可能高的投资报酬率。

投资中心的业绩报告既要列示成本、收入、利润的预算数和实际数,还要列示经营资产、销售利润率、资产周转率、投资报酬率以及剩余收益的预算数和实际数,以便对投资中心的经营业绩作出全面的评价。投资中心业绩报告的一般格式如表 12-3 所示。

表 12-3　　　　　　　　　　某投资中心业绩报告

20××年 12 月　　　　　　　　单位:元

项　　　　目	预算数	实际数	差　异
销售收入	150 000	168 000	18 000
销售成本	135 000	147 840	12 840
销售利润	15 000	20 160	5 160
经营资产平均余额	60 000	70 000	10 000
销售利润率	10%	12%	2%
资产周转率(次)	2.5	2.4	(0.1)
投资报酬率	25%	28.8%	3.8%
按预期的最低投资报酬率12%计算应得的报酬额	7 200	8 400	1 200
剩余收益	7 800	11 760	3 960

第三节　内部转移价格

一、内部转移价格的含义

内部转移价格又称内部结算价格,是指企业内部有关责任中心之间相互提供中间产品或劳务所采用的一种结算价格。

企业内部各责任中心之间经常会有相互提供产品或劳务的"买卖"活动,如上道工序加工完成的产品转移到下道工序继续加工;辅助生产部门为基本生产部门提供劳务等,都是一个责任中心向另一个责任中心"出售"产品或提供劳务,使两个责任中心处于交易的"买卖"双方,这一方面具有与外部的市场价格类似的功能,促使买卖双方不断降低成本和费用,改善经营管理,提高经济效益。但内部转移价格与外部的市场价格也有许多不同之处,内部转移价格所影响的"买卖"双方都存在于同一个企业之中,在其他条件不变的情况下,若提高内部转移价格,会增加"卖"方的收入或内部利润;相反,由于购买成本的升高相应地减少"买"方的内部利润。若调低内部转移价格,买卖双方的内部利润一增一减,方向正好相反。由于这种交易是在企业内部进行的,一般不涉及税金等支出,所以,"卖"方所增加(或减少)的内部利润恰好等于"买"方所减少(或增加)的内部利润。因此,从企业整体来看,内部转移价格无论怎样变化,企业总利润是不变的,变动的只是利润或内部利润在各责任中心之间的分配情况。

二、内部转移价格的作用

内部转移价格采取了"价格"的形式,它的作用主要有以下几方面。

1. 有助于合理确定各责任中心的经济责任

内部转移价格为"买卖"双方确定了一个计量标准,它不仅可以用来衡量"卖"方提供产品或劳务的经营成果,而且还可以用来反映"买"方接受产品或劳务的成本费用。所以,正确制定内部转移价格,可以合理确定各责任中心应承担的经济责任,调节各责任中心的收入,维护各责任中心的经济权益,使经济责任制易于落实。

2. 有助于客观、公正地评价和考核各责任中心的经营业绩

合理的内部转移价格,能够为企业各责任中心的经营业绩提供一个客观的标准,进行统一的比较和综合的评价,使绩效考核公平有效。

3. 有利于发挥企业各责任中心工作的积极性

合理的内部转移价格，一方面使各责任中心的责任明确合理，另一方面又使各责任中心的利益公平有效。这样，各责任中心的努力与得到的物质利益相适应，在一定程度上起到了鼓励先进和鞭策后进的作用。

4. 为制定正确的经营决策提供依据

内部转移价格，可以把有关责任中心的经济责任和经营业绩加以数量化，为企业管理者制订新产品价格和调整产成品外部销售价格等经营决策提供必要的会计信息。

三、内部转移价格的类型

（一）标准（定额）成本

以标准（定额）成本作为内部转移价格，是制定内部转移价格最简便的方法。这种方法适用于成本中心之间相互提供产品或劳务，在管理工作较好的企业里，各种产品的定额资料都比较完整，能够容易地计算出各中间产品和半成品的定额成本，而实行标准成本计算的企业则更有完整的标准成本资料。因此，以标准（定额）成本作为内部转移价格制定的基础，具有相对稳定和易于操作的优点，而且将管理和核算工作结合起来，使责任清楚，避免将卖方节约或浪费的成本转嫁给买方，有利于调动买卖双方降低成本的积极性。

（二）标准成本加成

它是指根据提供产品或劳务的标准成本，加上以一定合理的成本利润率计算的利润作为内部转移价格的方法，这种方法适用于提供产品或劳务的利润中心和投资中心。其优点是能分清买卖双方的经济责任，但加成利润率的确定具有一定的主观性，一般认为以最终产品成本利润率确定较为合理，因为最终产品是各有关责任中心共同创造完成的，由此创造的利润就应由有关责任中心参加的份额进行分配，各责任中心有了相同的利益，就能相互配合,更好地发展生产。

(三)市场价格

市场价格是指以市场价作为提供产品或劳务的内部转移价格。这种方法适用于中间产品存在着一个完全竞争市场的情况,应用于独立核算的利润中心。由于各责任中心将产品或劳务提供给企业内部和外部,都采用相同的市场价格,比较客观公正,不会偏袒任何一方,最能体现责任中心的基本要求,因此,市场价格被认为是制定内部转移价格的最好基础。

以市场价格作为内部转移价格,但并不意味着两者相等。由于是内部转移,卖方可以节约一定的销售费用、广告费和运输费等,因此买方往往要求内部转移价格低于市场价格。同时还要注意,当有些产品或劳务是专门为企业内部生产和提供的,即没有外部市场,因而没有现成的市场价格,其内部转移价格的制定就无法以此为基础。

(四)协商价格

协商价格是指各责任中心相互提供产品或劳务,以正常的市价为基础,共同协商确定的买卖双方都愿意接受的价格作为内部转移价格。一般情况下,协商价格低于市场价格。这种方法可以兼顾买卖双方的利益并得到双方的认可,使价格具有一定的弹性。但在协商时,容易使双方争执不休,讨价还价,造成各责任中心之间的矛盾。

(五)双重价格

双重价格是指买卖双方分别采用不同的价格作为内部转移价格。如果卖方提供的产品或劳务的成本高于市场价格,而买方又有权向市场购买所需的半成品或劳务时,若以成本作为内部转移价格,则买方必定转向外部进货,由此造成卖方生产能力的闲置,使卖方和企业的整体利益都受损失。根据目标一致性原则,买卖双方应分别按不同的价格,即卖方以成本作为"出售"价格,而买方以变动成本或市场价格作为"购入"价格,这样既保证买卖双方的利益,又不至于损害企业整体利益。这种方法一般适用于中间产品有外部市场、卖方的生产能力不受限制,且变动成本低于市场价格的责任中心。

习　题

一、判断题

1. 在责任会计中,责任成本应当按公司、分厂、车间、班组的层次顺序逐级汇总。　　　　　　　　　　　　　　　　（　　）

2. 剩余收益是指投资中心获得的利润扣减其投资收益后的余额。　　　　　　　　　　　　　　　　　　　　　　　（　　）

3. 以市场价格为基础的内部转移价格,通常会低于市场价格,这之间的差额反映了与外部销售有关的销售费、广告费等。
　　　　　　　　　　　　　　　　　　　　　　　　　　（　　）

4. 责任中心是逐级设置的,责任成本也应该自下而上逐级汇总。　　　　　　　　　　　　　　　　　　　　　　　（　　）

5. 较低层次责任中心的可控成本,不一定是其所属较高层次责任中心的可控成本。　　　　　　　　　　　　　　　（　　）

6. 与成本中心相比,利润中心的权力和责任都相对要大得多。　　　　　　　　　　　　　　　　　　　　　　　　（　　）

7. 从企业总体来看,内部转移价格无论怎样变化,企业利润的总数不变。　　　　　　　　　　　　　　　　　　　（　　）

8. 在中间产品处于不完全市场竞争条件下,利润中心之间、利润中心与投资中心之间的产品和劳务的转移,一般可按标准成本作为内部转移价格。　　　　　　　　　　　　　　（　　）

9. 在责任会计中对成本中心评价考核的重点是产品成本。
　　　　　　　　　　　　　　　　　　　　　　　　　　（　　）

10. 责任中心的责任成本就是当期发生的各项可控成本之和。　　　　　　　　　　　　　　　　　　（　　）

二、单项选择题

1. 在其他条件不变的情况下,总厂提高了某下级分厂生产产品的内部转移价格,其结果是（　　　）。

　　A. 企业总体的利润水平不变

　　B. 企业总体的利润水平下降

　　C. 企业总体的利润水平上升

　　D. 该分厂的利润水平不变

2. 在责任会计中对成本中心评价与考核的重点是（　　　）。

　　A. 产品成本　　　　　　　　　B. 变动成本

　　C. 责任成本　　　　　　　　　D. 直接成本

3. 在同一企业中,提高企业内部转移价格会使企业利润总额（　　　）。

　　A. 上升　　　　　　　　　　　B. 下降

　　C. 不变　　　　　　　　　　　D. 不确定

4. 责任会计制度的基本特征是（　　　）。

　　A. 目标一致　　　　　　　　　B. 信息反馈

　　C. 业绩考评　　　　　　　　　D. 责权利统一

5. 制定内部转移价格应强调（　　　）的最大利益。

　　A. 企业内部"买"方　　　　　　B. 企业内部"卖"方

　　C. 企业整体　　　　　　　　　D. 各责任中心

6. 某公司的某一部门有关资料如下:部门销售收入 30 000 元;部门销售产品变动生产成本和变动性销售费用 20 000 元;部门可控固定成本 1 600 元;部门不可控固定成本 2 400 元。则该部门的部门经理边际为（　　　）元。

　　A. 10 000　　　　　　　　　　B. 8 400

　　C. 6 000　　　　　　　　　　D. 4 000

7. 在制定内部转移价格时,(　　)法可以将管理和核算工作结合起来,避免功过转嫁,鼓励双方降低成本。

　　A. 实际成本　　　　　　　B. 标准(定额)成本

　　C. 标准成本加成　　　　　D. 市场价格

8. 在其他条件不变的情况下,若调低内部转移价格,会使"卖方"的收入或内部利润(　　)。

　　A. 不变　　　　　　　　　B. 增加

　　C. 减少　　　　　　　　　D. 不确定

9. 投资报酬率作为考核评价投资中心经营业绩的指标,其局限性是(　　)。

　　A. 不能反映综合盈利能力

　　B. 使各投资中心不具有可比性

　　C. 导致个别投资中心局部目标与企业总体目标不一致

10. 在组织形式上,(　　)既可以是也可以不是独立的法人。

　　A. 成本中心　　　　　　　B. 利润中心

　　C. 投资中心　　　　　　　D. 责任中心

三、多项选择题

1. 与成本中心考核有关的成本包括(　　)。

　　A. 机会成本　　　　　　　B. 可控成本

　　C. 不可控成本　　　　　　D. 责任成本

2. 企业通常采用(　　)方法制定内部转移价格。

　　A. 标准成本　　　　　　　B. 实际成本

　　C. 市场价格　　　　　　　D. 标准成本加成

3. 以市场价格作为内部转移价格,应当具备的条件有(　　)。

　　A. 必须是成本中心　　　　B. 必须是利润中心

　　C. 中间产品有完全竞争的市场

　　D. 中间产品不能从外单位购买

4. 责任中心应具备(　　)的条件。

    A. 有业务活动特点　　　　B. 有责任者

    C. 有资金运动　　　　　　D. 有经济绩效

5. 投资报酬率作为考核投资中心业绩的指标,具有(　　)的优点。

    A. 可以据以选择投资机会　B. 横向可比性

    C. 反映综合盈利能力　　　D. 可以避免短期行为

6. 成本中心的业绩,可通过(　　)来考核。

    A. 责任成本降低额　　　　B. 标准成本降低额

    C. 责任成本降低率　　　　D. 变动成本降低率

7. 投资报酬率可分解为(　　)。

    A. 销售利润率　　　　　　B. 投资周转率

    C. 边际贡献率　　　　　　D. 销售毛利率

8. 影响剩余收益的因素有(　　)。

    A. 利润　　　　　　　　　B. 投资额

    C. 利润留存比率　　　　　D. 规定的投资报酬率

9. 甲利润中心常年向乙利润中心提供劳务,在其他条件不变的情况下,如提高劳务的内部转移价格,则可能出现(　　)的结果。

    A. 甲利润中心内部利润增加

    B. 乙利润中心内部利润减少

    C. 企业利润总额增加

    D. 企业利润总额不变

10. 投资中心与利润中心的区别主要有(　　)。

    A. 考核办法不同　　　　　B. 权利不同

    C. 组织形式不同　　　　　D. 规模不同

四、计算题

1. 资料:某公司下设甲、乙、丙三个子公司,均为投资中心,有关资料如下:

公司	经营资产平均余额(万元)	预计销售利润率
甲	200	10%
乙	250	15%
丙	150	20%

假定该公司现定的最低投资报酬率为 25%。

要求：

(1) 计算各分公司应达到的最低资金周转率。

(2) 计算各分公司应实现的最低销售收入。

(3) 计算各分公司应获得的营业利润。

2. 资料：某公司 2012 年 12 月份四个投资中心的资料如表 12-4 所示。

表 12-4　　　　　　　　　　**投资中心资料表**

项　　　目	甲	乙	丙	丁
销售收入	___元	980 000 元	320 000 元	___元
销售利润	___元	117 600 元	25 600 元	60 000 元
经营资产	400 000 元	___元	160 000 元	200 000 元
销售利润率	10%	___%	___%	15%
经营资产周转率	3 次	___次	___次	___次
投资报酬率	___%	20%	___%	30%

要求：填妥表 12-4 中的空格。

3. 资料：某公司设有若干分厂，其中甲分厂 2012 年经营资产 80 万元，营业净利 24 万元，公司现决定投资 40 万元扩充甲分厂的经营规模，预计甲分厂 2013 年全年可增加营业净利润 10 万元。总公司的平均投资报酬率为 20%。

要求：

(1) 计算甲分厂 2012 年的投资报酬率及剩余收益。

(2) 计算甲分厂 2013 年预计的投资报酬率及剩余收益。

(3) 若以投资报酬率考核甲分厂的经营业绩，甲分厂是否乐意接受新的投资？若改为以剩余收益考核呢？为什么？请说明理由。

习题参考答案

第一章　总　　论

一、判断题

1. √　2. ×　3. √　4. √　5. ×　6. √　7. √　8. ×
9. ×　10. ×

二、单项选择题

1. A　2. C　3. B　4. C　5. B　6. D　7. B　8. B　9. D
10. C

三、多项选择题

1. A、D　2. A、B、C、D　3. C、D　4. B、C、D　5. A、B、C、D
6. A、B、D　7. A、B、C　8. A、C、D　9. A、B、C、D　10. A、B

第二章　成本分类与成本性态分析

一、判断题

1. ×　2. √　3. √　4. √　5. √　6. √　7. ×　8. ×
9. ×　10. ×

二、单项选择题

1. B　2. A　3. C　4. C　5. A　6. B　7. C　8. B　9. A
10. D

三、多项选择题

1. A、B、C、D　2. A、B、C、D　3. A、B、C　4. A、B

5. A、B、C 6. B、C 7. A、B 8. A、C、D 9. C、D 10. A、D

四、计算题

1. （1）（36 480）

   （2）（16 240）

   （3）单位变动成本＝12元/件

   （4）固定成本总额＝48元

   （5）该项混合成本性态模型为：$y=48+12x$

2. （1）$b=0.6875$（元） $a=18.375$（元）

      $y=18.375+0.6875x$

   （2）$b=0.6538$（元） $a=17.2564$（元）

      $y=17.2564+0.6538x$

   （3）高低法：维修成本＝35.56（元）

      回归直线法：维修成本＝33.60（元）

3. （1）$b=0.5$（元） $a=40\,000$（元） $y=40\,000+0.5x$

   （2）生产成本＝372\,000（元）

第三章 变动成本计算法

一、判断题

1. × 2. × 3. √ 4. × 5. √ 6. √ 7. × 8. √
9. × 10. √

二、单项选择题

1. A 2. A 3. B 4. C 5. D 6. C 7. B 8. A 9. C
10. B

三、多项选择题

1. A、C 2. A、B、C 3. B、C、D 4. A、B、C 5. B、D
6. A、B、C 7. A、B、C 8. A、B、C、D 9. A、B、C 10. A、B、C

四、计算题

1. 变动成本计算法净损益＝56\,000（元）

完全成本计算法净损益＝54 000(元)

验证：56 000＝54 000＋2 000×2.5－1 000×3

2.（1）变动成本计算法净损益＝26 000(元)

完全成本计算法净损益＝26 800(元)

（2）（略）

3.（1）变动成本计算法净损益：

20×5年＝14 700(元)

20×6年＝61 300(元)

20×7年＝38 000(元)

完全成本计算法净损益：

20×5年＝26 200(元)

20×6年＝49 800(元)

20×7年＝38 000(元)

（2）（略）

$$单位固定制造费用＝\frac{115\,000}{20\,000}＝5.75(元)$$

20×5年：14 700＝26 200＋0－2 000×5.75

20×6年：61 300＝49 800＋2 000×5.75－0

20×7年：38 000＝38 000＋0－0

4.（1）变动成本计算法净损益：

20×1年＝20×2年＝20×3年＝14 000(元)

（2）完全成本计算法净损益：

20×1年＝14 000(元)

20×2年＝18 000(元)

20×3年＝11 000(元)

（3）（略）

5.传统式：

营业收入＝240 000(元)

本期生产成本＝216 000(元)

营业成本＝194 400(元)

营业毛利＝45 600(元)

贡献式：

本期销售产品生产成本＝162 000(元)

边际贡献＝66 000(元)

固定销售费用＝8 400(元)

固定管理费用＝15 600(元)

营业净利润＝6 000(元)

6.（1）变动成本计划法利润＝10 000(元)

完全成本计算法利润＝－7 500(元)

（2）利润差异＝－17 500(元)

第四章　本量利分析

一、判断题

1. × 2. × 3. √ 4. √ 5. × 6. √ 7. √ 8. ×
9. × 10. √

二、单项选择题

1. C 2. B 3. A 4. D 5. B 6. A 7. C 8. C 9. D
10. D

三、多项选择题

1. A、B、D 2. A、B、C、D 3. C、D 4. B、C 5. B、D
6. A、C、D 7. A、B、C 8. A、B、D 9. B、D 10. B、C

四、计算题

1.（1）甲：$P＝15 000$(元)　　　$cm＝4$(元)

乙：$a＝50 000$(元)　　　$cm＝8$(元)

丙：$bx＝175 000$(元)　　$x＝5 000$(套)

丁：$a＝40 000$(元)　　　$px＝160 000$(元)

（2）丙：$b＝35$(元)　　　　$p＝50$(元)

$cmR＝30\%$　　　　$bR＝70\%$　　　$bR＋cmR＝1$

丁：$p=20$（元）　　　　$b=12$（元）　　　$bR=60\%$

$cmR=40\%$　　　　$bR+cmR=1$

2. （1）$b=12$（元）　$a=80\,000$（元）　$x_0=10\,000$（件）　$y_0=200\,000$（元）

（2）（略）

3. （1）$bR=60\%$　　　　$cmR=40\%$　　　$b=48$（元）　　　$cm=32$（元）

$x_0=4\,000$（件）　　$y_0=320\,000$（元）

（2）$P=192\,000$（元）

4. （1）$\sum y_0=351\,000$（元）

（2）甲：$y_0=48\,000$（元）　　　　$x_0=60$（件）

乙：$y_0=150\,000$（元）　　　　$x_0=75$（台）

丙：$y_0=45\,000$（元）　　　　$x_0=37.5$（台）

丁：$y_0=108\,000$（元）　　　$x_0=45$（台）

5. （1）$\sum px=620$（万元）　　　　$\sum cmR_iW_i=30.81\%$

$\sum y_0=162.30$（万元）

（2）Ⅰ型：$x_0=3750$（只）　$y_0=37.5$（万元）

Ⅱ型：$x_0=4167$（只）　$y_0=62.5$（万元）

Ⅲ型：$x_0=4167$（只）　$y_0=75$（万元）

$\sum y_0=175$（万元）

（3）$\sum cmR_iW_i=28.61\%$　$\sum y_0=174.76$（万元）

6. （1）安全边际量$=2\,000$（件）　安全边际额$=40\,000$（元）

（2）安全边际率$=16.67\%$　保本作业率$=83.33\%$

安全边际率+保本作业率$=1$

（3）$p=16\,000$（元）

7. （1）$x_1=15\,000$（件）　　　$y_1=1\,200\,000$（元）

（2）$x_1=17\,992.5$（件）　$y_1=1\,439\,400$（元）

8. $\sum cmR_iW_i=27\%$　　　　$\sum y_1=1\,840\,000$（元）

9. （1）20×1年销售$=700$（件）　$cm=12$（元）　$x_0=900$（件）

需增加 $900-700=200$（件）　保利量 $x_1=1\,900$（件）

(2)（略）

10. （1）正常：$p=85\,000$（元）　新 $cm=1$　扩销 $x=30\,000$（件）

（2）$x_1=70\,000 \Rightarrow p'=8$（元）　降低 1.50（元）

（3）下降 0.5（元）　（4）下降 20 000（元）

11. （1）安全边际额＝32 500（元）　保本点作业率＝72.92%

（2）$a=70\,000$（元）　$y_1=125\,000$（元）

（3）下降 4 166.67（元），下降 5 952.38（元）

（4）下降 1 946.35（元），2 780.49（元）

（5）$p=25\,200$（元）

第五章　预测分析

一、判断题

1. ×　2. ×　3. ✓　4. ×　5. ✓　6. ×　7. ×　8. ✓
9. ✓　10. ×

二、单项选择题

1. A　2. C　3. B　4. A　5. C　6. A　7. A　8. C　9. B
10. B

三、多项选择题

1. B、C、D　2. B、D　3. A、C　4. C、D　5. B、C、D
6. A、C　7. A、B　8. A、B　9. A、B　10. C、D

四、计算题

1. （1）简单移动平均法：600（万元）　666.67（万元）
　　　　　　　　　　　　800（万元）　833.33（万元）

加权移动平均法：616.67（万元）　716.67（万元）
　　　　　　　　　　833.33（万元）　833.33（万元）

（2）586（万元）　560.2（万元）　602.14（万元）

　　661.5（万元）　733.05（万元）　753.14（万元）

(3) 946.69(万元)

2. 131.6(万元)

3. (1) $S_1=9\%$ $S_2=5\%$ $S_3=4\%$ $S_4=3\%$

      $DOL=4$

(2) 单价增加10%,利润额=190 000(元)

      单位变动成本下降10%,利润额=150 000(元)

      销售量增加10%,利润额=140 000(元)

      固定成本下降10%,利润额=130 000(元)

(3) $K_3=(-1)^{1+3}\dfrac{K_0}{S_3}\times 1\%=5\%$

4. (1) 150(台)

(2) 26.24%

5. 96 000(元)

6. $\Delta F=8\ 830$(元)

第六章　短期经营决策

一、判断题

1. ×   2. √   3. √   4. ×   5. ×   6. ×   7. √   8. √

9. ×   10. √

二、单项选择题

1. A   2. C   3. C   4. B   5. C   6. C   7. B   8. C   9. D

10. B

三、多项选择题

1. A、C、D   2. B、C   3. A、C、D   4. B、C、D   5. A、D

6. B、C、D   7. C、D   8. A、C、D   9. A、B、C、D   10. B、C

四、计算题

1. 差量588   B为有利

2. (1) 间接费用分析:固定成本100 000(元)   单位变动成本2(元)

产量 5 万件,单位固定成本＝2(元)

产量 8 万件,单位固定成本＝1.25(元)

2－1.25＝7－6.25

（2）单位变动成本为 5(元)

6－5＝1(元),有利润 30 000 元,会计科长有理

3.（1）700＞600　可接受

（2）8 000＞4 000　不接受

4.（1）x＜400　外购　400＜x＜600　自制

（2）x＜800　外购　x＞800　自制

5.（1）60 000　宜自制

（2）100 000　宜外购

6.（1）14＜18　宜自制

（2）28 000　宜自制

（3）36 000　宜外购并增产

（4）45 000　宜外购增加新产品

7.　x_1＝1 500(件)　x_2＝3 000(件)　x_3＝2 400(件)

8. 增利 6 500 元,进一步加工可行

9.（1）10 000　甲以成品出售为优

（2）90 000　乙以成品出售为优

10.　x_1＝400(只)　x_2＝600(只)　利润为 5 200(元)

11.（1）1 000＞0　不应停产

（2）300　应停产

12.（1）x＝8(件)

（2）单价 144(元)

（3）利润 182.67(元)

13.（1）x＝1 600(件)　不应调价

（2）x＝1 800(件)　应调价

（3）$x=720$（件）　应调价

第七章　长期投资决策基础

一、判断题

1. √　2. √　3. ×　4. √　5. ×　6. √　7. ×　8. √
9. √　10. ×

二、单项选择题

1. C　2. B　3. B　4. A　5. B　6. C　7. C　8. B　9. D
10. A

三、多项选择题

1. A、B、D　2. A、D　3. B、C、D　4. B、D　5. A、B、D
6. A、B、C　7. A、B、C　8. C、D　9. B、C、D　10. A、B

四、计算题

1. $A=3\,276$（元）

2. $i=8.24\%$

   $S=148.57$（万元）

3. $i=14\%$

4. $P=12\,432.47$（元）

5. $NCF_0=-510$（万元）

   $NCF_1=-40$（万元）

   $NCF_{2\sim10}=110$（万元）

   $NCF_{11}=160$（万元）

6. $NCF_0=-620$（万元）

   $NCF_{1\sim5}=160$（万元）

   $NCF_6=180$（万元）

7. $\Delta NCF_0=-80\,000$（元）

$$\Delta NCF_{1\sim 9}=19\,000(元)$$

$$\Delta NCF_{10}=22\,000(元)$$

8. $NCF_0=-100(万元)$

$NCF_1=0(万元)$

$NCF_2=-50(万元)$

$NCF_{1\sim 4}=41.5(万元)$

$NCF_5=96.5(万元)$

第八章 长期投资决策应用

一、判断题

1. × 2. × 3. √ 4. √ 5. × 6. × 7. × 8. √
9. × 10. √

二、单项选择题

1. B 2. C 3. B 4. B 5. C 6. B 7. C 8. B 9. C
10. C

三、多项选择题

1. A、B、C、D 2. B、C、D 3. B、C、D 4. A、B 5. C、D
6. A、D 7. B、C 8. A、B 9. A、C、D 10. B、C

四、计算题

1.（1）$NCF=12\,000(元)$

　　回收期$=3.33(年)$

　　年平均投资报酬率$=35\%$

（2）$NPV=24\,020(元)$

　　回收期$=4.25(年)$

　　$IRR=24.95\%$

2. $NCF=94\,000(元)$

　　$NPV=125\,028(元)$

3. $NCF=22\,500(元)$

　$NPV=45\,807.5(元)$

　$IRR=18.6\%$

4. 出售方案现值 $=26\,000(元)$

　出租方案现值 $=23\,432.7(元)$

　应出售

5. 方案一　$\Delta NPV=6\,537(元)$

　方案二　$\Delta NPV=20\,656(元)$

　应采用方案二,即售旧换新

6. A 方案年均成本 $=6\,986(元)$

　B 方案年均成本 $=5\,960(元)$

　应选 B 方案

7. $NPV=3\,279.3(元)$

8. (1) $NCF_0=-1\,000(万元)$

　　　$NCF_{1\sim4}=215(万元)$

　　　$NCF_5=515(万元)$

　(2) 净现值 $=1.292(万元)$

9. 甲方案:

　$NCF_0=150(万元)$

　$NCF_{1\sim4}=41.5(万元)$

　$NCF_5=96.5(万元)$

　净现值 $=41.481\,5(万元)$

　乙方案:

　$NCF_0=145(万元)$

　$NCF_1=0$

　$NCF_2=65(万元)$

　$NCF_{3\sim6}=74.35(万元)$

　$NCF_7=147.35(万元)$

　净现值 $=72.0653(万元)$

　(1) 甲方案年回收额 $=10.942\,1(万元)$

（2）乙方案年回收额 ＝14.803 9（万元）

（3）应选择乙方案。

10.（1）现金净流量的下限为 9 163（元）

（2）项目可用年限的下限为 4.42（年）

（3）贴现率的上限为 19.87％

第九章　全面预算

一、判断题

1. √　2. ×　3. ×　4. √　5. ×　6. ×　7. √　8. ×
9. √　10. √

二、单项选择题

1. C　2. D　3. B　4. A　5. D　6. D　7. A　8. C　9. B
10. C

三、多项选择题

1. A、B、C　2. B、C、D　3. A、B、C　4. A、B、C、D
5. B、C、D　6. A、B、C、D　7. A、B、C、D　8. B、C、D　9. A、C、D
10. A、B、C、D

四、计算题

1. 80％　　90％　　100％　　110％
26 980　　28 040　　29 100　　31 060

2.

	1月	2月	3月	合计
甲料	535 000	530 000	440 000	1 505 000
乙料	334 375	331 250	275 000	940 625

3. 2014 年 B 产品总生产成本＝252 600（元）

2014 年 B 产品销售总成本＝252 000（元）

4. （1）9 月份销售额＝20 000(元)

（2）　　应收账款　　10 月　　　11 月　　　12 月　　　合计

　　　　　现金收入　　23 500　　32 000　　38 500　　94 000

（3）12 月底应收账款＝12 000(元)

5. 本月经营现金收入＝104 000(元)

本月经营现金支出＝152 000(元)

本月现金收支差额＝－59 000(元)

向银行贷款：68 000(元)

现金月末余额＝9 000(元)

6.

项　　　目	第一季度	第二季度	第三季度	第四季度	全年合计
期初余额	4 000	(6)　4 713	(12)　4 920	4 561	(25)　4 000
加:现金收入	(1)　12 800	16 300	17 700	(17) 19 100	65 900
可动用现金合计	16 800	(7)　21 013	22 620	(18) 23 661	(26) 69 900
减:现金支出					
采购材料	4 675	4 470	(13)　4 740	4 990	(27) 18 875
人工成本	6 780	7 380	7 980	(19)　8 520	30 660
费用	(2)　2 623	2 713	2 794	2 869	(28) 10 999
支付股息	1 000	—	—	—	(29)　1 000
购买设备	—	500	1 500		(30)　2 000
现金支出合计	(3)　15 087	15 063	(14) 17 014	(20) 16 379	(31) 63 543
现金收支差额	1 713	(8)　5 950	5 606	(21)　7 282	(32)　6 357
银行借款	(4)　3 000	—	—	—	3 000
偿还借款	—	(9)　1 000	1 000	(22)　1 000	(33)　3 000
利息	—	(10)　30	(15)　45	(23)　105	(34)　180
期末余额	(5)　4 713	(11)　4 920	(16)　4 561	(24)　6 177	(35)　6 177

第十章 成本控制与标准成本系统

一、判断题

1. × 2. × 3. √ 4. √ 5. × 6. √ 7. × 8. ×
9. √ 10. √

二、单项选择题

1. D 2. A 3. B 4. D 5. C 6. B 7. B 8. A 9. C
10. D

三、多项选择题

1. A、C 2. A、B、C、D 3. A、C、D 4. B、C、D 5. A、C、D
6. A、D 7. A、B、C 8. B、D 9. A、B、C 10. A、B、C

四、计算题

1. （1）材料成本差异＝2 296(元)

    （2）材料价格差异＝1 456(元)

       材料数量差异＝840(元)

2. （1）人工成本差异＝525(元)

    （2）工资率差异＝－775(元)

       人工效率差异＝1 300(元)

3. （1）材料成本差异＝100(元)

    （2）材料价格差异＝－200(元)

    （3）材料结构差异＝－50(元)

    （4）材料产出差异＝350(元)

    （5）材料成本差异＝－200＋(－50)＋350＝100(元)

4. （1）人工成本差异＝－170(元)

    （2）工资率差异＝－470(元)

    （3）工资结构差异＝－151(元)

（4）产出差异＝451（元）

（5）人工成本差异＝－470＋（－151）＋451＝－170（元）

5. （1）固定制造费用成本差异＝4 875（元）

（2）固定制造费用预算差异＝－750（元）

（3）固定制造费用能力差异＝6 750（元）

（4）固定制造费用效率差异＝－1 125（元）

（5）固定制造费用成本差异＝－750＋6 750＋（－1 125）

　　　　　　＝4 875（元）

6. （1）材料成本差异＝－1 340（元）

　　材料价格差异＝－220（元）

　　材料结构差异＝－800（元）

　　材料产出差异＝－320（元）

（2）人工成本差异＝90（元）

　　工资率差异＝295（元）

　　工资结构差异＝－25（元）

　　人工产出差异＝－180（元）

（3）变动制造费用成本差异＝70（元）

　　变动制造费用耗用差异＝250（元）

　　变动制造费用效率差异＝－180（元）

（4）固定制造费用成本差异＝470（元）

　　固定制造费用预算差异＝350（元）

　　固定制造费用能力差异＝300（元）

　　固定制造费用效率差异＝－180（元）

7. （1）实际成本总额＝95 165（元）

　　直接人工实际成本＝62 700（元）

（2）人工成本差异＝2 700（元）

　　工资率差异＝－3 300（元）

人工效率差异＝6 000(元)

8.（1）材料标准耗用量＝24 000(千克)

（2）材料实际耗用量＝25 000(千克)

（3）标准应耗用的直接人工工时＝4 000(工时)

（4）实际耗用直接人工工时＝3 800(工时)

（5）实际工资率＝4.2(元/工时)

第十一章　存货控制

一、判断题

1. ×　2. ×　3. ×　4. √　5. ×　6. ×　7. √　8. √
9. √　10. √

二、单项选择题

1. C　2. D　3. A　4. B　5. B　6. A　7. D　8. C　9. C
10. D

三、多项选择题

1. A,B,C　2. B,D　3. C,D　4. A,B,C,D　5. B,C
6. A,B,D　7. B,D　8. A,C　9. B,C　10. B,C

四、计算题

1. $Q^*＝200$(千克)　$TC^*＝3 000$(元)

2. 最优采购批量5 000件,最小相关总成本4 275 160元

3. $Q^*＝400$(千克)　$TC^*＝750$(元)

4. $Q^*＝1 200$(件)　$TC^*＝1 200$(元)

5. 自制:109 700(元)　外购:108 010(元)　应外购
全年最小相关总成本:108 010(元)　最优批量:420(件)

6. $Q^*＝400$(吨)　$W^*＝80$(吨)　$TC^*＝19 200$(元)

7. $Q^*＝800$(千克)　$R＝200$(千克)

8. $Q_1＝19 500$(千克)　$Q＝16 000$(千克)

第十二章 责任会计

一、判断题

1. × 2. × 3. √ 4. √ 5. × 6. √ 7. √ 8. ×
9. × 10. √

二、单项选择题

1. A 2. C 3. C 4. D 5. C 6. A 7. B 8. C 9. C
10. B

三、多项选择题

1. B、D 2. A、C、D 3. B、C 4. B、C、D 5. B、C 6. A、C
7. A、B 8. A、B、D 9. A、B、D 10. A、B

四、计算题

1.（1）甲公司最低资金周转率＝2.5（次）

乙公司最低资金周转率＝1.67（次）

丙公司最低资金周转率＝1.25（次）

（2）甲公司应实现的最低销售收入＝500（万元）

乙公司应实现的最低销售收入＝417.5（万元）

丙公司应实现的最低销售收入＝187.5（万元）

（3）甲公司应获得的营业利润＝50（万元）

乙公司应获得的营业利润＝62.625（万元）

丙公司应获得的营业利润＝37.5（万元）

2. 甲项目：

销售收入＝1 200 000（元） 销售利润＝120 000（元）

投资报酬率＝30%

乙项目：

经营资产＝588 000（元） 销售利润率＝12%

经营资产周转率＝1.67

丙项目：

销售利润率＝8% 经营资产周转率＝2

投资报酬率＝16%

丁项目：

销售收入＝400 000(元) 经营资产周转率＝2

3.（1）投资报酬率＝30% 剩余收益＝8(万元)

（2）投资报酬率＝28.33% 剩余收益＝10(万元)

（3）若以投资报酬率评价则不乐意接受新项目；若以剩余收益评价则乐意接受新项目

货币的时间

表 I

n	½%	1%	1½%	2%	2½%	3%	3½%	4%	5%
1	1.005	1.010	1.015	1.020	1.025	1.030	1.035	1.040	1.050
2	1.010	1.020	1.030	1.040	1.050	1.060	1.071	1.081	1.102
3	1.015	1.030	1.045	1.061	1.076	1.092	1.108	1.124	1.157
4	1.020	1.041	1.061	1.082	1.103	1.125	1.147	1.169	1.215
5	1.025	1.051	1.077	1.104	1.131	1.159	1.187	1.216	1.276
6	1.030	1.061	1.093	1.126	1.159	1.194	1.229	1.265	1.340
7	1.035	1.072	1.109	1.148	1.188	1.229	1.272	1.315	1.407
8	1.040	1.082	1.126	1.171	1.218	1.266	1.316	1.368	1.477
9	1.045	1.093	1.143	1.195	1.248	1.304	1.362	1.423	1.551
10	1.051	1.104	1.160	1.218	1.280	1.343	1.410	1.480	1.628
11	1.056	1.115	1.177	1.243	1.312	1.384	1.459	1.539	1.710
12	1.061	1.126	1.195	1.268	1.344	1.425	1.511	1.601	1.795
13	1.066	1.138	1.213	1.293	1.378	1.468	1.563	1.665	1.885
14	1.072	1.144	1.231	1.319	1.412	1.512	1.618	1.731	1.979
15	1.077	1.160	1.250	1.345	1.448	1.557	1.675	1.800	2.078
16	1.083	1.172	1.268	1.372	1.484	1.604	1.733	1.872	2.182
17	1.088	1.184	1.288	1.400	1.521	1.652	1.794	1.947	2.292
18	1.093	1.196	1.307	1.428	1.559	1.702	1.857	2.025	2.406
19	1.099	1.208	1.326	1.456	1.598	1.753	1.922	2.106	2.526
20	1.104	1.220	1.346	1.485	1.638	1.806	1.989	2.191	2.653
21	1.110	1.232	1.367	1.515	1.679	1.860	2.059	2.278	2.785
22	1.115	1.244	1.387	1.545	1.721	1.916	2.131	2.369	2.925
23	1.121	1.257	1.408	1.576	1.764	1.973	2.206	2.464	3.071
24	1.127	1.269	1.429	1.608	1.808	2.032	2.283	2.563	3.225
25	1.132	1.282	1.450	1.640	1.853	2.093	2.363	2.665	3.386
26	1.138	1.295	1.472	1.673	1.900	2.156	2.445	2.772	3.555
27	1.144	1.308	1.494	1.706	1.947	2.221	2.531	2.883	3.733
28	1.149	1.321	1.517	1.741	1.996	2.287	2.620	2.998	3.920
29	1.155	1.334	1.539	1.775	2.046	2.356	2.711	3.118	4.116
30	1.161	1.347	1.563	1.811	2.097	2.427	2.806	3.243	4.321

价值系数表

$(S/P,i,n,)=(1+i)^n$

6％	7％	8％	9％	10％	15％	20％	25％
1.060	1.070	1.080	1.090	1.100	1.150	1.200	1.250
1.123	1.144	1.166	1.188	1.210	1.322	1.440	1.502
1.191	1.225	1.259	1.295	1.331	1.520	1.728	1.953
1.262	1.310	1.360	1.411	1.464	1.749	2.073	2.441
1.338	1.402	1.469	1.538	1.610	2.011	2.488	3.051
1.418	1.500	1.586	1.677	1.771	2.313	2.985	3.814
1.503	1.605	1.713	1.828	1.948	2.660	3.583	4.768
1.593	1.718	1.850	1.992	2.143	3.059	4.299	5.960
1.689	1.838	1.999	2.171	2.357	3.517	5.159	7.450
1.790	1.967	2.158	2.367	2.593	4.045	6.191	9.313
1.898	2.104	2.331	2.580	2.853	4.652	7.430	11.641
2.012	2.252	2.518	2.812	3.138	5.350	8.916	14.551
2.132	2.409	2.719	3.065	3.452	6.152	10.699	18.189
2.260	2.578	2.937	3.341	3.797	7.075	12.839	22.737
2.396	2.759	3.172	3.642	4.177	8.137	15.407	28.421
2.540	2.952	3.425	3.970	4.594	9.357	18.488	35.527
2.692	3.158	3.700	4.327	5.054	10.761	21.186	44.408
2.854	3.379	3.996	4.717	5.559	12.375	26.623	55.511
3.025	3.616	4.315	5.141	6.116	14.231	31.947	69.388
3.207	3.869	4.660	5.604	6.727	16.366	38.337	86.736
3.399	4.140	5.033	6.108	7.400	18.821	46.005	108.420
3.603	4.430	5.436	6.658	8.140	21.644	55.206	135.525
3.819	4.740	5.871	7.257	8.954	24.891	66.247	169.406
4.048	5.072	6.341	7.911	9.849	28.625	79.496	211.758
4.291	5.427	6.848	8.623	10.834	32.918	95.396	264.695
4.549	5.807	7.396	9.399	11.918	38.856	114.475	330.872
4.822	6.213	7.988	10.245	13.100	43.535	137.370	413.590
5.111	6.648	8.627	11.167	14.420	50.065	164.844	516.987
5.418	7.114	9.317	12.172	15.863	57.575	197.913	646.234
5.743	7.612	10.062	13.267	17.449	66.211	237.376	807.793

n	$\frac{1}{2}\%$	1%	$1\frac{1}{2}\%$	2%	$2\frac{1}{2}\%$	3%	$3\frac{1}{2}\%$	4%	5%
31	1. 167	1. 361	1. 586	1. 847	2. 150	2. 500	2. 905	3. 373	4. 538
32	1. 173	1. 374	1. 610	1. 884	2. 203	2. 575	3. 006	3. 508	4. 764
33	1. 178	1. 388	1. 634	1. 922	2. 258	2. 652	3. 111	3. 648	5. 003
34	1. 184	1. 402	1. 658	1. 960	2. 315	2. 731	3. 220	3. 794	5. 258
35	1. 190	1. 416	1. 683	1. 999	2. 373	2. 813	3. 333	3. 946	5. 516
36	1. 196	1. 430	1. 709	2. 039	2. 432	2. 898	3. 450	4. 103	5. 791
37	1. 202	1. 445	1. 744	2. 080	2. 493	2. 985	3. 571	4. 268	6. 081
38	1. 208	1. 459	1. 760	2. 122	2. 555	3. 074	3. 696	4. 438	6. 385
39	1. 214	1. 474	1. 787	2. 164	2. 619	3. 167	3. 825	4. 616	6. 704
40	1. 220	1. 488	1. 814	2. 208	2. 685	3. 262	3. 959	4. 801	7. 039
41	1. 226	1. 503	1. 841	2. 252	2. 752	3. 359	4. 097	4. 993	7. 391
42	1. 233	1. 518	1. 868	2. 297	2. 820	3. 460	4. 241	5. 192	7. 761
43	1. 239	1. 533	1. 896	2. 343	2. 891	3. 564	4. 389	5. 400	8. 149
44	1. 245	1. 549	1. 925	2. 390	2. 963	3. 671	4. 543	5. 616	8. 557
45	1. 251	1. 564	1. 954	2. 437	3. 037	3. 781	4. 702	5. 841	8. 985
46	1. 257	1. 580	1. 983	2. 486	3. 113	3. 895	4. 866	6. 074	9. 434
47	1. 264	1. 596	2. 013	2. 536	3. 191	4. 061	5. 037	6. 317	9. 905
48	1. 270	1. 612	2. 043	2. 587	3. 271	4. 132	5. 213	6. 570	10. 401
49	1. 277	1. 628	2. 074	2. 638	3. 353	4. 256	5. 396	6. 833	10. 921
50	1. 283	1. 644	2. 105	2. 691	3. 473	4. 383	5. 584	7. 106	11. 467
51	1. 289	1. 661	2. 136	2. 745	3. 523	4. 515	5. 780	7. 390	12. 040
52	1. 296	1. 677	2. 168	2. 800	3. 611	4. 650	5. 982	7. 686	12. 642
53	1. 302	1. 694	2. 201	2. 856	3. 701	4. 790	6. 192	7. 994	13. 274
54	1. 309	1. 711	2. 234	2. 913	3. 793	4. 934	6. 408	8. 313	13. 938
55	1. 315	1. 728	2. 267	2. 971	3. 888	5. 082	6. 633	9. 646	14. 635
56	1. 322	1. 745	2. 301	3. 031	3. 985	5. 234	6. 865	8. 992	15. 367
57	1. 328	1. 763	2. 336	3. 091	4. 085	5. 391	7. 105	9. 351	16. 135
58	1. 335	1. 780	2. 371	3. 153	4. 187	5. 553	7. 354	9. 775	16. 942
59	1. 342	1. 798	2. 407	3. 210	4. 292	5. 720	7. 611	10. 115	17. 789
60	1. 348	1. 816	2. 443	3. 281	4. 399	5. 891	7. 878	10. 519	18. 679

6%	7%	8%	9%	10%	15%	20%	25%
6.088	8.145	10.867	14.461	19.194	76.143	284.851	1009.741
6.453	8.715	11.737	15.763	21.113	87.565	341.821	1262.177
6.840	9.325	12.676	17.182	23.225	100.699	410.186	1577.721
7.251	9.978	13.690	18.728	25.547	115.804	492.223	1972.152
7.686	10.676	14.785	20.413	28.102	133.175	590.668	2465.190
8.147	11.423	15.968	22.251	30.912	153.151	708.801	3081.487
8.636	12.223	17.245	24.252	34.003	176.124	850.562	3851.859
9.154	13.079	18.625	26.436	37.404	202.543	1020.674	4814.824
9.703	13.994	20.115	28.815	41.144	232.924	1224.809	6018.531
10.285	14.974	21.724	31.409	45.259	267.863	1469.771	7223.163
10.902	16.022	23.462	34.236	49.785	308.043	1763.725	9403.95
11.557	17.144	25.339	37.317	54.763	354.249	2116.471	11754.94
12.250	18.344	27.366	40.376	60.240	407.386	2539.765	14693.67
12.985	19.668	29.555	44.336	66.264	468.495	3047.718	18367.09
13.764	21.002	31.920	48.327	72.890	538.769	3657.261	22958.87
14.590	22.472	34.474	52.676	80.179	619.584	4388.714	28698.59
15.465	24.045	37.232	57.417	88.197	712.522	5266.457	35873.24
16.393	25.728	40.210	62.585	97.017	819.400	6319.948	44841.55
17.377	27.529	43.427	68.217	106.718	942.310	7583.698	56051.93
18.420	29.457	46.901	74.357	117.390	1083.657	9100.438	70064.923
19.525	31.519	50.653	81.049	129.129	1246.206	10920.525	87581.154
20.696	33.725	54.706	88.344	142.042	1433.136	13104.630	109476.442
21.938	36.086	59.082	96.295	156.247	1648.107	15725.557	136845.553
23.255	38.612	63.809	104.961	171.871	1895.323	18870.668	171056.941
24.650	41.315	68.913	615.408	189.059	2179.622	22644.802	213821.176
26.129	44.207	74.426	124.705	207.965	2506.565	27173.762	267276.471
27.697	47.301	80.381	135.928	228.761	2882.550	32608.515	334095.588
29.358	50.612	86.811	148.162	251.637	3314.932	39130.218	417619.485
31.120	54.155	93.756	161.496	276.801	3812.172	46956.261	522024.357
32.987	57.946	101.257	176.031	304.481	4383.998	56347.514	652530.446

表 II   1 元 的

n	1%	2%	3%	4%	5%	6%	8%	10%	12%	14%	15%
1	0.900	0.980	0.970	0.962	0.952	0.943	0.926	0.909	0.893	0.877	0.870
2	0.930	0.961	0.942	0.925	0.907	0.890	0.857	0.826	0.797	0.769	0.756
3	0.971	0.912	0.915	0.889	0.863	0.840	0.794	0.751	0.712	0.675	0.658
4	0.961	0.924	0.888	0.855	0.822	0.792	0.735	0.683	0.636	0.592	0.572
5	0.951	0.906	0.862	0.822	0.783	0.747	0.681	0.621	0.567	0.519	0.497
6	0.942	0.888	0.837	0.790	0.746	0.705	0.630	0.564	0.507	0.456	0.432
7	0.933	0.871	0.813	0.760	0.710	0.665	0.583	0.516	0.452	0.400	0.376
8	0.923	0.853	0.789	0.731	0.676	0.627	0.540	0.467	0.404	0.351	0.327
9	0.914	0.837	0.766	0.703	0.644	0.592	0.500	0.424	0.361	0.308	0.284
10	0.905	0.820	0.744	0.676	0.613	0.558	0.463	0.386	0.322	0.270	0.247
11	0.896	0.804	0.722	0.650	0.584	0.527	0.429	0.350	0.287	0.237	0.215
12	0.887	0.788	0.701	0.625	0.556	0.497	0.397	0.319	0.257	0.208	0.187
13	0.879	0.773	0.680	0.601	0.530	0.469	0.368	0.290	0.229	0.182	0.163
14	0.870	0.758	0.661	0.577	0.505	0.442	0.340	0.263	0.205	0.160	0.141
15	0.861	0.743	0.641	0.555	0.481	0.417	0.315	0.239	0.183	0.140	0.123
16	0.853	0.728	0.623	0.534	0.458	0.394	0.292	0.218	0.163	0.123	0.107
17	0.844	0.714	0.605	0.513	0.436	0.371	0.270	0.198	0.146	0.108	0.039
18	0.836	0.700	0.587	0.494	0.415	0.350	0.250	0.180	0.130	0.095	0.081
19	0.828	0.686	0.570	0.475	0.395	0.331	0.232	0.164	0.116	0.083	0.070
20	0.820	0.673	0.553	0.456	0.376	0.312	0.215	0.149	0.104	0.073	0.061
21	0.811	0.660	0.537	0.439	0.358	0.294	0.199	0.135	0.093	0.064	0.053
22	0.803	0.647	0.521	0.422	0.341	0.278	0.184	0.123	0.083	0.056	0.046
23	0.795	0.634	0.506	0.406	0.325	0.262	0.170	0.112	0.074	0.049	0.040
24	0.788	0.622	0.491	0.390	0.310	0.247	0.158	0.102	0.066	0.043	0.035
25	0.780	0.610	0.477	0.375	0.295	0.233	0.146	0.092	0.059	0.038	0.030
26	0.772	0.598	0.463	0.361	0.281	0.220	0.135	0.084	0.053	0.033	0.026
27	0.764	0.586	0.450	0.347	0.267	0.207	0.125	0.076	0.047	0.029	0.023
28	0.757	0.574	0.437	0.333	0.255	0.196	0.116	0.069	0.047	0.026	0.020
29	0.749	0.563	0.424	0.321	0.242	0.185	0.107	0.063	0.037	0.022	0.017
30	0.742	0.552	0.411	0.308	0.231	0.174	0.099	0.057	0.033	0.020	0.015
40	0.672	0.453	0.306	0.208	0.142	0.097	0.046	0.022	0.011	0.005	0.004
50	0.608	0.372	0.228	0.141	0.087	0.054	0.021	0.009	0.003	0.001	0.001

现 值 $\qquad (P/S,i,n)=(1+i)^{-n}$

16%	18%	20%	22%	24%	25%	30%	35%	40%	45%	50%
0.862	0.847	0.833	0.820	0.806	0.800	0.769	0.714	0.714	0.690	0.667
0.743	0.718	0.694	0.672	0.650	0.640	0.592	0.549	0.510	0.476	0.444
0.641	0.609	0.579	0.551	0.524	0.512	0.455	0.406	0.364	0.328	0.296
0.552	0.516	0.482	0.451	0.423	0.410	0.350	0.301	0.260	0.226	0.198
0.476	0.437	0.402	0.370	0.341	0.328	0.269	0.223	0.186	0.156	0.132
0.410	0.370	0.335	0.303	0.275	0.262	0.207	0.165	0.183	0.108	0.088
0.354	0.314	0.279	0.249	0.222	0.210	0.159	0.122	0.095	0.074	0.059
0.305	0.266	0.233	0.204	0.179	0.168	0.113	0.091	0.068	0.051	0.039
0.263	0.225	0.194	0.167	0.144	0.134	0.094	0.067	0.048	0.035	0.026
0.227	0.191	0.162	0.137	0.116	0.107	0.073	0.050	0.035	0.024	0.017
0.195	0.162	0.135	0.112	0.094	0.086	0.056	0.037	0.025	0.017	0.012
0.168	0.137	0.112	0.092	0.076	0.069	0.043	0.027	0.018	0.012	0.008
0.145	0.116	0.093	0.075	0.061	0.055	0.033	0.020	0.013	0.008	0.005
0.125	0.099	0.078	0.062	0.049	0.044	0.025	0.015	0.009	0.006	0.003
0.108	0.084	0.065	0.051	0.040	0.035	0.020	0.011	0.006	0.004	0.002
0.093	0.071	0.054	0.042	0.032	0.028	0.015	0.008	0.005	0.003	0.002
0.080	0.060	0.045	0.034	0.026	0.023	0.012	0.006	0.003	0.002	0.001
0.069	0.051	0.038	0.028	0.021	0.018	0.009	0.005	0.002	0.001	0.001
0.060	0.043	0.031	0.023	0.017	0.014	0.007	0.003	0.002	0.001	
0.051	0.037	0.026	0.019	0.014	0.012	0.005	0.002	0.001	0.001	
0.044	0.031	0.022	0.015	0.011	0.009	0.004	0.002	0.001		
0.038	0.026	0.018	0.013	0.009	0.007	0.003	0.001	0.001		
0.033	0.022	0.015	0.010	0.007	0.006	0.002	0.001			
0.028	0.019	0.013	0.008	0.006	0.005	0.002	0.001			
0.024	0.016	0.010	0.007	0.005	0.004	0.001	0.001			
0.021	0.014	0.009	0.006	0.003	0.003	0.001				
0.018	0.012	0.007	0.005	0.003	0.002	0.001				
0.016	0.010	0.006	0.004	0.002	0.002	0.001				
0.014	0.008	0.005	0.003	0.002	0.002	0.001				
0.012	0.007	0.004	0.003	0.002	0.001					
0.003	0.001	0.001								
0.001										

n	½%	1%	1½%	2%	2½%	3%
1	1.000	1.000	1.000	1.000	1.000	1.000
2	2.005	2.010	2.015	2.020	2.025	2.030
3	3.015	3.030	3.045	3.060	3.075	3.090
4	4.030	4.060	4.090	4.120	4.152	4.183
5	5.050	5.101	5.152	5.204	5.256	5.309
6	6.075	6.152	6.229	6.308	6.387	6.468
7	7.105	7.213	7.322	7.434	7.547	7.662
8	8.141	8.285	8.432	8.582	8.736	8.892
9	9.182	9.368	9.559	9.754	9.954	10.159
10	10.288	10.462	10.702	10.949	11.203	11.463
11	11.279	11.656	11.836	12.168	12.483	12.807
12	12.335	12.682	13.041	13.412	13.795	14.192
13	13.397	13.809	14.236	14.680	15.140	15.617
14	14.464	14.947	15.450	15.973	16.518	17.086
15	15.536	16.096	16.682	17.293	17.931	18.598
16	16.613	17.257	17.932	18.639	19.380	20.156
17	17.697	18.430	19.201	20.012	20.864	21.761
18	18.785	19.614	20.489	21.412	22.386	23.414
19	19.879	20.810	21.796	22.840	23.946	25.116
20	20.979	22.019	23.123	24.297	25.544	26.870
21	22.084	23.239	24.470	25.783	27.183	28.676
22	23.194	24.471	25.837	27.298	28.862	30.536
23	24.310	25.716	27.225	28.844	30.584	32.452
24	25.431	26.973	28.633	30.421	32.349	34.426
25	26.559	28.243	30.063	32.030	34.157	36.459
26	27.691	29.525	31.513	33.670	36.011	38.553
27	28.830	30.820	32.986	35.344	37.912	40.709
28	29.974	32.129	34.481	37.051	39.859	42.930
29	31.124	33.450	35.998	38.792	41.856	45.218
30	32.280	34.784	37.538	40.568	43.902	47.575
31	33.441	36.132	39.101	42.379	46.000	50.002
32	34.608	37.494	40.688	44.227	48.150	52.502
33	35.781	38.869	42.298	46.111	50.354	55.077
34	36.960	40.257	43.933	48.033	52.612	57.730
35	38.145	41.660	45.592	49.994	54.928	60.462

· 的终值

元为期 n 年

$$(S/A, i, n) = \frac{(1+i)^n - 1}{i}$$

$3\frac{1}{2}\%$	4%	5%	6%	7%	8%
1.000	1.000	1.000	1.000	1.000	1.000
2.035	2.040	2.050	2.060	2.070	2.080
3.106	3.121	3.152	3.183	3.215	3.246
4.214	4.246	4.310	4.374	4.489	4.506
5.362	5.416	5.525	5.637	5.750	5.866
6.550	6.632	6.801	6.975	7.153	7.335
7.779	7.898	8.142	8.393	8.654	8.922
9.051	9.214	9.549	9.897	10.259	10.636
10.368	10.582	11.026	11.491	11.977	12.487
11.731	12.006	12.577	13.180	13.816	14.486
13.141	13.486	14.206	14.971	15.783	16.645
14.601	15.025	15.917	16.869	17.888	18.977
16.113	16.626	17.712	18.882	20.141	21.495
17.676	18.291	19.598	21.015	22.550	24.214
19.295	20.623	21.578	23.275	25.129	27.152
20.971	21.824	23.657	25.672	27.888	30.324
22.705	23.697	25.810	28.212	30.840	33.750
24.499	25.645	28.132	30.905	33.999	37.450
26.357	27.671	30.239	33.759	37.378	41.446
28.279	29.778	33.065	36.785	40.995	45.761
30.269	31.969	35.719	39.992	44.865	50.442
32.328	34.247	38.505	43.392	49.005	55.456
34.460	36.617	41.430	46.995	53.436	60.893
36.666	39.083	44.501	50.815	58.176	66.764
38.949	41.645	47.727	54.864	63.249	73.105
41.313	44.311	51.113	59.156	68.676	79.959
43.759	47.084	54.669	63.705	74.483	87.350
46.290	49.967	58.402	68.528	80.697	95.338
48.910	52.966	62.322	73.639	87.346	103.965
51.622	56.084	66.438	79.058	94.460	113.283
54.298	59.328	70.760	84.801	102.073	123.345
57.334	62.701	75.298	90.889	110.218	134.213
60.341	66.209	80.063	97.343	118.933	145.950
63.453	69.857	85.066	104.183	128.258	158.626
66.674	73.652	90.320	111.443	138.236	172.316

n	9%	10%	15%	20%	25%
1	1.000	1.000	1.000	1.000	1.000
2	2.090	2.100	2.050	2.200	2.250
3	3.278	3.310	3.472	3.640	3.812
4	4.573	4.641	4.993	5.368	5.765
5	5.984	6.105	6.742	7.441	8.207
6	7.523	7.715	8.753	9.929	11.258
7	9.200	9.487	11.066	12.915	15.073
8	11.028	11.435	13.726	16.499	19.841
9	13.021	13.579	16.785	20.798	25.802
10	15.192	15.937	20.303	25.958	33.252
11	17.560	18.531	24.349	32.150	42.566
12	20.140	21.384	29.001	39.580	54.207
13	22.953	24.522	34.351	48.496	68.759
14	26.019	27.974	40.504	59.195	86.949
15	29.360	31.772	47.580	72.035	109.686
16	33.003	35.949	55.717	87.442	138.108
17	36.973	40.544	65.075	105.930	173.635
18	41.301	45.599	75.836	128.116	218.044
19	46.018	51.159	88.211	154.739	273.555
20	51.160	57.274	102.443	186.687	342.944
21	56.764	64.002	118.810	225.025	429.680
22	62.873	71.402	137.631	271.030	538.101
23	69.531	79.543	159.276	326.236	673.626
24	76.789	88.497	184.167	392.484	843.032
25	84.700	98.347	212.793	471.981	1054.791
26	93.323	109.181	245.711	567.377	1319.488
27	102.723	121.099	283.568	681.852	1650.361
28	112.968	134.209	327.104	819.223	2063.951
29	124.135	148.630	377.169	984.067	2580.939
30	136.307	164.494	434.745	1181.881	3227.174
31	149.575	181.943	500.956	1419.257	4034.967
32	164.036	201.137	577.100	1704.109	5044.709
33	179.800	222.251	664.665	2045.931	6306.887
34	196.982	245.476	765.365	2456.117	7884.609
35	215.710	271.024	881.170	2948.341	9856.761

n	½%	1%	1½%	2%	2½%	3%
36	39.336	43.076	47.275	51.994	57.301	63.275
37	40.532	44.507	48.985	54.034	59.733	66.174
38	41.735	45.952	50.719	56.114	62.227	69.159
39	42.944	47.412	52.480	58.237	64.782	72.234
40	44.158	48.886	54.267	60.401	67.402	75.401
41	45.379	50.375	56.081	62.610	70.087	78.663
42	46.606	51.878	57.923	64.862	72.839	82.023
43	47.839	53.397	59.791	67.159	75.660	85.483
44	49.078	54.931	61.688	69.502	78.552	89.048
45	50.324	56.481	63.614	71.892	81.516	92.719
46	51.575	58.045	65.568	74.330	84.554	96.501
47	52.833	59.626	67.551	76.817	87.667	100.396
48	54.097	61.222	69.565	79.353	90.859	104.408
49	55.368	62.834	71.608	81.940	94.131	108.540
50	56.645	64.463	73.682	84.579	97.484	112.796
51	57.928	66.107	75.788	87.720	100.921	117.180
52	59.218	67.768	77.924	90.016	105.444	121.696
53	60.514	69.446	80.093	92.816	108.055	126.347
54	61.816	71.141	82.295	95.673	111.756	131.137
55	63.125	72.852	84.529	98.586	115.550	136.071
56	64.441	74.580	86.797	101.558	119.439	141.153
57	65.763	76.326	89.099	104.589	123.425	146.388
58	67.092	78.090	91.435	107.681	127.511	151.780
59	68.427	79.870	93.807	110.834	131.699	157.333
60	69.770	81.669	96.214	114.051	135.991	163.053
70	83.566	100.676	122.363	199.977	185.284	230.594
80	98.067	121.671	152.710	193.771	248.382	321.363
90	113.310	144.868	187.729	247.156	329.154	443.348
100	129.333	170.481	228.803	312.232	432.548	607.287

n	3½%	4%	5%	6%	7%	8%
36	70. 007	77. 598	90. 836	119. 120	148. 913	187. 102
37	73. 457	81. 702	101. 628	127. 268	160. 337	203. 070
38	77. 028	85. 970	107. 709	135. 904	172. 561	220. 315
39	80. 724	90. 409	114. 095	145. 058	185. 640	238. 941
40	84. 550	95. 025	120. 799	154. 761	199. 635	259. 056
41	88. 509	99. 826	127. 839	165. 047	214. 609	280. 781
42	92. 607	104. 819	135. 231	175. 950	230. 632	304. 243
43	96. 848	110. 012	142. 993	187. 507	247. 776	329. 538
44	101. 238	115. 412	151. 143	199. 758	266. 538	356. 949
45	105. 781	121. 029	159. 700	212. 743	285. 749	386. 505
46	110. 484	126. 870	163. 685	236. 508	306. 751	418. 426
47	115. 350	132. 945	178. 119	241. 098	329. 224	452. 900
48	120. 388	139. 263	188. 025	256. 564	353. 270	490. 132
49	125. 001	145. 833	198. 426	272. 958	378. 998	530. 342
50	130. 997	152. 667	209. 347	290. 335	406. 528	573. 770
51	136. 586	159. 773	220. 815	308. 756	435. 985	620. 671
52	142. 363	167. 164	232. 856	328. 231	467. 504	671. 325
53	148. 345	174. 851	245. 498	348. 978	501. 230	726. 031
54	154. 538	182. 845	258. 773	370. 917	537. 316	785. 114
55	160. 946	191. 159	272. 712	394. 172	575. 928	848. 923
56	167. 580	199. 805	287. 348	418. 822	617. 243	917. 837
57	174. 445	208. 797	302. 715	444. 951	661. 450	992. 264
58	181. 550	218. 149	318. 851	472. 048	708. 752	1072. 645
59	188. 905	227. 875	335. 794	502. 007	759. 364	1159. 456
60	196. 516	237. 990	353. 583	533. 128	813. 520	1253. 213

9%	10%	15%	20%	25%
236. 124	299. 126	1014. 345	3539. 009	12321. 951
258. 375	330. 039	1167. 497	4247. 811	15403. 439
282. 629	364. 043	1343. 622	5098. 373	19255. 299
309. 066	401. 447	1546. 165	6119. 048	24070. 124
337. 882	442. 592	1779. 090	7343. 857	30088. 655
369. 291	487. 851	2046. 953	8813. 629	37611. 819
403. 528	537. 636	2354. 996	10577. 355	47015. 774
440. 845	592. 400	2709. 246	12693. 826	58770. 717
481. 521	652. 640	3116. 633	15233. 591	73464. 396
525. 858	718. 904	3585. 128	18281. 309	91831. 496
574. 186	791. 795	4123. 897	21938. 571	114790. 370
626. 862	871. 974	4743. 482	26327. 286	143488. 962
684. 280	960. 172	5456. 004	31593. 743	179362. 203
746. 865	1057. 189	6275. 405	37913. 492	227203. 754
815. 083	1163. 908	7217. 716	45497. 190	280255. 692
889. 441	1281. 299	8301. 373	54597. 628	350320. 616
970. 490	1410. 429	9547. 579	65518. 154	437901. 770
1058. 834	1552. 472	10980. 716	78622. 785	547378. 212
1155. 130	1708. 719	12628. 824	94348. 342	684223. 765
1260. 091	1880. 591	14524. 147	113219. 011	855280. 707
1374. 500	2069. 650	16703. 770	135863. 813	1069101. 884
1499. 205	2277. 715	19210. 335	163037. 576	1336378. 355
1635. 133	2506. 377	22092. 885	195646. 091	1670473. 943
1783. 295	2758. 014	25407. 818	234776. 309	2088093. 429
1944. 792	3034. 816	29219. 991	281732. 571	2610117. 787

n	1%	2%	3%	4%	5%	6%	8%	10%	12%	14%	15%
1	0.990	0.980	0.970	0.962	0.952	0.943	0.926	0.909	0.893	0.877	0.870
2	1.970	1.942	1.913	1.886	1.589	1.833	1.783	1.736	1.690	1.647	1.626
3	2.941	2.884	2.828	2.775	2.722	2.673	2.577	2.487	2.402	2.322	2.283
4	3.902	3.808	3.717	3.630	3.545	3.465	3.312	3.170	3.037	2.914	2.855
5	4.853	4.713	4.579	4.452	4.329	4.212	3.993	3.791	3.605	3.433	3.352
6	5.795	5.601	5.417	5.242	5.075	4.917	4.623	4.355	4.111	3.889	3.784
7	6.728	6.472	6.230	6.002	5.786	5.582	5.206	4.868	4.564	4.288	4.160
8	7.652	7.325	7.019	6.733	6.463	6.210	5.747	5.335	4.968	4.649	4.487
9	8.566	8.162	7.786	7.435	7.107	6.802	6.247	5.759	5.328	4.946	4.772
10	9.471	8.983	8.530	8.111	7.721	7.360	6.710	6.145	5.650	5.216	5.019
11	10.368	9.787	9.252	8.760	8.306	7.887	7.139	6.495	5.937	5.453	5.234
12	11.255	10.575	9.954	9.385	8.863	8.384	7.536	6.814	6.194	5.660	5.421
13	12.134	11.343	10.634	9.986	9.393	8.853	7.904	7.103	6.424	5.842	5.583
14	13.004	12.106	11.296	10.563	9.989	9.295	8.244	7.367	6.628	6.022	5.724
15	13.865	12.849	11.937	11.118	10.379	9.712	8.559	7.606	6.811	6.142	5.847
16	14.718	13.578	12.561	11.657	10.837	10.106	8.851	7.824	6.974	6.265	5.954
17	15.512	14.292	13.166	12.166	11.274	10.477	9.122	8.022	7.120	6.373	6.047
18	16.398	14.994	13.753	12.659	11.689	10.828	9.372	8.201	7.250	6.467	6.128
19	17.226	15.678	14.323	13.134	12.085	11.158	9.604	8.365	7.366	6.550	6.198
20	18.046	16.351	14.877	13.590	12.462	11.470	9.818	8.514	7.469	6.623	6.259
21	18.857	17.011	15.415	14.029	12.821	11.764	10.017	8.649	7.562	6.687	6.312
22	19.660	17.658	15.936	14.451	13.163	12.042	10.201	8.772	7.645	6.743	6.359
23	20.456	18.292	16.443	14.857	13.488	12.303	10.371	8.883	7.718	6.792	6.399
24	21.243	18.914	16.935	15.247	13.798	12.550	10.529	8.985	7.784	6.839	6.434
25	22.023	19.523	17.413	15.622	14.093	12.783	10.675	9.077	7.843	6.873	6.464
26	22.795	20.121	17.876	15.982	14.375	13.003	10.810	9.161	7.896	6.906	6.491
27	23.560	20.707	18.327	16.330	14.643	13.211	10.935	9.237	7.943	6.935	6.514
28	24.316	21.281	18.764	16.663	14.898	13.406	11.051	9.307	7.984	6.961	6.534
29	25.066	21.844	19.188	16.984	15.141	13.591	11.158	9.370	8.022	6.983	6.551
30	25.808	22.396	19.600	17.292	15.372	13.765	11.258	9.427	8.055	7.032	6.566
40	32.835	27.355	23.114	19.793	17.159	15.046	11.925	9.779	8.244	7.105	6.642
50	39.196	31.424	25.729	21.482	18.255	15.762	12.234	9.915	8.304	7.133	6.661

的现值

元为期 n 年 $\qquad (P/A,i,n)=\dfrac{1-(1+i)^{-n}}{i}$

16%	18%	20%	22%	24%	25%	30%	35%	40%	45%	50%
0. 862	0. 847	0. 833	0. 820	0. 806	0. 800	0. 769	0. 741	0. 714	0. 690	0. 667
1. 605	1. 566	1. 528	1. 492	1. 457	1. 440	1. 361	1. 289	1. 224	1. 165	1. 111
2. 246	2. 174	2. 106	2. 042	1. 981	1. 952	1. 816	1. 696	1. 589	1. 493	1. 407
2. 798	2. 690	2. 589	2. 494	2. 404	2. 362	2. 166	1. 997	1. 849	1. 720	1. 605
3. 274	3. 127	2. 991	2. 864	2. 745	2. 689	2. 436	2. 220	2. 035	1. 876	1. 737
3. 685	3. 498	3. 326	3. 167	3. 020	2. 951	2. 643	2. 385	2. 168	1. 983	1. 824
4. 039	3. 812	3. 605	3. 416	3. 242	3. 161	2. 802	2. 508	2. 263	2. 057	1. 883
4. 344	4. 078	3. 837	3. 619	3. 421	3. 329	2. 925	2. 598	2. 331	2. 108	1. 922
4. 607	4. 303	4. 031	3. 786	3. 566	3. 463	3. 019	2. 665	2. 379	2. 144	1. 948
4. 833	4. 494	4. 192	3. 923	3. 682	3. 571	3. 092	2. 715	2. 414	2. 168	1. 965
5. 029	4. 656	4. 327	4. 035	3. 776	3. 656	3. 147	2. 752	2. 438	2. 185	1. 977
5. 197	4. 793	4. 439	4. 127	3. 851	3. 725	3. 190	2. 779	2. 456	2. 196	1. 985
5. 342	4. 910	4. 533	4. 203	3. 912	3. 780	3. 223	2. 799	2. 468	2. 204	1. 990
5. 468	5. 009	4. 611	4. 265	3. 962	3. 824	3. 249	2. 814	2. 477	2. 210	1. 993
5. 575	5. 092	4. 675	4. 315	4. 001	3. 859	3. 268	2. 825	2. 484	2. 214	1. 995
5. 669	5. 162	4. 730	4. 357	4. 033	3. 887	3. 286	2. 834	2. 489	2. 216	1. 997
5. 749	5. 222	4. 775	4. 391	4. 059	3. 910	3. 295	2. 840	2. 492	2. 218	1. 998
5. 818	5. 273	4. 812	4. 419	4. 080	3. 928	3. 304	2. 844	2. 494	2. 219	1. 999
5. 877	5. 316	4. 844	4. 442	4. 097	3. 942	3. 311	2. 848	2. 496	2. 220	1. 999
5. 929	5. 353	4. 870	4. 460	4. 110	3. 954	3. 316	2. 850	2. 497	2. 221	1. 999
5. 973	5. 384	4. 891	4. 476	4. 121	3. 963	3. 320	2. 852	2. 498	2. 221	2. 000
6. 011	5. 410	4. 909	4. 488	4. 130	3. 970	3. 323	2. 853	2. 498	2. 221	2. 000
6. 044	5. 432	4. 925	4. 499	4. 137	3. 976	3. 325	2. 854	2. 499	2. 222	2. 000
6. 073	5. 451	4. 937	4. 507	4. 143	3. 981	3. 327	2. 855	2. 499	2. 222	2. 000
6. 097	5. 467	4. 948	4. 514	4. 147	3. 985	3. 329	2. 856	2. 499	2. 222	2. 000
6. 118	0. 480	4. 956	4. 520	4. 151	3. 988	3. 330	2. 856	2. 500	2. 222	2. 000
6. 136	5. 492	4. 964	4. 524	4. 154	3. 990	3. 331	2. 856	2. 500	2. 222	2. 000
6. 152	5. 502	4. 970	4. 528	4. 157	3. 992	3. 331	2. 857	2. 500	2. 222	2. 000
6. 166	5. 510	4. 975	4. 531	4. 159	3. 994	3. 332	2. 857	2. 500	2. 222	2. 000
6. 177	5. 517	4. 979	4. 534	4. 160	3. 995	3. 332	2. 857	2. 500	2. 222	2. 000
6. 234	5. 548	4. 997	4. 544	4. 166	3. 999	3. 333	2. 857	2. 500	2. 222	2. 000
6. 246	5. 554	4. 999	4. 545	4. 167	4. 000	3. 333	2. 857	2. 500	2. 222	2. 000

教学课件索取单

敬爱的老师：

感谢您使用我们的教材。为了方便教学，本书配有相关的教学课件。如果您需要，请您填写下面表格中的相关信息，并以电子邮件的形式发到我社，我们在核对您的信息后，会免费向您提供教学课件。

我们的联系方式：

地址：上海市中山西路 2230 号 1 号楼 1413 室

邮编：200235

立信会计出版社　　　　　　　电话：(021)64411073

电子邮件：Lixinaph@163.com

教材名称			教材主编	
姓　　名		性别	身份证号	
学　　校		学系	教 研 室	
学校地址			邮　　编	
职　　务		职称	办公电话	
E-mail		手机	宅　　电	
通信地址			邮　　编	
教材用量		册　委托订购单位		

您对本书的意见和建议是：